元華文創

頂尖文庫 EA047

學校正向領導教學與學習

教師教學效能與學生學習成效是學校辦學績效重要指標，

校長領導對學校的成功與發展扮演關鍵角色，

正向領導，是絕對不可忽視的一環。

蔡金田

林宏泰

著

序言

　　學校領導對於學生學習的影響，僅次於教室的教學，學校領導者透過其對於成員動機、承諾和工作環境的影響，提升學生學習成就。校長學校領導關乎教師教學效能、影響學生學習成效，乃是學校發展、教育理念實踐的重要關鍵。

　　當前教育環境正面臨少子女化的時代，校長正向領導與學校發展密切相關，學校校長能以正向思維、正向心態，保持正向情緒，進行正向經營，將能激發成員內心的熱情與學校永續發展的動能，展現出實際具有說服力的績效成果，以獲取學校利害關係人的認同與信服，進而帶領教師提高教學效能，增進學生學習成效。

　　本書共分為三個部分，第一部分為理論脈絡，共分為二章，包括背景脈絡與理論研究。內容主要敘述學校正向領導教學與學習的背景，筆者研究動機及目的等，並藉由國內外國際教育或全球教育相關文獻的梳理歸納，探究學校正向領導之內涵與相關研究。第二部分為實證分析，共分為二章，包括實證研究設計與實施、實證研究分析與討論，內容以台灣地區公立國民中學的教師為研究對象。第三部分為發展趨勢，係依據調查問卷之統計分析結果，據以形成實證研究分析結果討論以及建構未來學校正向領導教學與學習之趨勢發展。

　　本書撰寫過程中，承蒙多位師長指導與斧正，以及承蒙元華文創股份有限公司的鼎力支持方能順利出版，謹致上最誠摯的敬意與謝意。雖

　　然本書撰寫過程力求嚴謹,但疏漏之處在所難免,尚祈各方先進不吝指
正是幸。

謹識

2020 年 6 月

目次

表目次

圖目次

第一部分　理論脈絡

第一章　緒論

　　本研究探討校長正向領導、教師教學效能與學生學習成效之關係。爰此，本章主要說明本研究的背景與動機，其次根據研究動機，提出研究目的與待答問題，針對重要名詞加以解釋與界定；最後說明本研究的範圍與限制。全章共分為四節，第一節為研究背景與動機、第二節研究目的與待答問題、第三節名詞釋義及第四節研究範圍與限制。

第一節　研究背景與動機

　　人類文明的進步，奠基於領導的革新。隨著時代變遷，領導知能不斷地演進，回歸教育現場，學校的領導結構必須從觀念及實務上做適當改變，才能順應潮流。根據 Leithwood、Harris 與 Hopkins（2008）的研究，學校領導對於學生學習的影響，僅次於教室的教學，學校領導者透過其對於成員動機、承諾和工作環境的影響，提升學生學習成就，爰此，校長學校領導關乎教師教學效能、影響學生學習成效，乃是學校發展的重要關鍵，本節針對研究背景及研究動機加以說明。

壹、研究背景

　　當前國民中學受到市場機制及少子女化衝擊之影響，應更加強調績效管理，要求一定的辦學績效與教育品質，以提高學校整體競爭力（張

鈿富、鄧進權與林孟潔，2010）。而校長是否有效領導，直接影響到學校辦學績效與競爭力，同時校長領導能激發學校團隊的組成與運作、教師的合作與分享，以解決學校問題，增進學生學習成效以及提升辦學績效；因此，如何尋求成功有效的領導，以達成教育目標，一直是重要課題（吳清山，2014；Abrahamsen, Aas, & Hellekjaer, 2015）。在學校組織中，校長領導是學校成功的關鍵要素之一，其職位重要且責任重大，扮演著實現學校教育、影響學校辦學績效的重要角色，而且與教師教學效能、學生學習成效與學校的發展息息相關；成功的校長領導包含核心領導實踐及理念，可作為特定的全面性領導模式（賴志峰與秦夢群，2014；謝傳崇與許慷龍，2015）。

　　面臨少子女化的時代，校長正向領導與學校發展密切相關，學校校長能以正向思維、正向心態，保持正向情緒，進行正向經營，將能激發成員內心的熱情與學校永續發展的動能，展現出實際具有說服力的績效成果，以獲取學校利害關係人的認同與信服（林新發，2010a，2010b；張文權、陳慧華與范熾文，2016；Cameron, 2012）。當大環境急遽變化，少子女化現象產生，學生來源急速銳減，校際間為維持生存激烈競爭，學校面臨存續危機之時，領導者應以正向、積極的能量為學校所處的周遭帶來正向、喜悅、有力的震動與氛圍，透過校長正向領導，帶領組織成員開創願景，解決難關，開展生機，讓學校永續經營發展（林思伶，2012；邱顯坤，2014）。正向領導的運作過程，應涵養領導者本身與成員的正向能量，懂得善用正向思考及做好情緒管理，重視溝通知能的增進、互動關係及良性氣氛的營造，進而創造出組織發展的正面意義與價值（Cameron & Spreitzer, 2011; Ladd, 2014; Youssef-Morgan & Luthans, 2013）。

　　據此，國民中學在少子女化的衝擊與市場化的影響之下，學生數量大幅減少，學生來源取得面臨高度競爭，學校為求長遠發展及達到永續經營的目標，實應具體展現學校特色、提升辦學績效與競爭優勢，增進教師教學效能、提升學生學習成效以滿足或超越相關利害關係人的需求與期望，其中校長領導對學校的成功與發展扮演關鍵角色；而身為學校領導者，在因應十二年國教相關政策的推動、處理繁雜的校務工作及面對校內外各項人事物時，應善用正向領導與思考模式，適時調整工作壓力、維持情緒平穩及提高挫折容忍度，並能運用正向溝通管道，強化與成員的良性互動，積極營造支持信任、溫馨和諧的學校氣氛，進而與成員共創學校教育的意義與價值。

　　近年隨著國內九年一貫課程改革以及高中、大學入學制度的變革，加上即將推動的十二年國民教育素養導向課程教學，其施政重點無不著重在學生學習過程與成就上；再觀國內有關學生學習成就之相關研究，近年來亦有增加之趨勢，其討論方向主要分為兩個部份，一是所探討影響學生學習成就之因素大都聚焦於學生個人因素、家長社經背景與教育態度等因素（王敬堯，2009；邱麗滿，2008；邱月萍，2011；黃婉茹，2010；楊紫璇，2007；謝孟穎，2003；魏麗敏、黃德祥，2001）；二是，在學生學習成就方面，主要以學生的學科成績表現為議題（洪閔琦，2011；張意宗，2010；蔡政賜，2006；謝進昌，2008；顏貝珊，2004；羅珮華，2003）。

　　然而，面對教育政策變革、社會變遷等時代挑戰，衝擊教育現場之每一份子，如何增進教師教學效能、提升學生學習成效？對於校長而言，更是考驗其領導智慧。面對壓力、任務與挑戰，哈佛大學教授 Tal Ben-Shahar 主張個人的幸福感提高，因應工作挑戰的態度就會顯得成熟，進而對身邊的人都發揮出正向影響力，高 EQ（Emotional Quotient）正是主

管培養正向領導力時的要素。先有好 EQ，才能擴大延伸出幸福感與正向領導力，組織成員的工作表現因而顯著提升（陳怡伶，2013）。

爰此，正向情緒的介入策略對人們的現實生活的適應具有重要價值。Cohn 與 Fredrickson（2009），以及 Lyubomirsky、King 與 Diener（2005）分析正向情緒各類研究發現，正向情緒有助於發展生活適應性特質，引發不同生活層面較為成功，原因是來自於透過正向情緒所擴展的思考與行動模式，使個體更樂觀、有活力、創造力、有彈性、能整合，並更能表現利他性，進而建構個人的心理、知識與社會性的廣泛性資源。

再者，學習是人的心理傾向與能力的變化（Gagné, 1985）。此種變化不能從觀察得知，必須透過外在行為，如作業或測驗來推論學習的改變（邵瑞珍與皮連生，1995）。爰學習是教育心理上很重要的一個概念，是個體經由練習或經驗使其行為產生較持久改變的歷程（張春興與林清山，1989）。學校領導者能力的展現勢必影響到組織經營的成敗，校長領導成了關鍵的影響因素。校長可以透過正向領導，使學校產生一種正向連鎖效應，進而引發正向超越表現，突破學校經營的困境（謝傳崇，2011）。McKenzie（2011）指出在學校組織中，教師對校長的信任會成為教師組織公民行為最大的助力。

綜上所述，校長正向領導、教師教學效能以及學生學習成效的研究乃成為現代教育研究的重要課題。本研究聚焦於前開關鍵問題之研究動機，如下分述之。

貳、研究動機

依據上述研究背景說明，本研究的動機如下述：

一、校長正向領導是現今學校發展不可忽視的潮流與趨勢

校長應創造一個正向共同分享決策的情境並增能賦權予學校教師，激發教師潛能，促使其持續的專業知能成長；並以權責相符及接受監督考核的原則參與校務決策，使其共同為集體建立的願景目標而努力（林志成與林仁煥，2008）。校長領導行為是學校情境裡，是透過與成員的互動來發揮影響力，以導引學校方向，並糾合群力激發士氣，使其同心協力齊赴學校目標及提升教育績效（謝文全，2012；Abrahamsen et al., 2015）。正向領導行為的展現與影響力的發揮，所需考量的背景及具備要素包括：有正向的領導者、聘用正向的成員、與成員有正向的互動關係、能視情境脈絡適度調整及運用（Gordon, 2008; Youssef-Morgan & Luthans, 2013）。

近年來，教育改革浪潮洶湧而至，隨著教育政策與法令規章的演變，及社會大眾對教育改革的殷切要求，教育環境正處於多元遽變的時代。學校面對今日複雜的校園環境及社會變遷，現在校長的角色已由傳統行政領導轉變為教學領導的重視，傳統以被動解決問題的領導模式，已逐漸被積極回應外在環境，強調增能賦權及民主參與的新領導模式，學校領導者必須捨棄傳統由上而下之形式，轉而與學校成員合作（秦夢群，2010；黃宗顯，2008）。

為符合當前學校教育的挑戰，學校領導者必須思考新的領導及學校治理模式，將權力與學校成員共同分享，適當地增加校內各位成員責任承擔的範圍，讓領導成為廣泛及有特色的領導能力之集合（Hopkins, Highham, & Antaridou, 2009），因此近年來學術研究逐漸將領導定義為增加個人及集體能量的分享過程（Camburn, Rowan, & Taylor, 2003; Yukl,

1999）。領導是眾人的事，英雄式領導不再是領導實踐的主流（賴志峰，2012）。Gordon 於 2008 年認為要在組織中產生正向的能量（positive energy），其條件包括：有正向的領導者、建立信任與正向文化、聘用正向的成員、增加溝通、補充正向能量、建立分享的願景與目的及除去能量吸血鬼（energy vampires）等（謝傳崇，2011）。Cameron 於 2008 年也提出一位成功的領導者不單單只是解決問題、克服障礙、或者維持利益而已。其實可以透過正向氣氛（Positive Climate）、正向關係（Positive Relationships）、正向溝通（Positive Communication）、正向意義（Positive Meaning）等四種正向領導的方針來促進組織的發展，促成個體最好的狀態，肯定人類發展的潛能，並積極創造高度正向的結果。

就我國目前國民中學教育發展現況，面對後現代主義思潮的影響及教育改革浪潮的衝擊，教師已身兼選用教科書、擬定課程計畫及進行領域專業對話等多重角色，是課程規劃與設計的領導者；此外，強調學校本位管理及共同決策的精神下，國民中學教育階段教師亦需參與校務會議、教師評審委員會、校長遴選委員會、課程發展委員會或教師會等行政團體決策的運作，教師擁有更多的機會及權力參與校務決策，確有實質影響力，是推動校務的重要力量（高又淑，2010）。

正向領導思維逐漸興盛，是當前學校領導的新興途徑。積極正向的校長領導強調合作、學習與追求成就，基於對學生學習的重視，以及教師教學效能的提升，趨向積極主動與動態發展，是促成教育成功的關鍵因素，此乃本研究的動機之一。

二、教師效能是影響學生學習成效的重要因素

高曉婷（2004）認為教師效能是教師自我認知及教學上具有自信，不畏外在環境挑戰，引導學生在認知、技能與情意上正向學習。然而，

學生學習成效一直是教育界及社會大眾所關心的課題，也是國內外學術界所關注的議題，因它不僅代表一個國家國民的教育成就水平，更是反應出一個國家競爭力的實質指標。學生學習成就不僅是政府施政的重要考量，在學術研究上亦受到相當地重視，從文獻探究中發現，教師效能對學生學業成就的影響力，遠遠大於班級規模以及學校效能；高效能之教師能提升學生學習的成功（Brewer, 1993; Mortimor, 1993; Sammon, Hillman, & Mortimor, 1995; Taylor, Pearson, Clark, & Walpole, 2000）。張繼寧（2011）採用美國田納西州自 1985 年起進行維持四年的「師生比例改進研究計劃（Student Teacher Achievement Ratio, Project STAR）」部分樣本數據分析發現：教師效能對學生學業成就的影響力，大於班級規模及學校效能，亦即「教師效能」是影響學生學業成就的關鍵，即便學生身處較差之學區，或接受大班級教學模式，只要有高效能之教師依然可以得到成功的機會；簡紅珠（2006）則提出，教師效能主要以學生學習成就做為判斷之依據。

蔡毓智（2008）認為影響學生學習成就之因素，除了學生本身學習態度外，家庭所能提供之教學資源對子女學習亦有所影響；此外教師素質的基本要素，如年齡、性別、學歷 以及年資等都有可能對學生學習成就產生影響（謝亞恆，2007；黃曉惠，2010）。因此，影響學生學習成就因素甚多，而國內相關研究大都亦聚焦 在家庭與教師層面，甚少針對學生學習成就內涵進行更深入探討。由此，教師效能是影響學生學習成效重要因素，此為研究動機之二。

三、校長正向領導影響學生學習成效

校長應引導全體教師表現正向而具體的支持行為，這樣的學習歷程可以在同儕會議中習得，而行政領導並就教師所展現的正向鼓勵行為予

以表揚肯定，教師也得到了社會性的支持（呂秀卿，2016）。校長正向領導行為是正向領導者、被領導者與所處情境互動後所產生的實際行動與作為；校長本身應成為正向領導者，而被領導者即是學校成員，包含學校行政人員、學校教師、學生與家長、社區與社會人士等；而情境脈絡包含教育政策、經營理念、組織結構、領導風格、經營類型、資訊科技、組織文化、社會資源等。

在探討校長正向領導行為如何發揮影響力以提升領導效能時，內外在情境分析是必備要素；學校內在情境方面，主要有：經營理念、學校文化、組織結構、管理系統、人格特質、專業知能、價值觀等；學校外在情境主要有：教育政策、教育思潮、外在壓力、社區資源、家長背景與科技發展等（吳清山，2013；林新發，2011）。

校長具備正向思維與落實正向領導，是學校組織進步的原動力；而校長正向領導具有的特質包括：正向解讀部屬所有行為、尊重部屬建立伙伴關係、以身作則展現正向情緒、營造組織優質正向氛圍、達成卓越的組織績效等（林新發等，2010）。正向領導的重要行動策略主要為：塑造正向工作氣氛、建立正向工作關係、進行正向溝通、展現正向工作意義（Cameron, 2012）。在推動正向領導的過程，正向領導者必須學習正向思考與情緒管理內涵，並加以實踐，同時能運用正向溝通及營造互動氛圍，展現行動力，勇於面對各項挑戰，積極促進整體系統的正向改變，為個人及組織創造正向與卓越表現（Feuerborn, Tyre, & King, 2015; Ladd, 2014）。

校長在正向領導行動過程中，能正向思考並具正向情緒，基此以發揮其影響力，進行信任溝通，關懷並肯定成員，建立支持關係，展現價值意義，進而提升組織績效，達成組織目標（李菁菁，2014；謝傳崇，2011）。基於上述，校長正向領導之行動過程，應重視正向思緒的引導，

校長及其成員均應涵養正向思考、情緒管理的能力，同時應強調正向溝通技能的運用與良善態度的養成，以及資訊平台的輔助使用，並且能營造人際和諧、團隊互助、真誠關懷、支持信任的學校氛圍，與成員共同合作，持續創造正向的教育意義與價值。

雖然校長領導直接影響學生表現較為薄弱，然而校長可透過影響教師，間接來提昇學生表現。在許多的研究中（林新發、王秀玲、仲秀蓮、黃秋鑾、顏如芳、林佳芬與梁玟燁，2010；林詩雁，2008；謝傳崇與呂浚瑀，2011），皆表示校長正向領導與學生學習成效之間具有高度正相關與預測力。因此校長的正向特質有助其提昇正向領導能力，校長越重視營造正向氛圍，則學生學習成效就越高度呈現。因此，學校中的學校成員良好的雙向溝通，彼此達成共識，則有利於校務發展的提昇。這充分表示校長正向領導的正向溝通層面與學生學習成效有密切關聯。而當校長採用正向領導，常激勵鼓舞學校教師的良好表現，則學生學習成效就愈好。這顯示校長正向領導的運用將使得學生學習成效獲得正面的助益，此為研究動機之三。

四、校長正向領導、教師效能與學生學習成效關係之探討有待開發

研究者擔任國民中學各處室主任十餘年，面對社會氛圍的轉變、家長及學生自主意識抬頭、少子女化衝擊等教育環境的急遽轉變，校長扮演極為重要的角色，影響學校辦學績效及未來發展，而校長領導更是影響教師效能及學生學習成效的關鍵因素。學校是學生學習上重要的學習場域，更是影響學生學習及未來發展的重要成長環境，國民中學時期正是學生人格養成以及基礎學科教育的啟蒙階段，是以從校長正向領導，增進教師教學效能，進而提昇學生學習成效，有助於建立一個正向氛圍

的學習環境，減少教師與行政、教師與學生之間的隔閡，將有助於提高教師效能、增進學生學習成效。

所以校長正向領導、教師效能及學生學習成效相關性研究的探討，理應成為當前重要的教育議題，教師效能及學生學習成效一直以來均是教育研究相當重視的研究議題，國內外已有相關的研究，但是從校長正向領導的面向探究教師教學效能與學生學習成效的研究，為數不多，大都著重於組織氣氛、學校效能、組織行為、公共關係、創新教學與職場希望感及績效管理之間的研究探討，聚焦校長正向領導、教師效能與學生學習成效之研究探討相對較少；經查全國博碩士論文網迄今有關校長正向領導的論文研究當中，博士論文有 17 篇，其中 11 篇以學校組織、教師、行政人員以及學校文化的角度進行探討，而當中有 6 篇則是以學校經營效能的觀點進行分析研究，其餘與校長正向領導相關研究論文均為碩士論文，共計 65 篇，其中以教師、組織工作壓力、幸福感及專業成長相關進行研究者共計 53 篇；校長正向領導與教師教學效能相關研究文章有 11 篇；校長領導行為影響學生學習成效相關研究僅有 1 篇；而校長正向領導與學生學習成效直接相關之研究探討，在有限的資料蒐集條件之下，並未有所呈現。因此，本研究之探討，將有助於擴展此領域之應用研究，此為研究動機之四。

第二節　研究目的與待答問題

基於前述研究背景與動機本節旨在探討研究目的與待答問題以瞭解國民中學校長正向領導、教師效能與學生學習成效之關係，讓研究更能聚焦及正確導引、檢核研究方向。茲分述如下：

壹、研究目的

　　基於上述研究動機，提出本研究之研究目的如下：

一、探討國民中學校長正向領導、教師教學效能與學生學習成效之實施現況。

二、分析不同個人背景變項之國民中學教師在校長正向領導、教師教學效能與學生學習成效之差異。

三、分析不同學校背景變項的國民中學教師在校長正向領導、教師教學效能與學生學習成效之差異。

四、檢視國民中學校長正向領導、教師教學效能與學生學習成效之影響關係。

五、綜述研究結果與建議提供教育行政、學校行政及未來研究之參考。

貳、待答問題

　　基於上述研究目的，提出本研究之待答問題如下：

一、國民中學校長正向領導、教師效能與學生學習成效之實施現況如何？

二、不同個人背景變項之國民中學教師在校長正向領導、教師效能及學生學習成效的表現上是否有顯著差異？

三、不同學校背景變項的國民中學教師在校長正向領導、教師效能與學生學習成效的表現上是否有顯著差異？

四、國民中學校長正向領導對教師效能、學生學習成效之關係為何？

五、國民中學校長正向領導對教師效能、學生學習成效之直接與間接效果為何？

第三節　名詞釋義

　　為使研究主題易於瞭解，本節針對校長正向領導、教師效能與學生學習成效作概念界定與說明，茲將本研究所探討之名詞解釋說明如下：

壹、校長正向領導

　　校長正向領導，係指校長運用其影響力，培養學校成員能力，營造學校正向氣氛及友善文化，鼓勵成員互相支持與合作，並激勵成員開展潛能，達成學校發展目標的領導過程與行為（吳清山，2013）。

　　本研究參考仲秀連（2012）、李菁菁（2014）、杜歧旺（2015）、蘇銘勳（2015）、黎素君（2017）與姚麗英（2018）等研究者，關於「校長正向領導」內容包括：「塑造正向氣氛」、「建立正向關係」、「進行正向溝通」和「賦予正向意義」等四個子構面。本研究以自編之「校長正向領導」問卷填答得分為依據，測量正向領導在學校組織中的程度，得分愈高，受試教師所知覺其任職國民中學之校長正向領導的認同程度就愈高。

貳、教師教學效能

　　教師教學效能係指教師在課堂中展現專業教學知能，以增進學生的學習效果；具有教學效能的教師能依學生的需求，設計適合的教學計畫及活動，有效的呈現教材，並在教學過程中適當的使用教學方法、策略及教學評量（Hackmann, 2009）。

　　本研究所稱的「教師教學效能」參考張素花（2012）、蔡金田（2014）、許瑞芳（2018）與姚麗英（2018）等研究者，內容包括「教師自我效能」、「教師教材教法」、「營造學習氣氛」、「教學評量回饋」等四個子構面，係以受試者在本研究自編之「教師教學效能問卷」的上的得分表現情形

為依據，教師在教師教學效能問卷上得分越高，即表示教師對於教師教學效能的認同程度越高，反之則越低。

參、學生學習成效

學習成效是衡量學習者學習成果的指標，學習成效乃是指教學結束後，學習者在知識、技能及態度上的改變（邱貴發，1992；Piccoli, Ahmad, & Ives, 2001）。

本研究對於「學習成效」的構面參考蔡金田（2014）、杜歧旺（2015）、劉美玲（2017）與何淑禎（2018）等研究者，分別為「學習興趣」、「學習態度」、「作業表現」、以及「學習績效（包含：在校成績、多元表現、專業證照數與對外考試）」等四個子構面來衡量，係以受試者在本研究自編之「學生學習成效問卷」的上的得分表現情形為依據，教師在學生學習成效問卷上得分越高，即表示教師對於學生學習成效認同程度越高，反之則越低。

第四節　研究範圍與限制

本研究旨在探討國民中學教師效能、學生學習成效與家長滿意度之相關性，為了使研究之論述與架構更為嚴謹，將研究之研究範圍與研究限制說明如下：

壹、研究範圍

本研究為達成上述研究目的，以問卷調查法進行實證資料之蒐集與分析，研究範圍分別從，研究對象、研究內容兩方面加以說明：

一、研究對象

本研究之對象係以 107 學年度台灣地區公立國民中學現職教師。

二、研究內容

本研究在探討國民中學校長正向領導、教師教學效能與學生學習成效關係之情況，以國民中學在職教師之性別、年齡、學歷、職業、任教之學校規模、學校區域、學校位置為背景變項。以「塑造正向氣氛」、「建立正向關係」、「進行正向溝通」、「賦予正向意義」等為校長正向領導四個子構面；其次以「教師教材與教法」、「營造學習氣氛」、「教學評量與回饋」與「教師自我效能」等為教師教學效能四個子構面；再者，以「學習興趣」、「學習態度」、「作業表現」、以及「學習績效」為學生學習成效之四個子構面進行分析研究。

貳、研究限制

本研究雖然已在研究設計上力求嚴謹，在資料蒐集方面力求兼容與廣博，在分析與解讀部分力求正確精準，但礙於客觀因素，難免有研究上的限制，茲依次敘述於後：

一、研究內容方面

本研究係就國民中學校長正向領導、教師效能與學生學習成效之間彼此關係作推論與描述，但其中牽涉了教師個人價值觀、對於校長的期望值以及教學理念等等差異，同時也受到校長個人形象月暈效應的干擾，彼此間的個別差異頗大，且對於教師個人心理深層的心向反應與心理素質的個別差異，或仍有所疏漏，無法徹底掌握，因此本研究問卷編製題

目時，著重於國民中學教師對於校長正向領導、教師效能以及學生學習成效的知覺感知及自我察覺構面陳述。

二、研究變項之限制

本研究以台灣地區公立國民中學在職教師為研究對象，因教師個人社經背景、教育程度、教育理念等因素關係相當複雜，可能無法完全涵蓋所有的因素。

三、研究方法之限制

本研究採問卷調查法因國民中學教師人數眾多、教學業務繁忙，問卷調查的回收率可能偏低。為克服上述情形於寄發問卷時，特別商請各校校長、主任將問卷交給符合資格之教師填寫，以避免產生研究樣本之偏誤及影響問卷回收率。

四、研究結果推論之限制

本研究針對臺中市公立國民中學之在職教師，探討其對於校長正向領導、教師效能與學生學習成效之關係，並未包含私立中學，故研究結果在推論上僅止於台灣地區公立國民中學在職教師。

第二章　文獻探討

　　本章主要在整理國內外有關校長正向領導、教師教學效能、學生學習成效之相關論述與研究，以做為本研究調查、研究論述之基礎。主要分成三節，第一節為校長正向領導的理論與研究，第二節為教師教學效能的理論與研究，第三節為學生學習成效的理論與研究。

第一節　正向領導的理論與研究

　　領導就是「引導」或確定工作方向的意思，亦即引導團體成員向目標的方向邁進，期能達成共同的目標。而就文字的意義來說，「領」含有「統領架御」之意；「導」則含有明示、標定與啟發之意，所以「領導」是指率先示範、啟迪、引導以完成組織所預設之目標的意義（蘇銘勳，2015）。

　　換言之，一位好的領導者可以帶領組織邁向目標前進，藉由激發組織成員內在的潛力，提昇成員工作效率，滿足成員的基本需求，讓組織成員主動朝向目標積極努力。然而，組織的領導者的正向行為也會促成組織內部成員的心理資本提昇（Abdullah, 2009），並在團體情境裡，藉著正向影響力來引導成員的努力方向，使其同心協力齊赴共同目標的歷程，而在學校當中這個角色的扮演者就是－校長（謝文全，2007）。再者，正向領導能讓領導著超越一般性的成功，進而達到卓越的效能與驚人的正向結果（謝傳崇，2011）。

　　近年來由於社會多元、教育普及、家長教育選擇權的重視以及教師產業工會組織的成立等，各級學校組織內外生態系統的急遽轉變，使得學校的經營與管理由傳統尖塔型的學校管理模式轉變為扁平式的管理模式。而目前教育環境又越來越強調學校要在辦學績效、特色創新與多元融合上有所展現，在在考驗領導者的能力。換言之，未來學校的領導和經營的難度增高、經營的面向也越趨寬廣；身為學校領導者更要隨時感受教育環境的脈動與趨勢，調整領導的模式與策略，並且重新定位校長所扮演的職責，如此才能在變革中永續領導經營學校。然而，校長正向領導行為產生的背景要素，可從領導者特質、被領導者特質、內外在情境、人與情境的交互作用等面向來進行分析（秦夢群，2013；Kelloway et al., 2013）。

　　校長正向領導對學校成員能夠產生重要的影響力。校長必須努力創造友善的校園氣氛及良好的教學環境，建構支持與激勵教師的力量，鼓勵教師提出良好的教學方案並勇敢進行教學創新。以顛覆傳統的教學方法，協助教師建立專業形象，贏回尊重，教出優秀的下一代，才能改善台灣的未來（葉丙成，2012）。

　　因此，身為國民中學校長的領導角色必需是多元且彈性的，一位成功的校長必須兼容並蓄均衡地表現多面向的領導角色。另一方面，因應多重的角色，校長也必須具備多種的領導能力才足以帶領學校永續發展（林新發，2010b）。

　　現今教育思潮風起雲湧的時代中，學校面臨諸多的衝擊與挑戰。然而在社會對學校之教育質與量的要求、效能提升與經營創的期待下，學校教育當中，正向領導模式之實行有其迫切性與關鍵性（謝傳崇，2011）。

　　綜上所述，校長正向領導、教師教學效能、學生學習成效與學校效能與辦學績效環環相扣，校長正向領導之所至，正是教師教學效能與學

生學習成效之所在;本節針對正向領導意涵、相關理論、類型、策略、相關研究等面向進行探討,以作為本研究之參據。

壹、正向領導之意涵

人都不完美,如果挑短處,永遠有挑不完的缺點;如果看長處,再壞的人也有一些優點,要改正學生的缺點最好的方法是放大他的優點,一個自重自愛的人自然會上進(洪蘭,2006)。Covey(2004)也指出:領導的藝術就是幫助他人,使其體認到自身的價值和潛能。所有行為的互動,都是如此;我們期望有正向的響應,首先主管就要正向的思考、正向的響應部屬,得到的必然是正向的結果(陳生民,2008);而正向心理資本(positive psychological capital, PsyCap),係指由自我效率(self-efficacy)、希望(hope)、適應力(resiliency)、樂觀(optimism)等特質發展成的正向狀態(Clapp-Smith, Vogelgesang, & Avey, 2009)。

正向領導(positive approach to leadership, PAL)是指領導者能依事實情況產生真實適切的樂觀、良好的情緒智力、信賴部屬、能與部屬共同建立對組織未來的希望,則可提升組織績效(Luthans, 2001)。詹明娟(2007)指出:好領導從正向解讀開始,學會欣賞他人的能力,適才適用擺對位置,抗壓調適、覺察反思。而人際互動不是只談技巧就可以讓組織績效提升的,技巧沒有正確的信念是沒有用的。人本來就是希望自己的價值被他人肯定,這種肯定百分之百來自人的善意,即我們不能懷疑別人是故意或是天生如此做錯事。

林新發(2010a,2010b)認為正向領導是指組織領導者在建立共同意義與共同價值的目標下,充分展現正向的執行力與正向的影響力,營造組織正向氛圍並主動地付出愛心、關懷成員,進而促使組織成效提升。另外,也認為由正向觀念衍生出之領導稱為「正向領導」,著重領導者肯

定部屬的長處優點，培養成員具有積極樂觀、良好工作效能與良善品德等正向特質。正向領導者具有熱情，能運用正向領導策略產生優異的效果。領導者秉持著人性本善的正向觀念，重視組織成員的心理需求，與成員之間建立互相信任、互相依賴的關係，而能順利圓滿達成組織的目標。

謝傳崇（2011）認為正向領導（positive leadership），是一種新的領導觀念，也稱為積極領導；學校校長以正向領導，可以帶給學校希望，會用樂觀、積極、正向的態度，面對學校的教育問題，並想出更好的解決之道。

Cameron（2008）在《正向領導－極致表現的策略》中指出：正向領導內涵包括（1）促進個人與組織獲得優異表現；（2）肯定人類的長處、能力與潛能；（3）奠基在幸福論的假設或培育良善。其策略包括培育組織正向氛圍、成員間建立正向關係、彼此進行正向溝通、與建立正向意義。林新發（2010）也指出：正向領導為組織領導者在建立共同意義的目標下，所展現正向的執行力與影響力，以營造正向氛圍與付出愛心關懷，進而提升組織成效。

Gordon（2008）則認為要在公司產生正向的能量（positive energy），其條件包括：正向的領導者、建立信任與正向文化、任用正向的成員、增加溝通、補充正向能量、建立分享的願景與目的、除去能量吸血鬼（energy vampires）；亦即，正向領導除了正向的回應部屬、欣賞部屬的優點外，也要果斷除去破壞組織績效的成員。

校長正向領導係指校長以讚美、傾聽，關懷、信任、授權或激勵教師等正向領導方法，塑造學校溫馨友善的正向氣氛，促進支持性的正向溝通，建立生命共同體的正向關係，培養學校教育的正向意義，營造出積極進取、向上提升的學校組織學習。並且從建設性的、樂觀性的角度

看待我們所面對的學校教師的教學問題，提供教師充分學習的機會，建立良好的互動關係，激發教師教學潛能，鼓勵教師樂於創新教學的動力，進而改善教學品質。進而帶好每一位學生，徹底達成適性揚才，因材施教的教育目的，讓每一位學生都能成功，真正實現教育的價值與意義（姚麗英，2018）。

Cameron（2008）曾提出正向領導一詞與策略，其理論意涵為極度重視組織成員無形資產；亦極度強調組織的環境氛圍影響力，而組織領導者藉著各項策略將其資產和氛圍轉換成對公司的成長與業績的原動力。而 Cameron（2012）再度闡述了正向領導的對於組織績效與發展的重要性，也強調在現今多變與詭譎趨勢中正向領導對組織的重要性與價值性。

Luthans（2001）亦曾論述「正向領導」（positive approach to leadership, PAL），認為正向領導（PAL）即是身為領導者如果在面對事件的處置流程上能有下列四種特質：（1）真實適切的樂觀；（2）良好的情緒智力；（3）對部屬的信賴；（4）能與部屬共同建立對組織未來的希望，則必能產生絕佳的領導效能，來達成組織目標與提昇組織績效。

而對於此議題，國內外學者對其研究皆有著墨，以下茲將就有關正向領導的意涵，整理如下表 2-1-1：

表 2-1-1　正向領導之意涵

研究者/年代	正向領導之意涵
林　新　發 （2009）	正向領導者應： 1. 正向解讀部屬行為：領導者應先肯定人性本善，部屬做錯事必有其原因，然後再依組織規範進行理性的判斷及處理。 2. 以身作則塑造組織正向氣氛：領導者應培養樂觀、不畏困難的勇氣與毅力，並以身作則，以培育組織成員具有感恩、樂觀等正向情緒，進而形塑正向氣氛。
謝　傳　崇　譯 （2009）	卓越校長的傑出領導行為包括： 1. 對個人道德與績效責任的高度承諾。 2. 聚焦於利他的學習信念。 3. 促使情緒與理性的投入。 4. 兼重個人和組織的目標。
林　新　發 （2010a）	1. 校長的正向願景倡導。 2. 校長的正向影響力發揮。 3. 校長的正向行為表現。 4. 校長的正向目標達成。
林　新　發 （2011）	「正向領導」定義為：組織領導者在建立共同意義的目標下，所展現正向的執行力與影響力，以營造正向氣氛與付出愛心關懷，進而提升組織成效。正向領導模式的要素，可涵蓋組織內外在情境、領導的角色與任務、團體系統、行動策略等四大面向的要素。

（續下頁）

研究者/年代	正向領導之意涵
呂浚瑀 （2011）	校長能以正向思考的方式處理校內外事務，並以身作則，能用關懷同理的心態看待並協助成員解決問題，使學校瀰漫正向的氛圍，與學校成員共同建立正向的願景，達成學校教育的積極目標。
仲秀蓮 （2011）	組織領導者在具有正向領導的共同願景下，整合運用愛心關懷、智慧倡導、與勇氣執行，時時進行導德反思與分享學習，並善用團隊的力量以擴大影響力；以愛心關懷正向解讀成員的行為表現，以智慧倡導引導成員產生正向的良善行為，以勇氣執行克服困難有效落實實施成效，進而達成組織目標。
謝傳崇 （2011）	正向領導強調組織與個人的提升，是提升成果的一種方法，強調個人和組織的提升、組織中的正確行為、賦予生命、令人滿意的經驗、卓越非凡、激勵人心。且正向領導者扮演的角色能夠促進個人和組織的正向超越表現。
李建德 （2012）	領導者以正向思維帶領成員建立共同努力的目標，營造正向氛圍凝聚組織團結力量，尊重關懷組織成員以期一同達到組織目標。
李勇緻 （2012）	正向領導重視成員的心理資本，以人性本善的觀點，不僅在自我肯定，也在肯定他人，整合各種領導理論的正向特質，例如：尊重、關懷、欣賞、激勵；並以正向溝通、正向解讀及正向意義的領導行為，來營造具有積極、樂觀、愉悅的正向組織氛圍，與組織成員建立互信、互依的關係，達成組織目標並提升組織效

（續下頁）

研究者/年代	正向領導之意涵
	能。力行正向領導，善用正向溝通的智慧激勵，塑造正向組織，形塑具有正向意義的共同願景，激發成員團隊的潛能，以提升組織效能。
李勁霆（2012）	校長能與學校成員共同建立正向的願景，以正向態度關懷成員表現，使學校瀰漫正向的氛圍，並以正向思考展現良好情緒來帶領組織，以促進學校正向超越表現。
陳麗君（2012）	校長會以身作則，採取正向的思考、作為及策略去關懷成員與處理事務，關注於成員優勢，建立學校之正向關係與正向願景，培育校園的正向氛圍，進而使學校產生卓越正向之教育績效。
許文薇（2012）	校長運用正向影響力，付出關懷與同理心對待同仁以營造正向的學校氣氛，運用肯定與支持的正向溝通模式，維持組織成員間的正向關係，並賦予教師自我肯定、改造社會的正向意義。
黃佳慧（2012）	校長能與學校成員塑造正向的共同願景，以正向態度關懷成員表現，使學校瀰漫正向的氛圍，並以正向情緒來帶領組織，以促進學校正向超越表現。
黃麗鴻（2012）	一種正向積極取向領導，在共同的目標遠景之下，具備正確信念，付出愛心關懷，能欣賞他人的能力，建立信任產生樂觀的情緒智力，並對未來充滿希望等，藉以擴大影響力，提升組織績效。

（續下頁）

研究者/年代	正向領導之意涵
蔡宜萱 （2012）	校長能與學校成員建立正向的共同願景，以正向思考處理學校事務，並採取關懷、同理的心態協助成員解決問題，使使學校瀰漫正向的氛圍，進而達成學校組織的最大目標。
謝傳崇 （2012a）	1. 校長能正面思考展現好情緒。 2. 校長能正向態度關懷成員表現。 3. 校長能正向營造溫馨學校氛圍。 4. 校長能正向塑造卓越共同願景。
謝傳崇 （2012b）	1. 促進正向超越表現，促使成員產生超越群體常態的行為，幫助個人及組織達到驚人的成就水準。 2. 關注人類優勢、能力和潛能。它著重在成功和興盛，而非障礙和阻礙，能在負向事件的基礎上發展正向的結果。 3. 培養善良德性，引發個人和組織與生俱來的善良德性傾向，進而為組織而努力。
林凱莉 （2013）	校長展現正向領導的思維、策略與技巧，藉由關懷與感恩營造學校的正向氣氛，並且激勵學校同仁建立自信心及發揮潛能，願意為學校全力付出，營造正向團隊。同時克服嚴峻的困難與挑戰，展現正向超越的表現，提升組織競爭力，帶領成員達成學校願景。
吳條銘 （2013）	校長善用正向思考，提升成員的「心念」、並運用正向態度，關懷組織成員、與組織成員擘劃學校共同願景、發展共同目標，產生正向意義。

（續下頁）

研究者/年代	正向領導之意涵
陳偉國（2013）	校長能與學校成員共同建立正向的願景，營造溫馨學校氛圍，並以良好情緒關懷成員，進而提升學校教育成效。
陳明義（2013）	校長領導著重發揮組織及個人的優勢與潛能已克服困難、缺陷，以正向思維進行溝通，形塑正向關係、氣氛，建立正向能量網路，與成員共同建立願景，強調成果的提升，激發正向能量，促成正向的超越表現。
彭永青（2013）	校長善用正向思考，提升成員的「心念」、並運用正向態度，關懷組織成員、共同策劃學校未來願景、發展共同目標，校長建立正向關係、促進組織承諾。
戴國雄（2012）	校長能夠與學校成員一同塑造共同願景，以正向思考面對學校事務，同理心態協助成員解決問題並能表達善意與關懷、激勵同仁，營造校園和諧的氛圍，進而達成學校教育的目標。
謝傳崇（2013）	領導者能按實際狀況產生適切而真實的樂觀態度,並擁有良好的情緒、智慧。能信賴部屬,並和部屬共同建立對組織未來的希望；以提升組織績效。
姚麗英（2018）	校長以讚美、傾聽，關懷、信任、授權或激勵教師等正向領導方法，塑造學校溫馨友善的正向氣氛，促進支持性的正向溝通，建立生命共同體的正向關係，培養學校教育的正向意義，營造出積極進取、向上提昇的學校組織學習。
Chan（2004）	校長的領導行為表現能促進正向學校文化，並提高增加學生的表現。

（續下頁）

研究者/年代	正向領導之意涵
Harding（2007）	校長以嶄新的領導策略去規劃學校未來，並塑造學校的正向文化。
Cameron（2008）	正向領導者必須創造組織的正向環境、建立成員優勢、營造正向氣氛，在組織中促進同情心、樂觀感恩與寬恕；鼓勵成員相互支持，同時也提供深層的意義感。
Hopson 與 Lawson（2011）	學校的領導者透過計畫制訂和政策決定，以形塑學校的正向氣氛。
Smith, Bryan, 與 Vodanovich（2012）	團體領袖的正向領導行為包含： 1. 健全組織成員心態。 2. 提昇成員工作滿意度。 3. 改善組織氣氛。
Andronico（2013）	校長能為學校建立正向文化，以創造組織內部的績效責任文化。

從上述研究發現，關於正向領導的界定，過去研究者大致可歸納七個面向去定義，茲綜述如下：

一、建立正向心理與態度之面向（謝傳崇，2013；李建德、黃麗鴻與謝傳崇，2012）。

二、學校內行事採取正向思考之面向（呂浚瑀，2011；李建德，2012；彭永青、吳條銘、林凱莉與陳明義，2013）。

三、形塑學校校園內的正向氣氛之面向（呂浚瑀，2011；謝傳崇、陳麗君、李建德與蔡宜萱，2012；戴國雄與陳偉國，2012）。

四、建立全校成員皆認同的正向願景之面向（李勁霆、蔡宜萱與黃佳慧，
　　2013；戴國雄與陳偉國，2012）。

五、培養與累積全校成員心中正向能量之面向（林凱莉與陳明義，2013）。

六、發揮個人與群體正向影響力之面向去考量（林新發，2010a；陳明義、
　　陳麗君、黃麗鴻與許文薇，2012；謝傳崇譯，2009）。

七、營造校內正向人際關係之面向（李勇緻與許文薇，2012；謝傳崇、
　　彭永青與吳倏銘，2013）。

　　綜此，本研究校長正向領導定義如下：校長營造學校正向氣氛、形
塑學校正向願景，以正向情緒與教師溝通；建立正向人際關係，能以同
理心為教師設想、滿足教師工作上需要，且能隨時省思自身的言行並帶
領教師吸收新知識；進而提升教師教學效能，促進提升學生學習成效。

貳、校長正向領導之相關理論

　　正向領導最初是從正向心理學發展而來的，正向這一個名詞的概念
最初是由 Maslow 在 1954 年的「Toward a Positive Psychology」提出的「正
向心理學」（Positive Psychology），再由 Seligman 於 1998 年擔任美國心
理學會主席時，積極推動而產生（任俊與葉浩生，2006）。再者，Cameron
（2008）修飾 Matlin 與 Stang 於 1978 年著作後，在所撰寫的書上指出，
正向觀念如同向陽效應一般，且認為所有生物都會存在趨吉避凶的本能，
且就如同植物的向光性一同、人們學習正向知識比負向知識更快更好、
喜歡正向語言多於負向語言，也就是所有的生命都偏向正向能量
（Cameron, 2008）；故由此建立了正向領導的發展史。

　　正向領導的相關論述，於 Barber（1972）即勾勒出約略的輪廓，當
時強調教育企業經營管理的契機取決於正向性與創造性上。Mason（1991）
則認為一個組織的興衰與成敗關鍵點，在於組織領導者的正向願景形塑

能力，Fennell（1996）提出身為一位領導著的重責大任就是營造出一個正向的環境，以應付外在與內部的變革，並使組織能發展出自己的優勢（Tombaugh, 2005）。Sternberg（2005）則提出適用於教育場域中的 WICS（wisdom, intelligence, and creativity synthesized）正向模式，來提昇教育經營管理的績效。

「正向領導」之理論基礎可從幾個不同的角度去探究，茲將各理論基礎分述如下：

一、人本心理學

人本主義心理學興起於 1960 年代，主要代表人物為 W. James、A. H. Maslow、Arthur Wright Combs 和 C. R. Rogers。他們的研究和哲理是以人為中心，探討人類的需求和潛力，此學派主張要從受試者自己的眼中去看他自己的行為，而非從研究者的眼中看受試者的行為；亦即人本主義心理學所重視的是人，是人對其自己的看法；人對其自己的看法是隨個人意願而有所選擇，生活中的現實未必決定個人的行為，決定個人行為者乃是人對現實的看法，他自己所認為的苦或是樂，因此，生活經驗只能憑著當事人主觀的感受，而不能由別人的客觀測量而推知（張春興，1996）。James 主張生命中最需要關注的事就是快樂，他認為人們之所以願意忍受痛苦、付出勞力，就是為了想得到快樂，主張人應該有堅強的思想、柔軟的心，尤其是身為教師和領導人。Maslow 的需求層次論將人類的需求以金字塔的架構呈現，人從最基本的生理和生存需求，直到金字塔頂端的自我實現、知識與理解需求與審美需求。對人本心理學派來說，滿足需求使得人得到生理和心靈的安寧，就是正向的感情。Rogers 的自我規範理論，以人為中心的哲學思想，認為人們可以自我管理，不必依賴制約（常雅珍，2005）。人本心理學是研究個人獨特的背景，和這

個背景如何造就成他們目前的處境，它重視並接受個人，所以強調個人的獨特性和經驗。通常在充滿愛和關懷的環境成長的人，也較容易給予關懷和分享快樂。

領導是人的活動，正向領導是以人為本位，強調領導者以正向的思考及溝通方式，愛心關懷、智慧激勵部屬，重視個人的美德，將負向能量轉化成為正向能量，進而達到卓越的效能與驚人的正向成果。

人本心理學同時也是「以人為本」的哲學思想，其強調領導人要有柔軟的心及愛人的心，時時關注組織成員的需求，強調尊重、包容、關懷和愛，如此核心概念正符合正向領導的精神，適足以為正向領導之理論基礎。

二、正向心理學

正向心理學（positive psychology）是二十世紀末崛起於美國的一項新興研究領域。1998 年 Martin Seligman 於擔任美國心理學會（American Psychological Association，簡稱 APA）主席期間，提出正向心理學這一個新興的學術概念並與 Mihaly Csikszentmihalyi 在《美國心理學家》雜誌（American Psychologist）上編輯一個特刊來說明正向心理學。他們強調正向心理學運動（positive psychology movement），包含三大主軸（黎士鳴編譯，2008）：

1. 人類的正向主觀經驗：希望、樂觀、快樂。
2. 正向的人性：愛的能力、工作的能力、創造力、人際技巧。
3. 正向的群體與公民價值：責任、滋養、公民價值與忍受力。

正向心理學是一門研究如何導正人生的科學（Peterson, 2003）。Seligman（1998）有鑑於過去心理學著重在處理心理問題及精神病，從未能引導人過著充實、愉快、富有意義的生活，於是呼籲人們應正視正向

心理學界的發展。此外,正向心理學的發展主要有下列幾項特徵(黃鈴晏,2013):

1. 科學化的研究:建立以驗證為基礎的理論,分析和找尋人類的優點及潛能。

2. 強調正向觀點:推動正面的元素,如樂觀、愉快和互愛等,發掘個人和社會的優點和品德,追求正向的人生。

3. 增強對抗挫折的能力:發掘、培養和發揮個人的長處和潛能,積極面對人生的壓力和挑戰。

Seligman 與 Csikszentmihalyi(2000)主張美國心理學者應正視人類的快樂、卓越、樂觀等層面,因而提出正向心理學,希望透過正向心理因素的分析,來協助人們獲得更快樂、幸福的生活。其主要內容涵蓋三個部分,分別為:

1. 「正向的經驗」(positive human experience)。

2. 「正向的個人特質」(positive personal trait)。

3. 「正向的環境」(positive communities and positive institutions)。

正向心理學主張激發和培養每個人的正向心理能力,並藉由上述正向的心理能力使人們獲得更美好而幸福的生活。正向心理學在協助個人找到內心的正面能量,培養樂觀思考、積極正向的心態,能讓人隨時面對困難、挑戰挫折、突破困境,深切體認個人的價值與存在的意義,進而帶動週遭的人或團體,朝向正向發展。

三、正向組織學

Cameron(2008)和同僚積極推展正向組織學(Positive Organizational Scholarship, POS)。正向組織學強調組織遇到危機和不利情境時能夠提

升其生存能力和有效性的正向組織特徵，比如：正向的個性特質和正向個別差異等。

　　Cameron 認為：「正向組織學是用特別的方式研究正向異常行為、或使組織及其成員蓬勃發展的方法。」正向組織學從正向特質與個別差異觀點出發，著眼正向偏差組織動態現象的解析，強調正向特質變項，提出正向領導具有以下三種涵義（謝傳崇，2011）：

1. 正向領導促進正向超越表現，促使成員產生超越群體常態的行為，幫助個人及組織達到驚人的成就水準。
2. 正向領導是關注人類的優勢、能力和潛能。它著重在成功和興盛，而非障礙和阻礙，能在負向事件的基礎上發展正向的結果。
3. 正向領導培養善良德性，引發個人和組織與生俱來的善良德性傾向，進而為組織而努力。

　　Luthans 與 Youssef（2009）提倡要重視正向組織行為的四種能力的行為，即自我效力感、樂觀主義、希望以及彈性等能力；Huang 與 Blumenthal（2009）則在法制政策方面，強調以促進組織朝氣的方法或政策，或是透過市民參與等方法，以「正向制度」進行研究的重要性。在正向領導的引導下，組織中展現同情、寬恕和感恩會產生正向氣氛，組織將充滿支持和鼓勵的氣氛。而正向氣氛存在時，成員的工作績效將顯著提升，而組織的表現會更為精準。

四、「人本心理學、正向心理學與正向組織學」與正向領導的關係

　　綜合上述人本心理學、正向心理學與正向組織學的概念，可發現其均探討受試者對現實物象與組織成員行為表現的看法，只是正向心理學更進而研究人類正向看待現實世界時，對其身心有何益處，這兩種理論對正向領導的啟示為：

1. 加強自我反省與學習

領導者所面對的外在情境不一定均順合其所需,有可能是重大的打擊挫折,若依人本主義心理學的理論-人類自己的看法決定其對世界的解釋,因此,當領導者面對逆境時,不應先責怪外在情境的不配合,而是自我自省,亟力改善自身缺失與學習成長,以使自己所解釋的現實世界更為良好。

2. 正向解讀部屬行為

組織成員表現或有不合組織規範之要求,當領導者面對此情境時,完全責怪部屬的不善抑或是理解部屬的苦衷?依人本主義心理學與正向心理學的理論,領導者應先肯定人性本善,部屬做錯事其必有不得已之因,然後再依組織規範進行理性處理,此即是正向解讀部屬行為的領導歷程。

由上述可知,正向領導的心理學理論基礎有部分源於人本心理學與正向心理學,而有另一部份來自正向組織學,運用此心理學與組織學原理以提升領導成效。

五、認知心理學

認知心理學的基本理念是在探討人類知識的來源,其經過多次階段性的演變,本研究著眼於 20 世紀 60 年代的認知結構學習論,主要的代表人物為 Jerome S. Bruner,其認為求知是自主性的活動歷程,而非只是被動地接受前人研究的結果。亦即認知心理學派認為人類的心理是一個主動思考與解決問題的機制,人類可以靠思考過程來掌控行為(張春興,1996)。由於 Bruner 的認知結構學習論中強調學生的主動探索,從事象變化中發現其原理原則,才是構成學習的主要條件,故而被稱為發現學習論,其要義為(張春興,1996;黎士鳴編譯,2008):

1. 直覺思維是發現學習的前奏

在學生發現答案之前，鼓勵學生根據自己的知識和經驗，對問題情境先作一番直覺思維（intuitive thinking），在直覺思維時，一旦發現解決問題的線索，此直覺思維就變成發現學習的前奏。

2. 學習情境的結構性是有效學習的必要條件

發現學習只有在具有結構性的學習情境下才會產生，亦即，如果教材的組織缺乏結構關聯，或是學生本身缺乏認知結構的基礎知識，則無法產生發現學習。

3. 探索中發現的正誤答案同具回饋價值

回饋未必需由外在因素（例如獎懲）來控制；回饋是學生發現問題答案時，從錯誤調整到正確的認知歷程，學生一旦發現錯誤而自行改正後，其產生的回饋作用遠比外在的獎勵更有價值。

六、「認知心理學」與正向領導的關係

綜合上述認知心理學的概念，其對正向領導的啟示包括二方面：

1. 對領導者自身而言，善用回饋反省學習機制

人必有其缺失與盲點，是以需不斷追求精進完善、終生學習；領導者為帶領組織持續發展，自己應時時反省修正，從缺失中調整、改善而成長。正向領導主張領導者應時常進行自我的道德反思與學習，正是認知心理學回饋作用的運用。

2. 對部屬而言，建立正向結構性的領導風格

由於結構關聯性有益於學習，可推知具結構關聯性的領導風格方有利於部屬瞭解領導者的人格特質與對成員的期望，而正向的結構性領導風格更有利於部屬因瞭解領導者的期望，而形成良好的自我應驗預言。正向領導主張領導者正向解讀部屬行為，相信人性本善，其做錯事必有

其不得已之原因，此即顯示正向領導是統合愛心關懷與智慧倡導的結構性領導風格，有助於部屬因瞭解領者的期望而產生良好的自我應驗預言。

　　由上述可知，正向領導的理論基礎部分源於社會學以及心理學認知結構取向，運用社會學及認知心理學的原理以提昇領導成效。

參、正向領導之策略

　　Sergiovanni（1995）指出：學校領導者在「人的系統」方面，若能瞭解組織成員的激勵問題、組織成員的工作滿意－工作中的激勵、組織成員的工作豐富化－激勵的策略、組織成員工作調整的方式，再加諸學校經營管理的觀點，相信其必能建構一所高品質、高效能的學校。

　　Cameron（2008）闡述了如何協助組織建立正向工作表現的正向領導策略，其說明如下：

一、塑造正向的工作氣氛

　　正向工作氣氛包含了工作間的體恤及感恩氣氛，透過：表達憐憫、表達寬恕、表達感恩等行動，能有效促進員工間互相支持及尊重，而塑造互相關懷及支持的正向工作氣氛有助提升員工個人及企業的表現。

二、建立正向的工作關係

　　領導者透過建立正向能量網絡以及管理成員強項優勢等方式，促進正向工作關係。若領導者專注於發揮成員的強項優勢，則能激發員工潛能，讓他們在工作表現及人際網絡關係上具有卓越的成就。

三、進行正向的溝通

正向溝通是指雙向且有素質的溝通,在提升正向溝通的方法中,領導者可以為組織成員獲得最佳自我回饋和使用支持性的溝通,亦即領導者若能有系統的蒐集及分析資料,為成員提出最佳的自我回饋,讓成員瞭解其強項及獨特的價值,並透過坦誠、開放、尊重、支持的溝通,將能激勵成員開發潛能,促進成員投入工作。

四、展現正向的工作意義

正向的組織機構必須為成員提供清晰的願景,讓成員看見工作的意義不單在於個人層面,對於團隊、企業和社會的亦有影響,其影響範圍包括:1. 以增進人類的福祉為目標;2. 連結個人的價值或美德;3. 強調長期、廣大的影響;4. 建立團隊社群。承上,校長正向領導的主要行動策略包括:1. 塑造關懷氣氛;2. 建立支持關係;3. 進行信任溝通;4. 展現價值意義。塑造正向的氣氛、建立正向的關係、進行正向的溝通,與展現正向的意義等實施策略都很重要,且存有互相的正向影響關係,透過正向思維與領導來促進組織的發展,促成個人最好的狀態,肯定人類的潛能,並創造極度正向的結果。

Covey(2004)認為,人性的理解是重要關鍵,尤其當部屬受到尊重、不錯的報酬、和善的對待,能有發揮創造力的空間,能以符合原則的方式服務顧客需求時,部屬才會選擇與管理者合作、對公司衷心的奉獻。領導型態對於組織的發展必有影響,但組織成員的心態與作為更是關鍵,組織的發展與效能展現,歸於領導者與成員間相互的信任與尊重,互動平衡才得以相得益彰。

而國內研究者多採用其正向領導實施策略的相關概念,並延伸至學校組織領域;以研究國內學校校長正向領導的策略,如表 2-1-2 所示:

表 2-1-2　正向領導的策略

研究者/ 年代	正向領導之策略
李 建 德 （2012）	1. 同理關懷。2. 價值影響。3. 智慧互動。4. 反思學習。
李 勇 緻 （2012）	1. 建立正向意義的共同願。2. 營造正向氣氛的愛心關懷。 3. 善用正向溝通的智慧激勵。4. 形塑正向關係的魅力認同。
李 勁 霆 （2012）	1. 營造正向氣氛。2. 打造正向關係。3. 運用正向溝通。4. 賦予正向意義。
林 思 伶 （2012）	（LOVE-SERVE-LAUGH，簡稱 LSL） 1. 愛：領導者的生命發展與靈性追求。 2. 服務：領導者的服務能力與行動。 3. 歡笑：領導者內心的喜樂與付出。
黃 麗 鴻 （2012）	1. 正向氣氛。2. 正向關係。3. 正向溝通。4. 正向意義。
謝 傳 崇 （2012a）	1. 共創學校願景。2. 發展教師人才。3. 組織教師社群。 4. 經營教學方案。5. 建構合作環境。
蔡 宜 萱 （2012）	1. 營造正向氣氛。2. 建立正向關係。3. 善用正向溝通。 4. 培養正向意義。
許 文 薇 （2012）	1. 塑造正向氣氛。2. 經營正向關係。3. 運用正向溝通。 4. 賦予正向意義。
黃 佳 慧 （2012）	1. 塑造正向氣氛。2. 經營正向關係。3. 運用正向溝通。 4. 賦予正向意義。

（續下頁）

研究者/ 年代	正向領導之策略
吳 倏 銘 （2013）	1. 營造正向氣氛。2. 建立正向關係。3. 運用正向溝通。 4. 賦予正向意義。
林 凱 莉 （2013）	1. 正向氣氛。2. 正向關係。3. 正向溝通。4. 正向意義。
陳 偉 國 （2013）	1. 營造正向氣氛。2. 建立正向關係。3. 善用正向溝通。 4. 培養正向意義。
陳 麗 君 （2012）	1. 正向氣氛。2. 正向意義。3. 正向關係。4. 正向溝通。
陳 明 義 （2013）	1. 正向氣氛。2. 正向關係。3. 正向溝通。4. 正向意義。
彭 永 青 （2013）	1. 營造正向氣氛。2. 建立正向關係。3. 善用正向溝通。 4. 培養正向意義。
謝 傳 崇 （2013）	1. 表達支援、關心與感恩孕育學校正向氣氛。 2. 發展教師優勢能力培養團隊正向關係。 3. 採用支援性方式促進成員正向溝通。 4. 強調教師自我實現賦予工作正向意義。
戴 國 雄 （2012）	「採取正向溝通的行為」、「促進正向關係的行為」、「營造 正向氣氛的行為」與「塑造正向意義的行為」四個層面。

　　綜上所述，本研究關於正向領導策略的界定，正如 Cameron（2012）
所指出的營造學校組織內部的正向氣氛、領導者賦予學校事務的正向意
義、學校成員共同經營人際間的正向關係與領導者建立學校學校內部組

織網絡的正向溝通四項策略去延伸和建構。綜覽上述文獻，將本研究正
向領導策研究構面界定如下：

一、塑造正向氣氛

指校長凡事都能秉持正向的思考角度去整合各界期待（學生、家長、
社區、教職員與主管機關），並能匯集正向能量建立一個全校共享的正向
願景；進而營造學校的正向氛圍與文化；並帶領全校成員一起去追求與
達成。

二、進行正向溝通

校長在處理學校的任務與挑戰時，皆能夠保持高度的情緒智商，可
以摒除情緒干擾並能做出最適切的抉擇，與組織成員建立無隔閡的交換
訊息與意見平台，並達成一定程度之共識，藉此建構出校內正向的人際
互動網絡。

三、建立正向關係

校長心中能充滿慈愛與寬恕，從教師立場為出發點去瞭解其需要，
並能滿足所需，建立正向關係；以提昇成員的正向工作表現，以此將學
校營造成一個充滿關懷的場域；進而達成組織目標。

四、賦予正向意義

校長設定自身為全校言行舉止的最高模範標準，並在學校教師間形
成正向的表徵；校長能隨時省思自身的決策與行為，並能時時充實新知
識；感召老師用良善德性去教化學生。藉此對組織成員有正向的激勵與
示範作用，使學校成為一學習型組織；一直持續不斷的創新和變革。

肆、正向領導的相關研究

關於校長正向領導相關研究的部分，近幾年來均有相當的成長，以下先從校長正向領導的實徵研究來進行探討，進而彙整校長正向領導研究架構。

一、正向領導實徵研究

為了更聚焦本研究的文獻探討，研究者自現有國內外線上資料庫檢索出與本研究校長正向領導直接相關的文獻，含括期刊及學位論文，共計 42 篇。下文將以 42 篇文獻為對象分析當前研究成果，為了更具體分析校長正向領導的現況，考量一篇論文會出現研究主題跨類目的事實，因此採用出現即劃記統計的原則處理，例如「校長正向領導與教師組織承諾、學校組織氣氛與學校效能關係之研究」一文，便統計在「教師組織承諾」、「學校組織氣氛」及「學校效能」各一次。如此統計方式會造成研究總篇數與主題變項統計上次數會不一致，但有助於更精緻的分析研究主題的分佈狀況及背景變項分析，如表 2-1-3、如表 2-1-4、如表 2-1-5 及如表 2-1-6 所示。

表 2-1-3　正向領導研究主題狀況分析

主類目	次類目/相關變項	博碩士論文次數	學報/期刊次數	合計
理論/層面論述	理論	0	1	1
	層面論述	0	6	6
	文獻回顧	0	1	1
	小計	0	8	8
與教師組織承諾有關	組織承諾	3	0	3
	組織衝突	2	0	1
	人員自我管理	1	0	1
	教師學術表現	1	0	1
	教師教學策略	1	0	1
	教師專業社群	1	0	1
	教師增權賦能	1	0	1
	教師激勵	2	0	2
	教師組織公民行為	3	0	3
	小計	15	0	15

（續下頁）

主類目	次類目/相關變項	博碩士論文次數	學報/期刊次數	合計
與學校組織氣氛有關	正向氛圍	3	0	3
	學校文化	3	0	3
	組織健康	1	0	1
	學業樂觀	1	0	0
	小計	8	0	8
與學校效能有關	學校效能	3	0	3
	學校組織變革	1	0	1
	創新經營	3	0	3
	小計	7	0	7
其他	心理資本（契約）	4	0	4
	小計	4	0	4
合計		34	8	42

由表 2-1-3 的統計資料可以獲得以下幾點研究結果：

1. 為與本研究變項相互呼應，將校長正向領導研究的主題分為：「理論/層面論述」、「與

2. 教師組織承諾有關」、「與學校組織氣氛有關」、「與學校效能有關」、「其他」等五大項，其中以「與教師組織承諾有關」15 篇佔 35.7% 最多，「與學校組織氣氛有關」8 篇佔 19%次之；「其他」4 篇佔 9.5% 為最少。

3. 就文獻來源來看，學位論文 34 篇佔 80.9%；期刊論文 8 篇佔 19%。在學位論文方面，探討「理論/層面論述」0 篇最少，「與教師組織承諾有關」為 15 篇最多。在期刊論文方面，則 8 篇全為「理論/層面論述」。

4. 就各次類目來看，在博碩士論文方面以探討「心理資本（契約）」為最多，在期刊論文方面以探討「層面論述」為最多，其他為「文獻回顧」及「理論」。

表 2-1-4　正向領導研究方法統計分析

分項	問卷	訪談	理論分析	個案研究	合計
博碩士論文次數	19	0	0	0	19
學報/期刊次數	0	0	8	0	8
合計	19	0	8	0	27

表 2-1-4 呈現的是校長正向領導研究方法的統計分析，主要發現說明如下：

1. 博碩士論文均以「問卷調查法」為主要研究方法共有 19 篇。
2. 就整體來看，以「問卷調查法」佔 70.3％為最高。

表 2-1-5　正向領導研究目的取向分析

分項	現況描述	關係研究	理論探討	理論驗證	模式建構	合計
博碩士論文 次數	0	18	0	0	1	19
學報/期刊 次數	1	0	4	0	3	8
合計	1	18	4	0	4	27

為了清晰分析論文研究的目的取向，本研究依蒐集論文之目的性質，將研究目的區分為五個類型：

1. 現況描述：指此類研究的目的取向旨在瞭解和描述特定校長正向領導問題或現象。
2. 關係探討：指研究的目的取向旨在探討瞭解校長正向領導研究變項間之關係。
3. 理論探討：指研究的主要目的取向旨在針對特定校長正向領導議題或現象進行純粹屬於理論性的思辨、討論、介紹或詮釋的探究。
4. 理論驗證：指研究的主要目的旨在驗證校長正向領導理論或方案的實際學理基礎或可行性形。

5. 模式建構：指研究的目的著眼在建立校長正向領導理論模式或指標架構。

　　由表 2-1-5 的統計資料說明本研究所分析論文的主要研究目的取向，歸納出以下結果：

1. 在本研究分析的學位論文中，全部 18 篇（94.7%）的論文重點在於探討研究變項間的關係。

2. 在期刊論文方面，各有 4 篇（50%）的論文重點在於探討研究理論探討和模式建構方面。

3. 就整體來看，有 66.6%（18/27）的論文目的取向主要在進行變項間的關係探討，各有 14.8%（4/27）的論文是進行模式建構及理論的探討的；只有 3.7%（1/27）的論文目的著眼於正向領導的現況描述。

　　整體而言，目前國內有關校長正向領導的論文，在研究主題方面是以探討「與組織承諾有關」為最多，「理論/層面論述」次之，而以「其他」最少。在研究方法方面，則以問卷調查法為主。在研究目的方面，以關係研究為主要趨勢。在正向領導背景變項部分，分析如下：

表 2-1-6　正向領導背景變項分析

研究者	施測對象	個人背景變項					學校背景變項			
		性別	年齡	年資	最高學歷	擔任職務	學校位置	學校區域	學校規模	學校類型
仲秀蓮（2010）	校長	V	V	V	V		V	V	V	
蘇銘勳（2014）	教師	V	V	V	V	V	V	V	V	
李菁菁（2014）	教師	V	V	V	V	V		V	V	V
柯銘祥（2016）	教師	V	V	V	V	V	V		V	V
蔡琇韶（2016）	教師						V	V		
鍾享龍（2016）	教師	V	V	V	V	V	V	V	V	
楊万興（2017）	教師兼組長	V	V	V	V		V	V	V	V
李俊毅（2017）	教師	V	V	V	V	V	V	V	V	V
詹孟傑（2017）	教師	V	V	V	V	V	V	V	V	

（續下頁）

研究者	施測對象	個人背景變項					學校背景變項			
		性別	年齡	年資	最高學歷	擔任職務	學校位置	學校區域	學校規模	學校類型
黃淑芬（2017）	教師	✓	✓	✓	✓	✓	✓	✓	✓	
合計		10	10	10	10	8	9	9	10	4

表 2-1-6 所呈現的是正向領導背景變項分析，主要的發現如下：

1. 個人背景變項：以教師為施測對象的研究當中，主要為「性別」、「年齡」、「年資」、「最高學歷」、「職務」等計次最高。
2. 學校背景變項：主要為「學校位置」、「學校規模」、「學校區域」等計次最高。

綜上所述，估計個人背景變項中，教師性別、年齡、最高學歷、教學年資以及擔任職務與學校背景變項：學校規模、位置以及區域可能對於教師知覺校長正向領導有不同程度之影響，故此，本研究以「性別」、「年齡」、「年資」、「最高學歷」、「擔任職務」為個人背景變項；以「學校位置」、「學校規模」、「學校區域」為學校背景變項。

二、國民中學校長正向領導架構圖

綜合上述相關研究分析結果，建構本研究國民中學校長正向領導架構圖如圖 2-1 所示。

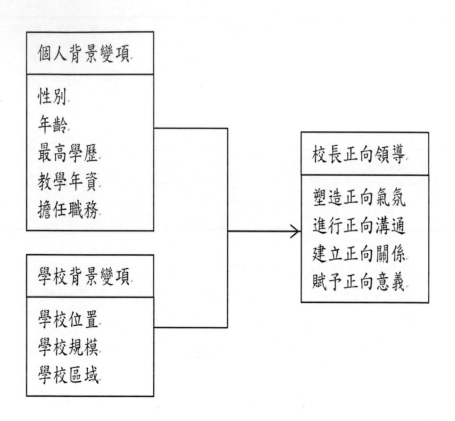

圖 2-1　國民中學校長正向領導架構

第二節　教師教學效能的理論與研究

　　教學品質攸關學生學習成效，教師教學效能是學校經營重要指標之一，亦是影響家長對於辦學績效滿意度的關鍵因素之一，提升教師教學成效最重要的目的是要提升學生的學習成效，以增進家長滿意度。爰此，提高教師教學效能、達成教育目標，儼然成為教育研究的重點之一。本節的目地在探究：壹、教師教學效能，針對「教師教學效能」進行觀念性瞭解，讓研究內涵聚焦；貳、探究有關教師教學效能的相關理論，作為本研究之立論依據及論述參考；叁、分析教師教學效能相關研究，作為本研究後續調查問卷編製之參考依據。

壹、教師教學效能之意涵

　　教師教學效能意指教師從事教學時，促使學生學習進步，以達到教學目標的結果（Medley, 1979）。教師教學效能是影響教學成效是否能成功達成、學生學習成效是否成功展現之重要關鍵因素之一，教學活動是一種複雜的心智交流，亦是學校教育的核心。教師本著專業智識與技能，運用適當的教學方法、教材教具以及教學技巧指導及鼓勵學生學習，讓學生學習有意義或參與有價值的活動，進而達成教育目標的過程（林海清，1996）。教師效能一直以來都是學生學習成效以及教學效果、教學品質等的重要指標，因此有關教師效能的定義大都以教師教學效能的形式出現。

一、效能的意涵

　　效能（effecticeness）源於 Bandura 於 1977 年社會學習理論中的自我效能理論，不少學者認為，效能並非是「概念」（concept），而是「構

51

念」（construct），「構念」是無法由現實世界的具體事件直接接觸而來，必須經過高層次的抽象化的推演（張潤書，1998）。

效能是指組織為達成目標而產生預定或預期的結果，而效能感是個人對本身執行某一事物能力的效能預期（Morris, 1970; Barnard, 1977）。個人透過「結果預期」與「效能預期」的概念系統，期望掌握事態的發展，影響其對應行為的發生與持續，個人對自我本身效能的意念，可能影響個人的思考、情感與行動的決策、所付出的心力與面對困難時堅持的程度（吳清山，1989）。

然而與效能很接近的另一個觀念為「效率（efficiency）」，兩者經常相提並論，一起說明更有助於觀念的釐清。Middlemist 與 Mathis 認為效能是組織在特定時間內有效達成目標，而效率是在組織善用其資源。Robbins 則認為效能著重於組織目標的達成，而效率是投入與產出之間的關係（引自李茂興譯，1989）。

吳清基（1989）認為效率和效能是一體之兩面。前者強調將組織內人力、物力、財力及時間作為妥善的分配，重視組織資源運用的投入與產出的比率，是以個人導向為目的；後者強調組織資源運用所達成目標的程度，重視實際產出與期望產出的差距，是以組織導向為目的。效能是為達成目標的程度，是資源運用後所產生的結果；而效率是運用資源的程度與能力，凡是能夠將人力、物力、財力及時間作最妥善的分配者即是效率（張潤書，1998）。吳明清（2000）認為效能的重點在是否達成組織預期目標，效率重點則在於活動所需要的時間、金錢、人才等資源的運用是否最經濟有效，但最後結果並不見得符合組織的目標。

綜合專家學者對「效能」的觀點，歸納較為適切的定義，即效能係指系統在特定時間內有效運用資源發揮應有功能和達成預定目標的程度。因此，效能並非絕對全有或全無的問題，而是達成預定目標程度的問題，

其中包含有客觀測量與主觀評價的成份，並且，效能富有多層次、多層面、多元化的構念，必須根據系統的特性，透過主要的效能層面和具有代表性的效能指標予以呈現及描述。

二、教師教學效能的定義

Borich（1994）認為有效能的教學所具備的特性有：1. 明確性：有效能的教學是指教學有系統、循序漸進、符合邏輯性、講述內容和目標清楚明確。2. 多樣性：有效教學是指教學活動、教學方法和教學內容富變化，以及多采多姿。3. 任務導向：有效教學是教師的教學努力認真，關心並幫助學生的學習目標的達成。4. 全心投入：有效教學是指教師準備教學及實際用於教學的時間，以及使學生真正進行有效學習。5. 提高學習成功的比例。此外，教師教學效能應該包含：1. 個人效能：知覺自己能成為有效率的教師；2. 教學效能：對本身教學會影響學生學習的信念；3. 個人教學效能：認為自己的有效教學能提升學生的學習力（Ashton & Webb, 1986）。爰此，有效教學是指教師投入的教學，能提高學生課程內容學習成功而獲得滿意成果，為發展「教學效能」研究模式內涵之主要依據。

教學是一種高度專業化的工作，其成效影響著學生學習的品質與成效（張德銳，2004）。教師教學表現能力會創造出新的成功經驗，經驗好壞會帶給教師新的資訊和回饋，將是影響教學效能高低的關鍵（W. K. Hoy & Miskel, 2005），然而教師在教學表現的結果，使教師在教學情緒上、或參與教師專業工作坊的經驗上有所感受。教師提升自我教學效能，在不逾越教育倫理規範的前提下，具備亦師亦友的師生關係，鼓勵學生同儕間合作學習、激勵學生積極學習、增加學生建設性回饋、經常給予

學生高度評價、以及重視學生個別差異等原則（Graham, Cagiltay, Lim, Craner, & Duffy, 2001）。

陳木金（1999）認為教學效能是指教師透過自我信念，有效運用時間，呈現多元有效的教學技巧，有系統的教材內容，建立和諧的師生關係，營造良好學習氣氛，創造一個有效學習環境。在教學年資與教師效能方面，資深教師普遍較能知覺自己在教學上所具備的相關知能，且多能善用教學方法與策略，營造班級良好氣氛，塑造師生互助互信之關係，並且具備較多教學經驗克服影響教學的外在因素，以達成有效教學，提升學生學習效果。除此之外，教師能與學生有良好的交流及班級管理，建構出良好的師生互動及班級氣氛，讓學生喜歡學習，並藉以提高學習動機與成就，以達成教育目標（梁鳳珠，2011；Bandura, 1977）。張德銳與張素偵（2012）研究指出教學效能是教師在教學工作中，教學表現良好，能使學生在學習上或行為上具有優良的學習成效，以達到特定的教育目標。黃建翔與吳清山（2013）認為教學效能是教師能運用本身的專業能力來選擇及設計教學教材，能營造溫馨和諧的班級氣氛進而有效經營管理，並提供各種有效的教學策略方法，促進教師有效教學以提升學生的學習表現。

有關教師教學效能（teaching effectiveness of teacher）意涵與面向的研究，各研究者根據其研究觀點，對於教師教學效能的定義也有不同，除上述國內外相關文獻外，研究者亦歸納國內研究者對於教師教學效能的定義如表 2-2-1 所示。

表 2-2-1　教師教學效能定義

研究者 （年代）	教師教學效能定義
馮莉雅 （2001）	教師教學效能可分成三種：（1）偏重教師教學效能信念，其內涵可分為一般教學效能與個人教學效能；（2）偏重個別教育環境中教學表現及師生互動關係的分析；（3）偏重教學生產力，例如學科成就測驗。
林進材 （2001）	教師教學效能是以教師有效教學為重心，探討教師在教學歷程中，釐清各項影響教學的因素，運用有效的方法，使學生在學習上或行為上有優良的表現，達成教育的目標。
簡玉琴 （2002）	教學效能是指教師在從事教學工作時，能夠依據教學計畫教學，以達成教育目標，促進有效教與學。
王淑怡 （2002）	教學效能著重再教師從事教學時的具體行為，指的是：「教師為達教學目的，並促進學生學習，在教學前、中、後三個階段，所採用的各種教學技巧、方法及策略。
林惠煌 （2003）	教師教學效能定義為：教師為達成教育目標，在教學時所表現的自我認知與有效教學行為。
陳慕賢 （2003）	教學效能係指教師在從事教學工作時，能塑造良好學習氣氛，規劃有效率的學習環境，透過有效的教學方法，以提升學生的學習成效。
梁玟燁 （2004）	認為教學效能係指教師在教學過程中，事先訂定教學計畫，並在教學實施歷程中，運用一連串複雜的心理認知策略活化教學方式之呈現，最後在教學評鑑績效上，表現出學生學習能力的增強與成效之提高。

（續下頁）

研究者 （年代）	教師教學效能定義
Deal （2005）	認為教師教學效能的高低可由學生的排名和學習成就來評估。
Fisler & Firestone （2006）	教學效能是指教師有能力採取正向方式讓學生有效學習，且教師在面對教學困境時可以展現堅持的毅力來解決問題。
蔡美姿 （2006）	有效能的教師不僅要具備良好的學科教學能力，也要擁有班級經營的能力。
謝百亮 （2006）	教師教學效能係指教師所抱持主觀評價自我教學能力及影響學生學習的知覺或信念，並在其教學歷程中，釐清影響教學的因素，運用各種有效的方法與策略，師生良好的互動關係，促使學生在學習上或行為上有優良表現。
Borich （2007）	教師教學效能是指教師能夠有效促進教與學，包括教學必須是明確性、多樣化、任務取向、全心投入，並能提高學習成功率，以達成教育目標。
葉佳文 （2007）	教師教學效能係指教師為達成教學目標、增進學生學習成效，在教學過程中所表現出的有效教學行為。
楊豪森 （2008）	教師教學效能包含教師自我效能與有效教學二個層面，係指教師對本身教學、教育專業能力與影響學生學習的認知或信念。
Hackmann （2009）	教師在課堂中展現專業的教學知能，以增進學生的學習效果。具有教學效能的教師能依學生的需求，設計適

（續下頁）

研究者 （年代）	教師教學效能定義
	合的教學計畫及活動，有效的呈現教材，並在教學過程中適當的使用教學方法、策略及教學評量
Devlin （2010）	教學效能為教學者在教學工作中，會以學生為中心，講求教學方法，熟悉教材，激勵關懷學習者，使學習者在學習上或行為上具有優良的表現，以追求好的學習成效，達到特定的教學目標。
Karimvand （2011）	教學效能為教學者主觀的評價自己能夠正面影響學習成效的一種之決、判斷、認知或信念，並預期學習者可以達到一些特定目標或有進步表現的結果。
秦夢群、 吳勁甫 （2011）	教師教學效能為教師完成教學目標，在教學時表現出有效之教學行為，而這些行為能夠增進學生的學習成效。
陳慕能 （2011）	教師教學效能係指教師對本身教學、教育專業能力與影響學生學習的認知或信念。教師除了具有良善的教學計劃與準備外，並能在教學過程中，運用多元有效的教學、教育方法與策略，營造良好的學習環境與氣氛，在師生良好的互動關係下，提升學生的學習成效與教育品質。
張和然、 江俊龍 （2011）	教學效能是教師在教學過程中，為達成教學目標所表現出成熟的人格、熟練的使用教學技巧、良好的師生關係、溝通及評鑑等，對學生有正向影響之有效教學行為。

（續下頁）

研究者 （年代）	教師教學效能定義
梁鳳珠 （2011）	教學效能包含教師教學信念，以及教師在個別教學環境中的表現與學生互動之關係
張媛甯、 岳美秀 （2012）	教學效能是教師教師為完成教學目標，於教學時所表現的有效教學行為，透過師生互動的過程，運用多樣複雜的策略來完成自己的教學信念，這些行為展現學生的學習成效及增進教師的教學績效，以達成教育目標。
曾信榮 （2012）	教學效能是教師在教學工作中，運用教學知能，善用教學方法，熟悉教材並鼓勵學生，營造良好的學習環境與氣氛，使學生在學習上有優良表現，達成教育目標。
張素花 （2012）	教師為達成教學目標，增進學生學習成效，在教學過程中所表現出的有效教學行為。
黃建翔、 吳清山 （2013）	教學效能內涵分為：教學教材應用層面、 班級經營管理層面及學生學習表現層面。
洪怡靜、 陳紫玲 （2015）	教學效能是教師從事教學時，能依教學計畫、信念進行有效教學，以達成有效的教與學及評量，且提升學生學習成效。
郭福豫 （2015）	教學效能是教師相信自己能影響學生表現與成功執行教學任務的程度，且教師已充分完成各項教學準備，並能善用多元教學策略與隨時處理各種臨時狀況，再良好的學習環境與氣氛中從事教學活動，以達成提升學生學習表現的教育目標。

（續下頁）

研究者 （年代）	教師教學效能定義
賴志峰、 廖偉君 （2015）	統計學者研究向度之頻率將教學效能分為教學計畫、教學策略、班級經營及師生互動。
張明文、 張忠興、 游玉英、 高曼婷、 戴建耘 （2016）	教師透過不同有效的教學策略，妥善經營班級氣氛，且利用評量活動，以檢視學生學習成就，達到增進教學目標的效果。
連倖誼、 張雅筑 （2017）	教學效能的內涵分為六個層面：系統呈現教材內容、多元有效教學技巧、有效運用教學時間、教師自我效能信念、建立和諧師生關係、營造良好班級氣氛。
許瑞芳 （2018）	教學效能係指教師對自己本身的多元文化教學專業能力表現之肯定以及預期自身能影響學生學習信念的程度，並能於實際進行有效的教學活動中，擬定適當教學計畫、建立師生良好的互動、運用多元的教學評量、營造溫馨的學習氣氛，促使學生達成多元文化學習的目標，增進學生學習的成效。

綜合歸納國內外研究者對教學效能定義的研究，大多認為教學效能是在完整的教學活動歷程中，教師能在教學中知覺到自己的教學信念、能力，評估自我教學理念與方式，並考量學生學習情況，擬定教學計劃、教學歷程與回饋、從學生學習成效得到回饋，進而修正教學方式，再投

入後續教學活動的循環過程，同時兼顧班級經營與正向師生互動，方能較為完整描述教師的教學效能。本研究認為教學效能係指教師關注學生學習成效、建立良好親師關係，發揮本身教學專業能力以及預期自身能影響學生學習成效，並能於實際進行有效的教學活動中，擬定適當教學計畫、建立親師良好的互動、運用多元的教材教法與教學評量、營造溫馨的學習氣氛，促使學生達成有效學習的目標。

三、教師教學效能的內涵

教師教學效能的呈現，是一種專業知能的高度發揮，也是教學知能涵養的運用，教學效能良窳與否，影響教師的教學行為表現，同時也是影響學生學習成效的重要因素之一（林進材，2001）。教師教學效能的高低，攸關教學的品質（孫志麟，1995）。甫從 Gibson 與 Dembo（1984）發展「教師效能量表」，將教師效能分為「個人教學效能」與「一般教學效能」二大層面以來，教師教學效能的研究即儼然成為風潮。近三十年來，國內外學術界投入於教學效能的研究，不勝枚舉；但誠如前述，由於各研究觀點與目的不一，因此在教學效能的內涵亦有不同範疇，部分學者從教師有效教學的行為來歸類，有的則從教學的整體觀點來探討，因此出現不同教學效能層面。

研究者首先針對國內外各研究者對教師教學效能內涵之摘要如表 2-2-2，最後再綜合相關文獻，提出本研究所欲探討之教師教學效能的內涵。

表 2-2-2　教師教學效能的內涵摘要表

研究者（年代）	教師教學效能之內涵層面
Wray et al.（2000）	1. 提供學生學習的機會；2. 設定符合學生能力的教學目標；3. 提供符合學生需求的教學類型與內容；4. 運用有效的教學方法。
Yeung 與 Watkins（2000）	1. 教學投入；2. 學生學習需求；3. 師生溝通與關係；4. 學術知識與教學技巧；5. 課程計畫與準備；6. 班級秩序規範；7. 有效的教學行為；8. 教師教學承諾與自我信任感。
McBer（2000）	1. 教學技巧（teaching skills）；2. 專業特質（professional chaeristics）；3. 班級氣氛（classroom climate）。
蔡麗華（2001）	1. 教學準備與計畫；2. 教學專業知能與教學技巧；3. 班級經營管理；4. 教學成果與評量；5. 學生學習表現。
王淑怡（2002）	教學能力包含：1. 教學準備、2. 教學技術、3. 教材呈現、4.溝通技巧、5. 教學評量五大層面；經營能力包含：1. 班級經營、2. 時間管理；3. 師生關係三大層面。
簡玉琴（2002）	1. 教學計畫；2. 教學內容；3. 教學時間；4. 師生關係；5. 班級氣氛；6. 教學評量。
張錦昌（2003）	1. 教學計畫；2. 教學策略；3. 教學評量；4. 教室經營；5. 教學氣氛。
林惠煌（2003）	1. 教學計畫準備；2. 系統呈現教材；3. 靈活教學策略；4. 善用評量方式；5. 良好師生互動。

（續下頁）

研究者 （年代）	教師教學效能之內涵層面
林勇輝 （2004）	1. 教師自我效能：（1）個人教學效能；（2）一般教學效能。 2. 教師教學效能：（1）教學計畫；（2）教學策略；（3）教學評量；（4）班級經營。
黃健麟 （2004）	1. 工作態度和個人特質；2. 追求專業能力成長； 3. 教學自我效能信念；4. 建立和諧師生關係； 5. 有效多元的教學技術；6. 資優教育相關知識。
許怡婷 （2006）	1. 教學計畫與內容；2. 教學策略；3. 教學評量； 4. 師生關係；5. 班級氣氛；6. 溝通協調。
鄭景文 （2006）	1. 教學計畫與內容；2. 教學策略；3. 教學評量； 4. 師生關係；5.班級氣氛；6. 溝通協調。
姜建年 （2006）	1. 工作態度和個人特質；2. 追求專業能力成長； 3. 教學自我效能信念；4. 建立和諧師生關係； 5. 有效多元的教學技術；6. 資優教育相關知識。
謝百亮 （2006）	1. 教師個人教學效能感；2. 教師一般教學效能感；3.教師集體效能感；4. 學科知識與教學技巧；5. 教師課程準備；6. 教材組織與呈現；7. 班級經營 與師生互動；8. 學生的學習表現。
胡央志 （2007）	1. 準備階段：課程準備、教學準備。 2. 實施階段：教學方法、教材組織與呈現、班級經營。 3. 評鑑階段：教學評量、教學評鑑、評鑑省思。
葉佳文 （2007）	1. 教學計畫；2. 教學策略；3. 教材呈現；4. 教學氣氛。

（續下頁）

研究者 （年代）	教師教學效能之內涵層面
張雅妮 （2008）	1. 規畫適切教學計畫與準備；2. 運用多元教學策略與方法；3. 呈現系統教 材組織與內容；4. 實施適性學習評量與診斷；5. 建構優質班級經營與管理。
楊豪森 （2008）	1. 學生學習表現；2. 教學方法與策略；3. 教學效能感；4. 學習氣氛。
陳玫良 （2009）	1. 學科教學能力；2. 教材教具的運用；3. 專科教室管理；4. 班級經營能力；5. 教學輔導。
柯麗卿 （2009）	1. 個人教學效能；2. 一般教學效能；3. 教學計畫；4. 教學執行；5. 評量省思。
Karimvand （2011）	1. 教學效能為教學者主觀的評價自己能夠正面影響學習成效的一種之決、判斷、認知或信念；2. 預期學習者可以達到一些特定目標或有進步表現的結果。
秦夢群、 吳勁甫 （2011）	教師教學效能為： 1. 教師完成教學目標；2. 在教學時表現出有效之教學行為；3. 增進學生的學習成效。
陳慕能 （2011）	教師教學效能包含：1. 教師對本身教學、教育專業能力與影響學生學習的認知或信念；2. 良善的教學計劃與準備；3.運用多元有效的教學、教育方法與策略；3. 營造良好的學習環境與氣氛；4. 師生良好的互動關係；5. 提升學生的學習成效與教育品質。
張和然、 江俊龍 （2011）	教學效能包含：1. 教師為達成教學目標所表現出成熟的人格；2.熟練教學技巧；3. 良好的師生關係、溝通及評鑑等；4.對學生有正向影響之有效教學行為。

（續下頁）

研究者 （年代）	教師教學效能之內涵層面
梁鳳珠 （2011）	教學效能包含；1. 教師教學信念；2. 教師在個別教學環境中的表現；3. 與學生互動之關係。
張媛甯、 岳美秀 （2012）	教學效能是：1. 教師教師為完成教學目標，於教學時所表現的有效教學行為；2. 運用多樣複雜的策略來自我教學信念；3. 展現學生的學習成效；4. 增進教師的教學績效。
曾信榮 （2012）	教學效能是：1. 運用教學知能；2. 善用教學方法；3. 熟悉教材；4. 鼓勵學生；5. 營造良好的學習環境與氣氛；6. 促進學生在學習上有優良表現。
張素花 （2012）	「完備教學計畫」、「多元教學策略」、「系統呈現教材」、「正向學習氛圍」、「善用教學評量」。
黃建翔、 吳清山 （2013）	教學效能內涵分為：1. 教學教材應用層面； 2. 班級經營管理層面；3. 學生學習表現層面。
洪怡靜、 陳紫玲 （2015）	教學效能是： 1. 依教學計畫、信念進行有效教學； 2. 達成有效的教與學及評量； 3. 提升學生學習成效。
郭福豫 （2015）	教學效能是：1. 教師相信自己能影響學生表現與成功執行教學任務的程度；2. 教師已充分完成各項教學準備；3. 善用多元教學策略；4. 隨時處理各種臨時狀況；5. 在良好的學習環境與氣氛中從事教學活動；6. 提升學生學習表現。

（續下頁）

研究者 （年代）	教師教學效能之內涵層面
賴志峰、 廖偉君 （2015）	1. 教學計畫；2. 教學策略；3. 班級經營；4. 師生互動。
張明文、 張忠興、 游玉英、 高曼婷、 戴建耘 （2016）	1. 有效的教學策略； 2. 妥善經營班級氣氛； 3. 利用評量活動，以檢視學生學習成就； 4. 增進教學目標。
連倖誼、 張雅筑 （2017）	將教學效能的內涵分為六個層面：1. 系統呈現教材內容； 2. 多元有效教學技巧；3. 有效運用教學時間；4. 教師自我效能信念；5. 建立和諧師生關係；6. 營造良好班級氣氛。
許瑞芳 （2018）	1. 教學計劃；2. 教學策略；3. 師生互動；4. 學習氣氛。

　　整體觀之，教師教學效能向度內涵是呈現多面向的，各學者對教師教學效能內涵構面之看法亦有所不同，但亦有其共同性與相關性，研究者歸納國內外研究者之看法，將教師教學效能之內涵構面整理如表 2-2-3 所示。

表 2-2-3　教師教學效能內涵構面彙整表

研究者	年代	教師自我效能 態度信念	有效教學 教學計畫	教材呈現	教學策略	時間運用	溝通技巧	班級經營	學習氣氛	師生互動	教學評量	教學省思
Wray et al.	2000			✓	✓		✓			✓		
Yeung & Watkins	2000	✓		✓	✓	✓		✓	✓	✓		
McBer	2000	✓			✓				✓			
Friedman	2006						✓					
Karimvand	2011	✓										
蔡麗華	2001		✓		✓			✓			✓	
王淑怡	2002		✓	✓	✓			✓			✓	
簡玉琴	2002		✓	✓		✓	✓		✓	✓	✓	
張錦昌	2003		✓		✓			✓	✓		✓	
林惠煌	2003		✓	✓	✓					✓	✓	
張賢坤	2004		✓	✓	✓				✓		✓	
林勇輝	2004	✓	✓		✓			✓			✓	
黃健麟	2004	✓			✓					✓		
許怡婷	2005		✓		✓		✓		✓	✓	✓	
鄭景文	2006		✓		✓		✓		✓	✓	✓	
姜建年	2006	✓			✓					✓		

（續下頁）

研究者	年代	教師自我效能 態度信念	有效教學 教學計畫	教材呈現	教學策略	時間運用	溝通技巧	班級經營	學習氣氛	師生互動	教學評量	教學省思
謝百亮	2006	V	V	V				V		V	V	
胡央志	2007		V	V	V			V			V	V
葉佳文	2007		V	V	V				V			
張雅妮	2008		V	V	V			V			V	
楊豪森	2008	V			V					V	V	
陳玟良	2009			V			V	V			V	
柯麗卿	2009	V	V		V							V
秦夢群、吳勁甫	2011		V		V						V	
陳慕能	2011	V	V		V				V	V	V	
張和然、江俊龍	2011	V			V		V			V	V	
梁鳳珠	2011	V			V					V		
張媛甯、岳美秀	2012	V	V		V						V	
曾信榮	2012			V	V		V		V		V	
張素花	2012		V	V	V				V		V	
黃建翔、	2013			V	V		V		V		V	

（續下頁）

研究者	年代	教師自我效能 態度信念	有效教學									
			教學計畫	教材呈現	教學策略	時間運用	溝通技巧	班級經營	學習氣氛	師生互動	教學評量	教學省思
吳清山 洪怡靜、 陳紫玲	2015		∨		∨					∨	
郭福豫	2015	∨	∨		∨			∨	∨		∨	
賴志峰、 廖偉君	2015		∨		∨			∨		∨		
張明文、 張忠興、 游玉英、 高曼婷、 戴建耘	2016		∨		∨			∨			∨	
連倖誼、 張雅筑	2017	∨		∨	∨	∨			∨	∨		
許瑞芳	2018		∨		∨				∨	∨		
小計		15	24	15	32	2	10	12	16	15	26	2

綜合歸納國內外研究所採用的教師效能內涵，可以從教師自我效能及教師有效教學兩大向度來看：教師自我效能係以教師信念的角度評估

教師教學態度以及信念；而教師教學效能主要在探討教學實務中師生互動的歷程。而研究教師教學效能構面當中，以「教學策略」計次 32 次最高，依序分別為「教學計劃」、「教學評量」、「學習氣氛」、「態度信念」、「教材呈現」、「師生互動」、「班級經營」、「溝通技巧」、「教學省思」以及「時間運用」。

貳、教師教學效能的相關理論

教師教學效能理論的研究，各國有其獨特的理論基礎與社會需要，加上時空背景的轉換，以致發展出不同的模式。甫從 1930 年起至今日，在研究過程與研究結果的提出，累積了相當豐碩的成果，對教學研究發展頗具參考價值。主要歸納研究方向可分為兩派，其中一派主要以 Bandura 自我效能為理論核心，透過自我效能及教師信念，建立教師效能的基本架構。另一派則是以 1960 年代的績效和能力本位運動（competency based movements）為理論核心來認定教師行為與學生成就的關係，提倡有效教學的研究（陳木金，1999）。

一、教師教學效能的理論發展

陳木金（1999）綜合教師教學效能研究的理論，將教師教學效能理論的研究分為四個時期六個理論，各理論分述於下：

（一）創始期（1930年-1960年）

1. 歷程--先前經驗的研究

研究評估教師在班級教學中表現，並提供教師回饋之用，所採用的研究方法是以觀察法為主，所觀察的行為是根據以往的經驗所選擇出來的，作為其期望的、主觀的教學效能的判斷。

2. Bandura 自我效能理論

主要理論有二：一是個人構想中的結果提供個人動機的第一來源。二是個人經由目標設定與自我評估，產生第二個動機來源。個人經由「結果預期」與「效能預期」的概念系統中，力求掌握事態的期望，影響其對應行為的發生與持續。

（二）建立期（1955年-1965年）

1. 歷程--系統性的研究

主要代表人物為 Ryans 等人。重點在於利用有系統的觀察和評估教師與學生班級行為，以描述教學與學習的歷程。Borich 指出此一研究結果為教學效能研究提供重要理論依據。

2. 歷程--結果的研究

約自 1965 年至 1980 年，主要代表人物為 J . Brophy、C. Evertson 和 T. Good 等人，根據績效制度和能力本位運動的精神研究教學效能。其主要目的在認定教師行為與學生成就相關。Borich 指出此一研究結果強調師生之間的互動關係，探討教師行為與學生成就間的因果關係。這時期有二項重要的研究報告：（1）低效能感教師對學生管理採監督取向，小學教師比中學教師更採人文取向。（2）有助提高學生閱讀能力的因素很多，其中以教師個人特質及營造教室氣氛特別重要，且教師態度比其背景變項更為重要。

（三）轉變期（1972年-1999年）

1. 實驗性派典的研究

主要的代表人物為 N. Gagec 與 W. Borg 等人。研究目的在於探討教師歷程與學生成就的因果關係，以及探討所選擇的教師訓練程序與教師

歷程行為之間的因果關係。所利用的方法是經由實驗變項的控制，研究變項與變項之間的因果關係。因此，各種變項需要進行操作型定義，才能使研究結果具體明確。

2. 歷程--歷程的研究

約自 1978 年發展至今，主要的代表人物包括 T. Good 與 T. Stallings 等人。研究的主要目的在於探討教師行為歷程與學生行為歷程的相關，可提供決定不同班級實務的效能、課程內容及增進學生參與學習歷程的教學行為。

（四）充實期（1978年-迄今）

1. 歷程--歷程--結果的研究

此研究派典可說是結合歷程－歷程派典與歷程－結果派典之研究。其主要目的在於探討教師教學行為歷程、學生學習行為歷程與學生學習成就之間的關係，可作為教師改進教學活動，關注學生學習歷程，進而增進學生的學習成就。

2. 多向度概念研究

Aston 與 Webb（1986）研究中指出，教學效能是教師經由訓練過程與經驗，及在不同情境激勵不同的學生學習，所發展的一套「一般教學效能信念」與「個人教學信念」，並指出其是一種階層式組織且相互影響的多層面建構概念。包含三種成分：（1）結果與預期、（2）一般的教學效能、（3）個人的自我效能等多向度概念。研究根據 Bandura 自我效能理論中的「結果預期」與「效能預期」，在教育情境中的進一步運用，對教學效能概念的釐清有高度的貢獻。

71

　　根據陳木金之教師教學效能理論研究整理如表 2-2-4：

表 2-2-4　教師教學效能理論

時間	主要理論	理論內涵
1930－1960	歷程—先前經驗派典	評估教師教學表現做為回饋與保留。
1955－1965	歷程—系統性派典	描述教師像什麼及教師的教學行為。
1965－1980	歷程—結果派典	認定教師行為與學生成就之間的關係。
1972－1999	實驗性派典	1. 探討所選擇的教師行為與學生成就的因果關係。 2. 探討所選擇的教師行為與訓練技巧，如：微觀教學、微觀諮商教師回饋間的因果關係。
1978－1999	歷程—歷程派典	研究和控制教師活動歷程,此種歷程與學生行為歷程有密切的關係。
1978－1999	歷程—歷程—結果派典	探討教師歷程、學生歷程和學生成就做為教學系統的一部分。

資料來源：陳木金（1999）。班級經營，218-240。

　　綜合以上所述教師教學效能理論的發展歷程，教師教學效能隨著時代的變遷而有不同的研究焦點，其探討的內涵大致可區分為：教師的個人特質、教師的養成過程、教師於課堂上課時的行為表現、學生學習時的行為表現、師生互動情形、教師行為與學生成就的相互關係、個別的

行為分析、教師行為歷程與學生行為歷程的相關等項目,本研究之教師
教學效能係指教師對自己本身的教學專業能力以及預期自身能影響學生
學習成效的程度,實際進行於有效的教學活動,並且能擬定適當教學計
畫、建立師生良好的互動、運用多元的教學策略、營造溫馨的學習氣氛,
促使學生達成學習的目標,增進學生學習的成效,進而提昇家長滿意程
度。其研究重點係評估教師在班級教學中的個人特質與教學的表現,並
且據此來作為提供教師回饋之用,並作為其期望與主觀的教師教學效能
之判斷標準。

二、教師教學效能的模式

在教師教學效能的模式方面,著重於探討影響教師教學效能的因素、
教師與學生之間的互動行為、學生學習成就等各變項間的關係模式。以
下將相關教學效能模式說明如下:

(一)Medley的教學效能模式

Medley(1987)提出教學效能模式(如圖 2-2-1)認為,學生的學習
結果(類型 A)為教學效能評鑑的主要效標,其他的九個變項則為影響
教學效能。

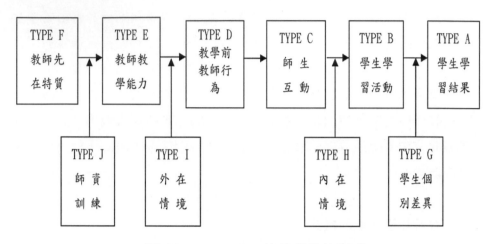

圖 2-2-1　Medley 的教學效能模式

資料來源：Medley, D. M. (1987). Evolution of research on teaching. In M.

　　J. Dunkin (Ed.), *The international encyclopedia of teaching and teacher*

　　education, 105

　　教師潛在特質、教師教學能力、教學前教師行為、師生互動、學生
學習活動等變項對於學生的學習有直接的影響，繪於直接影響的軸線上，
故稱為線上變項；其次，師資訓練、外在情境、內在情境、學生個別差
異等變項，則屬於線外變項。

（二）Kyriacou的教學效能模式

Kyriacou（1989）所提出的教學效能模式（如圖 2-2-2），包括：內容
變項、歷程變項與結果變項等三個變項，茲臚列如下：

1.　內容變項：包含教師特質、學生特質、班級特質、學科特質、學校
　　特質、時間特質與社區特質等向度。

2. 歷程變項：包含教師知覺策略和行為、學生知覺策略和行為、學習工作與活動之特性等向度。

3. 結果變項：包含短期/長期、認知/情感之教育結果。

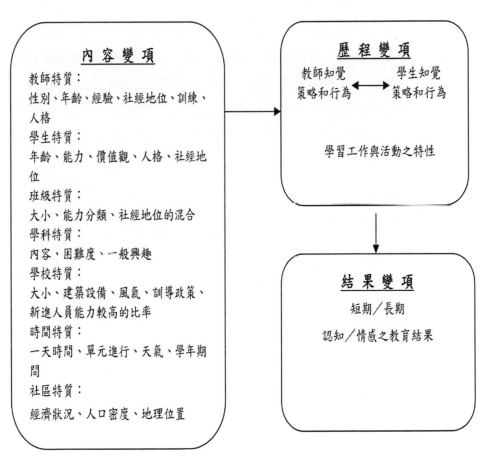

圖 2-2-2　Kyriacou 的教學效能模式

資料來源：Kyriacou, C. (1989). *Effective teaching in schools*. Oxford, 26.

（三）Goddard與Hoy的整體教師教學效能的簡易模式

Goddard 與 Hoy（2000）發展了一個整體教師教學效能的簡易模式（a simplified model of collective teacher efficacy）（圖 2-2-3）Goddard & Hoy（2000）和 Miskel（2005）認為教師整體效能的來源來自於教學成功及感同身受的經驗與社會說服情緒狀態，透過認知過程的分析及解釋之後，對於教學任務進行分析與教學能力進行評估；進而達成整體教師效能評估，教師若自覺教學效能良好，則會在教學上不斷地努力、堅持，而展現出更佳的教學表現，整個模式呈現出循環的狀況。反之，則會使其漸漸地對教學感到無力，甚至放棄對教學的努力和堅持，因而導致教學表現每況愈下。

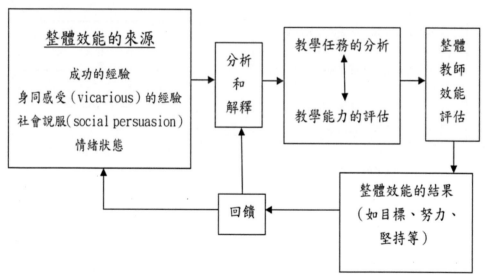

圖 2-2-3　整體教師教學效能的簡易模式

資料來源：Goddard, R. D.,Hoy,W.K.,& Hoy,A.W. (2000).Collective teacher Efficacy: Its meaning, measure,and impact on student achievement. *American Educational Research Journal, 37*(2), 486.

　　綜上所述，教師教學效能的理論發展與模式著重於教師自我效能與師生之間互動行為，故此，本研究探討教師教學效能除了聚焦教師特質之外，亦納入教師與學生互動、學生知覺表現等，以作為整體教師教學效能評估。

參、教師教學效能的相關研究

　　教師教學效能是指教師在教學過程當中，透過教師自我教學信念以及教學表現，能促使學生在學習上或行為上具有優良的學習成效，以達到特定的教育目標。

一、教師教學效能實徵研究

　　茲將國內外近年來與教學效能之相關研究摘要整理如表 2-2-5 所示：

表 2-2-5　教學效能之相關研究摘要表

研究者（年代）	研究主題	研究方法	研究結果
陳玟良（2009）	國中自然與生活科技教師課程領導、組織承諾和教學效能關係之研究	問卷調查、訪談	1. 男性教師在課程領導、組織承諾及教學效能顯著高於女性教師。 2. 大型學校顯著高於中型學校、教師職務專任顯著高於導師。 3. 義務內化、專業成長和專業自信及尊重三構面，可有效預測教學效能。

（續下頁）

研究者（年代）	研究主題	研究方法	研究結果
			4. 教師組織承諾對課程領導及教學效能有顯著之中介影響，課程領導可透過組織承諾影響教學效能。
柯麗卿（2009）	獨立研究指導教師教學效能量表之發展及其相關因素之研究	問卷調查、訪談	1. 有效能之獨立研究指導教師在「教師自我效能」與「有效教學行為」面向上有高的正相關。 2. 不同背景的指導教師，其獨立研究教學效能具有顯著的差異。 3. 「人格特質」、「教學信念」、「資源運用」、「專業成長」和「支持協助」依序是影響獨立研究指導教師教學效能重要的相關因素。

（續下頁）

研究者 （年代）	研究主題	研究方法	研究結果
曾信榮 （2010）	高中職工業類科學校教師教學效能、教育專業承諾與學校效能關係之研究	問卷調查、訪談	1. 教師因任教科目、學校規模的不同，而在教學效能的知覺上有顯著差異；教師因年齡、擔任職務的不同，而在教育專業承諾的知覺上有顯著差異；教師因擔任職務的不同，而在學校效能的知覺上有顯著差異。 2. 不同程度（高、中、低分組）的教師教學效能、教育專業承諾，在學校效能上有顯著差異。 3. 影響學校效能的徑路有四條，其中教師教學效能、教育專業承諾分別對學校效能有直接影響的效果。
施俊名 （2011）	國小教師內隱知識、教學效能信念與教學表現關聯性之研	問卷調查	1. 國小教師教學效能信念會因其服務年資、學校所在地不同而有顯著差異。 2. 國小教師有效教學表現會因其性別、服務年資以及學校所在地不同而有顯著差異。

（續下頁）

研究者 （年代）	研究主題	研究方法	研究結果
	究：模式建 構與驗證		3. 國小教師內隱知識、教學 效能信念與有效教學表現間 關係達統計上的顯著水準。
駱奕穎 （2011）	國民小學 校長知識 領導、教師 學習社群 與創新教 學效能關 係之研究	問卷調 查、訪談	1. 教師學歷、職務與學校歷 史在國民小學教師學習社群 與創新教學效能上具顯著差 異。 2. 學校地區與校長年資在 國民小學校長知識領導、教 師學習社群與創新教學效能 上具顯著差異。 3. 國民小學校長知識領導、 教師學習社群與創新教學效 能三者之間具密切的正相 關。 4. 國民小學校長知識領導 之「信任分享文化」與「激勵 成員學習」層面與教師學習 社群之「共同願景目標」、「互 動學習文化」、「支持分享環 境」與「知識分享平台」層面 能預測創新教學效能。

（續下頁）

研究者 （年代）	研究主題	研究方法	研究結果
			5. 參與創新教學研究、發展多元智慧學習、促進師生互動合作、發掘學生創新潛能」、「提供展能成果平台是增進創新教學效能的關鍵因素。
楊素綾 （2011）	技職校院教師教學信念、課程與教學決定和教學效能關係之研究	問卷調查	1. 教學信念會因為教師性別、職級、任教單位，以及學校隸屬、所在的不同而有所差異。 2. 課程與教學決定會因為教師職級、任教單位，以及學校隸屬、所在的不同而有所差異。 3. 教學效能會因為教師任教單位，以及學校隸屬、所在的不同而有所差異。 4. 教學信念、課程與教學決定和教學效能具有中度至高度正相關。

（續下頁）

研究者（年代）	研究主題	研究方法	研究結果
Zhao 與 Coombs （2012）	全球公民的跨文化教學效能：中國英語教學的視角	訪談、檔案分析	1. 以學習者為中心的教學，可讓學習更有趣。 2. 跨文化教學可培養學生的批判性思考和創造力，同時也可以塑造學生成為世界公民。
張素花 （2012）	國民小學校長分佈式領導、教師情緒勞務對教師教學效能影響之研究	問卷調查、檔案分析	1. 國民小學校長分布式領導、教師情緒勞務與教師教學效能的實施現況大致良好。 2. 教師性別、任教年資、擔任職務不同，在國民小學校長分布式領導、教師情緒勞務與教師教學效能上有顯著差異。 3. 國民小學校長分布式領導、教師情緒勞務與教師教學效能三者，兩兩間均存在正相關。 4. 「提升專業素養」、「基本情緒表達」、「表層情緒控制」、「深層情緒偽裝」、「情緒之多樣性」、「情緒互動感

（續下頁）

研究者 （年代）	研究主題	研究方法	研究結果
			受」等六個層面對國民小學教師教學效能具 有顯著預測力。 5. 國民小學校長分布式領導、教師情緒勞務與教師教學效能的結構關係模式獲得支持。 6. 國民小學教師情緒勞務表現對教師教學效能具有顯著直接影響效果。
Lieser 與 Willoughby （2013）	跨文化溝通關係的妥協關鍵	訪談、觀察	1. 良好的溝通是建立跨文化關係的重要關鍵。 2. 將跨文化溝通融入教育是可行的。 3. 教師的跨文化溝通對學生的學習交流成效有顯著影響。
Kratzke 與 Bertolo （2013）	運用跨文化體驗學習提高學生的文化能力	訪談、觀察	1. 學生準備充足的跨文化相關資料，可以增進跨文化能力。 2. 這些跨文化能力可以提供學生在跨文化環境下的初

（續下頁）

研究者 （年代）	研究主題	研究方法	研究結果
			步架構，並有助於其跨文化經驗學習。
蔡金田 （2014）	國民小學校長效能與教師效能對學生學習成就之影響	問卷調查	1. 不同背景變項教師在校長效能、教師效能、學生學習成就等因素構面上有顯著差異存在。 2. 校長效能與教師效能對於學生學習成就具有顯著的正向直接影響效果。 3. 校長效能、教師效能、學生學習成就有顯著相關存在。 4. 校長效能與教師效能對於學生學習成就具有預測力。
郭福豫 （2015）	高職校長課程領導、教師專業學習社群與教師教學效能關係之研究	問卷調查	1. 高職教師對教師教學效能知覺會因教育程度、擔任職務與學校隸屬之不同而有所差異。 2. 高職校長課程領導、教師專業學習社群與教師教學效能之間具有中度正相關。 3. 高職校長課程領導、教師

（續下頁）

研究者 （年代）	研究主題	研究方法	研究結果
			專業學習社群對教師教學效能具有高預測力。 4. 高職校長課程領導、教師專業學習社群與教師教學效能間之結構方程模式適配度良好呈正向結構關係。
鄭雅婷 （2017）	幼兒園教師多元文化素養、師生互動、園長領導行為對幼兒園教師教學效能的相關研究	問卷調查	1. 幼兒園教師多元文化素養對於幼兒園教師教學效能各構面有不同程度的影響。 2. 師生互動對於幼兒園教師教學效能各構面有不同程度的影響。 3. 園長領導行為對幼兒園教師教學效能各構面有不同程度的影響。
連倖誼、 張雅筑 （2017）	教師專業學習社群信念與教學效能之研究	問卷調查	1. 教師對專業學習社群之信念有顯著差異。 2. 教師教學效能表現在教師與社群背景 有顯著差異。 3. 教師對專業學習社群之信念與教師教 學效能表現呈現中度正相關。

（續下頁）

研究者 （年代）	研究主題	研究方法	研究結果
			4. 教師對專業學習社群之信念對教師教 學效能具有預測力。
許瑞芳 （2018）	國民小學教師多元文化素養、跨文化溝通與教學效能關係之研究	問卷調查	1. 國民小學教師多元文化素養與跨文化溝通、教學效能之間有顯著正相關。 2. 教師多元文化素養對跨文化溝通、教學效能有顯著正向影響效果。 3. 跨文化溝通對教學效能有顯著正向影響效果。 4. 教師多元文化素養透過跨文化溝通對教學效能有直接及間接的影響。

綜合上述各實徵研究，茲將教師教學效能歸納分析如下：

（一）研究層級分析

教師教學效能相關研究層級分析如表 2-2-6 所示，本研究蒐集近十年來共十二篇有關國內教學效能之十二篇博士論文之實徵研究加以分析，以作為本研究之參考。

表 2-2-6　教師教學效能相關研究層級分析彙整表

研究層級	論文研究者												次數統計
	1	2	3	4	5	6	7	8	9	10	11	12	
	謝百亮	蔡喬育	楊豪森	陳玫良	柯麗卿	曾信榮	駱奕穎	楊素綾	張素花	郭福豫	鄭雅婷	許瑞芳	
博士	∨	∨	∨	∨	∨	∨	∨	∨	∨	∨	∨	∨	12

（二）研究方法分析

本研究蒐集近十年來共十二篇有關國內教師教學效能之論文中，有六篇是只採量化研究法、六篇採質性與量化兼用。教師教學效能相關研究方法分析如表 2-2-7 所示。

表 2-2-7　教師教學效能相關研究方法分析彙整表

研究方法	論文研究者												次數統計
	1	2	3	4	5	6	7	8	9	10	11	12	
	謝百亮	蔡喬育	楊豪森	陳玫良	柯麗卿	曾信榮	駱奕穎	楊素綾	張素花	郭福豫	鄭雅婷	許瑞芳	
質性	∨	∨		∨	∨	∨	∨						6
量化	∨	∨	∨	∨	∨	∨	∨	∨	∨	∨	∨	∨	12

（三）教師教學效能研究構面分析

研究者發現相關教學效能之文獻數量不少，經分析國內十二位研究者之實徵研究中所採用教師教學效能相關研究構面分析如表 2-2-8。

表 2-2-8　教師教學效能相關研究構面分析彙整表

研究者（年代）	教師教學效能相關研究構面											
	學生學習表現	教學方法與策略	教學效能感	學習氣氛	班級經營	教室管理	教材教具運用	多元評量的運用	師生互動關係	教學計畫	教學執行	教學設備
謝百亮（2006）	✓	✓		✓	✓		✓		✓	✓		
蔡喬育（2008）		✓		✓			✓	✓	✓			
楊豪森（2008）		✓		✓					✓	✓		
陳玫良（2009）		✓	✓		✓	✓	✓					
柯麗卿（2009）			✓					✓		✓	✓	
曾信榮（2010）		✓		✓			✓	✓	✓	✓		
駱奕穎（2011）	✓			✓	✓							
楊素綾（2011）	✓	✓		✓					✓	✓		

（續下頁）

研究者（年代）	教師教學效能相關研究構面											
	學生學習表現	教學方法與策略	教學效能感	學習氣氛	班級經營	教室管理	教材教具運用	多元評量的運用	師生互動關係	教學計畫	教學執行	教學設備
張素花（2012）		∨		∨					∨	∨		
郭福豫（2015）	∨			∨				∨	∨	∨		
鄭雅婷（2017）					∨			∨		∨		∨
許瑞芳（2018）		∨		∨				∨	∨	∨		
統計次數	4	8	3	8	4	1	4	5	9	9	1	1

　　研究者根據教師教學效能的內涵層級、相關理論與上述國內研究者的層級分析，研究發現教學計畫、教學方法與策略、師生互動、學習氣氛與多元評量的運用等五個構面有極高的共識，本研究為聚焦研究主題，依據前述教師教學效能理論與教師教學效能模式，彙整上述研究構面加以歸納如下：

1. 『**教師教材教法**』構面整合:「教學方法與策略」、「教材教具運用」、「教學策略」、「教學計劃」、「教學執行」、「教學設備」、「教材呈現」、「時間運用」。

2. 『**營造學習氣氛**』構面整合:「學習氣氛」、「班級經營」、「教室管理」、「師生互動關係」、「溝通技巧」。

3. 『**教學評量與回饋**』構面整合:「學生學習表現」、「多元評量的運用」、「教學省思」。

4. 『**教師自我效能**』構面整合:「教學效能感」、「態度信念」。

　　綜合以上所述,本研究將教師教師效能研究構面歸納為:『**教師教材教法**』、『**營造學習氣氛**』、『**教學評量與回饋**』、『**教師自我效能**』等四個子構面。綜覽上述文獻,將本研究教師教學效能研究構面界定如下:

一、教師自我效能

　　指教師在教學工作上都能維持良好教學態度與信念去嘗試創新教學;匯集教學熱忱、賦予教學正向意義,樂意在工作以外的時間討論教學上的問題;並願意持續進行專業進修、對教學充滿信心;不斷提升自我效能。

二、教師教材教法

　　教師在教學前依據課程計畫,準備相關的教材教具,並依據教學目標來設計教學活動,以有效掌握目標;在教學活動進行前,事先安排個人或學習小組的任務,並精熟教學內容,再進行教學。且教師會準備替代方案讓不同學生在學習任務、學習活動、學習成果有選擇的機會,並維持流暢且學生可適應的教學步驟。

三、營造學習氣氛

教師會與學生保持良好的溝通及互動關係、營造教室裡和諧愉快的學習氣氛。並避免以諷刺或否定的言辭來批評學生、迅速排除在課堂中所突發的問題、給予學生足夠的時間進行發問和討論，且對不同學生的行為表現建立合宜的期望；進而發掘不同學生的優勢能力及興趣並鼓勵他們進一步學習或研究。

四、教學評量回饋

教師以多元方式進行教學評量，依據評量的結果，調整教學的進度、難易度或方法；並與學生分享彼此的經驗，促進師生情感交流，主動請學生對於教師教學給與回饋並調整改進，進而正面回應學生在課堂上發現的問題。

而在研究背景變項部分，將各研究者背景變項分析結果彙整如下表2-2-9：

表 2-2-9　教師教學效能背景變項分析表

研究者	施測對象	性別	年齡	年資	最高學歷	擔任職務	學校區域	學校歷史	學校規模	學校位置
		個人背景變項					學校背景變項			
陳玟良（2009）	教師	✓	✓	✓	✓	✓	✓		✓	✓
柯麗卿（2009）	教師	✓	✓	✓	✓	✓		✓	✓	✓

（續下頁）

		個人背景變項					學校背景變項			
曾信榮（2010）	教師	✓	✓	✓	✓	✓	✓		✓	✓
楊豪森（2008）	教師	✓	✓	✓	✓	✓	✓	✓	✓	✓
駱奕穎（2011）	教師	✓	✓	✓	✓	✓	✓	✓	✓	
楊素綾（2011）	教師	✓	✓	✓	✓	✓	✓	✓	✓	✓
張素花（2012）	教師	✓	✓	✓	✓	✓	✓	✓	✓	✓
郭福豫（2015）	教師	✓	✓	✓	✓	✓	✓		✓	✓
鄭雅婷（2017）	教師	✓	✓	✓	✓	✓	✓	✓	✓	✓
許瑞芳（2018）	教師	✓	✓	✓	✓	✓	✓	✓	✓	✓
合計		10	10	10	10	10	10	6	10	9

表 2-2-9 所呈現的是教師教學效能背景變項分析，主要的發現如下：

1. 個人背景變項：以教師為施測對象的研究當中，主要為「性別」、「年齡」、「年資」、「最高學歷」、「擔任職務」等等研究採用之背景變項計次最高。

2. 學校背景變項：主要為「學校位置」、「學校規模」、「學校區域」等研究採用之背景變項計次最高。

綜上所述，個人背景變項中，教師性別、年齡、最高學歷、教學年資以及擔任職務與學校背景變項：學校規模、位置以及區域估計對於教師教學效能可能有不同程度之影響，據此，本研究以「性別」、「年齡」、「年資」、「最高學歷」、「擔任職務」為個人背景變項；以「學校位置」、「學校規模」、「學校區域」為學校背景變項。

二、教師教學效能架構圖

綜合上述相關研究分析結果，本研究教師教學效能架構圖如圖 2-2 所示。

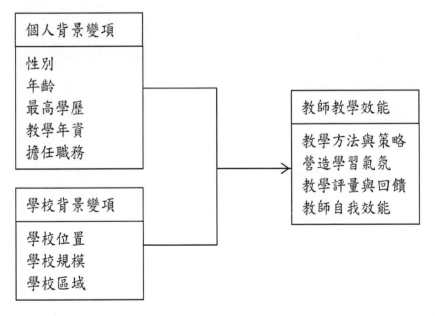

圖 2-2　教師教學效能架構

第三節　學習成效的理論與研究

　　學生是接受教育的主體，教育之成敗繫於學生學習成效（王如哲 2010）。學習是教育心理上很重的一個概念，是個體經由練習或經驗使其行為產生較持久改變的歷程（張春興與林清山，1989）。其為一種建構和改變心理模式的過程（Leidner & Jarvenpaa, 1995; Shuell, 1986）。學習成效乃指教學結束後，學習者在知識、技能及態度上的改變（邱貴發，1992; Piccoli, Ahmad, & Ives, 2001）。陳奎憙（2000）指出學生對自己的期望會影響其學習效果，自我期望愈高者，學習效果愈佳。劉明川（2002）指出學習滿意度與學習成效呈現顯著正相關。學習滿意度高者，其學習成效亦高；學習滿意度低者，其學習成效也低。「學習成效」的概念性定義為學習者透過教與學的過程，所呈現的學習行為結果。學生學習成效必須兼顧「直接的」和「間接的」學生學習成效；再者，並重「認知的」、「情感的」及「動作技能的」不同向度之學生學習成效（王如哲 2010）。

壹、學習成效的意涵

　　「學習」是指個體經由練習或經驗，使其行為或行為潛能產生較為永久改變的歷程；而「成就」則是指個人的先天遺傳基礎，加上後天環境努力學習的結果，使得個人在某方面所表現的實際能力（張春興，1998）。楊瑩（2011）及 Winchester（2012）認為，學習成效是學習者於經歷一段學習過程後，期待能學習、瞭解些什麼，以及能作些什麼的描述。教育的目的不僅在增進學生的知能，而且在變化學生的氣質。學習成效為評估學生對於課程內容吸收情況的一種指標，並可根據學生測驗的表現，判斷教師教學之有效性（王家通，1995）。Wager（2003）認為學習成效就是教師授課所希望得到之成效，也是教師期待學習者可達成的目標，

且學習成效可發展為成績評比的依據,並可反映出教學方案設計的良窳,最重要的是,學習成效幫助學生了解老師對他們的期待。而學習成效這種內在的變化不能觀察,必須要透過外在的行為,通過作業或表現的變化來推論學習的發生的(邵瑞珍與皮連生,1995)。

Motiwalla 與 Tello(2000)認為學習成效應兼顧兩個方向來評量,一為學生主觀衡量自己對學習的滿意程度,二為教師以較客觀方式衡量學生的學習表現。陳美岑(2000)則指出學生經過學習歷程,其行為的具體改變,包含有學生接受教育後隨之表現的成果,而且是可以應用適當的評量工具加以衡量者,如學業的成就、技能的獲得等稱之為「即時的效果」,另一是其教學成效雖未直接表現於學習之後,但卻影響個體未來生活者,如人格特質、職業知能等即為「長期的效果」。

此外,朱彩馨(2001)和曾婉玲(2015)指出學習成效可以是狹義的指學生在某一科目或領域之精熟表現,亦可以是廣義的包含知識取得與學習態度兩層面, 其中知識取得包括學習績效、學習自我評估、學習成就、自我效能等;學習態度則包括學習者的滿意度、課堂評估、參與程度、學習興趣、以及態度等。若單利用成績作為學生學習成效的衡量,可能不盡周詳;其實學生的學習知覺是更為重要的,因此,認為採用自我評量方式是較為適切的學習成效指標(陳年興、謝盛文與陳怡如,2006)。

學習成效的評估雖較難客觀具體,但其評估標準,研究者看法卻相當一致。一完整的學生學習成效內涵包括(1)界定階段:指學生經過學習經驗後,所能學到的重要目標;(2)評估階段:指學生實際獲得重要學習目標之程度;(3)應用階段:指依評估階段之結果改善學程的課程規劃設計、教師教學、學生學習經驗(Cartwright, Weiner, & Streamer-Veneruso, 2010)。

Wongse-ek 與 Gilbert（2014）認為需要設計可信賴的學習活動來引導學生實現課程成果，透過計算學習活動中的可信度的方法，介紹學習活動的分析和基於課程學習成果計算可信度的程度，而最直接評估學生學習成效的方式就是看學生接受教育前、後之行為變化；然而如果只透過這樣的方法來判斷便窄化了學習成效的定義，因此還需再加上了學生之學術技能、溝通、批判思考、資訊素養及終身學習等方面之知能為學習成效的內涵（王如哲，2010）。學習成效在學習活動告一段落之後，對學習者實施各種可能行式的評量測驗後，學習者表現出來的行為能力。至於學者對學習成效的衡量方式，各有不同看法與研究成果（陳慧芬，2015）。

Wexley、Latham、Kettering、Rivaldo、Christensen 與 FAO（1991）認為，受訓者當事人最瞭解對學習結果是否達到成效；Baldwin 與 Ford（1988）及戴幼農（2004）發現，最令人信服的評核為學習者學習後之自我評估。因此，學習成效的品質保證架構可以在不同層級展現，但為免各架構間有重複或不一致的問題，必須運用策略加以整合與對照（mapping）。Vaughn、Gersten 與 Chard（2000）即表示，學習策略的訓練有助於學生獲得較佳學習成效，且適當的學習策略訓練方案具有立即學習遷移效果。

黃偉婷（2016）指出雖然學者普遍認為學習是因為經驗累積後，而使個體獲得知識或因此改變其行為的過程，但對於如何獲得知識以及如何改變其行為，卻有許多不同的理論分歧：認知學習論者和人本主義學習論者認為學習是一種「內發（inside out）」的歷程。認知學習論者的看法認為學習係視個體對事物經認識、辨別、理解而獲得知識或改變行為的歷程；人本主義學習論者的看法係將學習視為個體隨其意志或情感對事物自由選擇從而獲得知識或改變行為的歷程。而「行為主義學習論」

者的看法則認為學習是一種「外鑠（outside in）」的歷程，也就是個體係受到外在環境刺激，而引起行為改變的歷程。

學習成效是衡量學習者學習成果的指標，亦為教學品質評估中主要項目之一。為回應社會大眾對教育機構績效責任的要求，及促進學生跨國間交流，近年各國教育機構與政府均無不將學生學習成效納入教育政策與教育品質的考量，教育成效需滿足社會期待的訴求，已成為全球教育品質保證的必然趨勢（TEQSA, 2014；池俊吉，2012）。

此外，影響學習成效的因素相當廣泛，舉凡個人（性別、學習態度、年級、自我概念、先備知識、班排成績等）、家庭（父母對子女的課業期望、學習參與度、支持度、父母的管教方式等）、學校環境（師生關係、同儕關係等）都直接或間接地影響了學生的學習成效（曾婉玲，2015）。林淡鎔（2015）亦指出學習者經過一段特定時間，對某種領域進行學習後，透過測驗工具，進行認知；情意、技能等面向的評量，來衡量學生的學習效果。而對於學習成效的評估方法，則使用準確性、完成時間、困難度、複雜性和答案的價值性提供更公平合理的評估方式，教師可以經由學生各種學習成果紀錄資料評定之，如口試、筆試、操作、報告、作業、學習單、平時測驗、定期評量考試等，均能作為廣泛的學習成效之定義；若從狹義的定義界定，則指學科的學習成績，或各學科綜合後的平均學習成績。

綜合上述，本研究對「學習成效」之概念性定義（conceptual definition）為「學習成效係指學生的學習成果認知，其可用「學習興趣」、「學習態度」、「作業的表現」、以及「學習績效（包含：在校成績、專業證照數與對外考試）」等四個子構面來當衡量指標。

貳、學習成效之相關理論

在學習成效相關理論的部分，因不同學習理論對學習的不同主張而有所差異，細究學習理論的發展，從行為學派出發，透過直接改變人的外顯行為，來達到要人們學習的目標。接續有建構學派，透過社會互動的觀點來解釋人的學習行為，後有學習認知的發展，以及學校生活適應的相關理論。足見學習成效理論隨著時代的變遷，而有許多的改變。以下就依據不同的學習成效與學校生活適應理論，逐一進行探討。

一、行為學派學習理論

Skinner 是行為主義的學者，他提出操作制約學習理論，操作制約學習也稱為工具制約學習（instrumental conditioning）。在其理論當中，增強或強化是操作制約學習的重要概念。個體在學習情境中，因偶爾出現某種反應，反應後帶來滿意結果，該結果稱為增強物。因增強物的適時出現，增加了個體往後在同樣情境下重複表現該反應的機率，這表示增強物對個體的反應，產生了增強或強化作用；透過增強作用使刺激（S）與反應（R）產生聯結，個體的學習可謂發生（張春興，1991）。

二、訊息處理學派

訊息處理學論（或稱為學習信息加工論），簡稱為訊息處理（或信息加工），是特別為了解釋人類在環境中，如何經由感官覺察、注意、辨識、轉換、記憶等內在心理活動，以吸收並運用知識的過程（張春興，2013）。訊息處理學派關心學生學習的內在處理歷程，因此希望有適當的教學方式促進學生學習。此學派是由認知心理學發展出來，認為人類學習好像電腦處理資訊，探討如何接收、儲存訊息以及變成長期記憶，並將學到

的新事物奠基在既有的知識上。教學過程為一組經過設計以支持內在學習歷程的外在事件，並不強調給予學生太多自我學習的機會，相反地，主張教師應扮演積極的教學角色，充分安排、指導學生「如何學？」及「學些什麼？」（黃政傑，2011）。由此可知，訊息處理論者主張，當內在的先備知識、認知處理步驟與外在的環境刺激之間進行有效互動後，學習才有可能發生。

三、建構學派學習理論

在人類的學習當中，動機是其中一個很重要的因素。亦即學習是由個人的心智出發，在一個社會化的過程當中內化到人的心智中，因此，建構學派認為知識並不是客觀存在著，而是透過社會化的過程中建構出來的。Dewey 提出社會建構主義（social constructivism）主張個體學習的發展受到社會情境與文化脈絡影響，認為知識是適應性的，透過個體與環境互為主體，進而建構出知識整體，強調情境認知（situated cognition）的學習；Vygotsky 的社會發展論也提出「近側發展區（Zone of Proximal Development, ZPD）」是介於兒童自己實力所能達到的水平，與經別人給予協助後所可能達到的水平，兩種水平之間的一段差距，即為該兒童的可能發展區（張春興，2013）。若是藉由有經驗者的協助，如教師、家教或是同儕的指導，則學習者認知的實際發展水準則會與潛在發展水準相差不遠。因此，教師應扮演一個學習鷹架的功能，提供足夠的資源幫助學習者學習，對於促進學習者的認知發展發揮極大的作用。而在教學現場上應用鷹架理論時，教師需要提供必要的提示、指導學習者與舊有的知識連結，讓學習者瞭解學習任務的目標後，在引導下完成學習任務。Bruner 的發現學習論（discovery learning theory）當中，強調學生主動對所學事物的自然探索，從而發現現象變化的原理原則，是產生學習的主

要條件。此理論重點有二,分別為「認知表徵」及「知識結構」(黃政傑,2011)。整體而言,建構學派點出文化環境與社會情境對學習的影響,也強調學習個體本身的主體性,認為學習者具有主動探索的學習動機,藉由不斷與環境調和、互動的歷程來進行學習,因此知識並非客觀存在,而是透社會化的過程中建構出來的。

四、認知學派學習理論

　　1983 年美國哈佛大學教育研究院心理發展學家 Gradner 提出多元智能論,他認為過去對智能(intelligence)的定義太過於狹隘,傳統智力測驗只關心學生在學科方面的表現,如語文、數學等,無法顧及其它面向的發展。因此,他將人類的智能歸納成七大範疇,後來於 1999 年再增補一項自然探索智能,依序如下:語文智能(linguistic intelligence)、數學-邏輯智能(logic-mathematical intelligence)、音樂智能(musical intelligence)、肢體運作智能(bodily-kinesthetic intelligence)、視覺空間智能(spatial intelligence)、內省智能(intrapersonal intelligence)、人際智能(interpersonal intelligence)、自然探索智能(naturalist intelligence)。近期認知理論的發展,包含了實際教學情境應如何設計,才能產生學習成效,多元智能論的提出,也點出人具備多元能力,教學需重視學生優勢能力,進而發展學生多元學習的目標。

五、學校生活適應相關理論

　　研究學校生活適應的理論相當多元,理論詮釋的觀點,著重的面向就有所不同,以下就:心理分析論(Psychoanalytic theory)、認知發展理論(Cognitive theory)、社會學習理論(Social learning theory)及人本學派(Humanistic theory)分述如下。

（一）心理分析論

Freud 主張適應良好的人能掌握現在，有健全的人格，具備強而有力的自我、彈性的超我及得到滿足的本我，最終能夠從愛跟工作當中獲得快樂（王雪貞、林翠湄、連廷嘉與黃俊豪譯，2005）。Erikson 的心理社會發展理論將人的人格發展分成八個階段，每個階段各有發展的任務及危機，並依照既定順序向下一階段邁進。在自我與環境產生交互作用的過程當中，個體如無法順利解決危機達成任務，在其後續的人生中仍然要繼續處理這些問題（Miller, 1983）。國民中學學生處於青春期（12～18歲）階段，其任務與危機為自我統整和角色混亂。在此階段，一方面青少年本能衝動的高漲會帶來問題，另一方面是青少年面臨新的社會要求，及其與社會產生的衝突，會讓青少年感到困擾和混亂（Erikson, 1963）。因此，就青少年階段的學校生活適應而言，學校應協助、引導學生發展出自我的統整感、找到自己適當的定位，協助其度過發展階段的角色混亂，以提高其學校生活適應的程度，在學習方面、常規適應、師生關係、同儕關係、自我接納等等，能適應良好，並從中感到滿足與快樂。

（二）認知發展理論

Piaget 認為認知發展（cognitive development）是指個體自出生後在適應環境的活動中，吸收知識時的認知方式以及解決問題的思維能力，隨著年齡增長而改變的歷程；Piaget 把兒童的認知發展分成以下四個階段：感覺動作期、前運思期、具體運思期及形式運思期（張春興，1991）。高級中等學校學生處於形式運思期，開始會類推、有邏輯思維和抽像思維能力，能按假設驗證的科學法則思考解決問題。相對於之前的認知發展階段而言，已具備較為高層次及成熟的認知能力，對其在校學習表現、生活適應奠定了良好的基礎。

（三）社會學習理論

融合行為主義心理學、部分認知心理學觀點，Bandura 提出社會學習理論，其主張：強化並非構成學習的必要條件、學習來自於觀察與模仿、模仿學習有不同的方式且非機械式反映（張春興，2013；周曉虹譯，1995）。再者，Bandura 認為適應決定於學習的過程，個人的內在動機、外在環境與個體行為表現的交互作用結果，因此如欲提升個體的生活適應應注重其自我效能的提升，加強其因應環境變化的能力。綜合而言，在學校生活適應上，同儕關係為重要指標，同儕易為青少年學習模仿的對象，學校如能致力於學生自我效能之提升，也許有助於青少年自信心之培養，進而辨識正向的學習楷模，發展出正向的學校適應行為。

（四）人本學派

Maslow 主張人具有心理需求層次，分為：匱乏需求及存有需求。匱乏需求從低層到高層依序為：生理需求、安全需求、社交需求（愛與隸屬需求）、尊嚴需求（尊重需求、自尊需求）；存有需求由低到高依序為：知的需求、美的需求、自我實現需求及超自我實現需求；當底層需求滿足了，就出現更上一層的需求，直到達成最高層次的需求（Woolfork, 2014）。Rogers 則認為人是根據經驗來進行行為的反應，發展自我，滿足潛能，朝向自我實現、成熟和社會化方向前進。當個體的自我與經驗無法調和時，就會產生適應的問題（吳新華，1996）。

綜合而言，各家理論詮釋的觀點、著重的面向都有所不同，也豐富了學習成效與學校生活適應的內涵。一般而言，學生的學習成效與學校生活適應的測量常從學生自我評量、教師評量、同儕評量、家長評量及心理輔導人員評量等五種方式來進行。不同的評量方式具有各自適用的

程序、工具及其優缺點，但也都可提供學生、家長、教師及學校對學習成效與學校生活適應情形之不同向度的瞭解，具有相當的重要性及價值。

參、學生學習成效的構面

有關「學習成效」的構面之相關文獻國內外均有不少的論述與研究，為了讓本研究更加聚焦研究主題，茲彙整如下表 2-3-1：

表 2-3-1　學生學習成效的構面

研究者/年代	內容
Gagné（1985）	1. 學習的內在條件：意指個體的學習態度、智力表現、認知發展、自我期待、興趣與個體的內在狀態等 （Guo and Harris, 2000; Hammouri, 2004; Wilkins, 2004）。 2. 學習的外在條件：意指個體所接受到的教材、教學方式與上課方式等（張立言和高嘉蓮，2006；黃偉婷，2016）。
王克先（1987）	1. 主觀因素：包含智力因素如注意力、辨別、統整及表達能力；非智力因素如注意與學習、疲勞與學習、情緒與學習、興趣與學習、動機與學習、自我觀念與學習及年齡與學習等 7 項意涵。 2. 客觀因素：包含有三個面向：自然環境因素，如學習場所光線是否充足等環境影響。 3. 社會環境因素 （亦即學校因素）：如學校設備、教材、教法與學習。

（續下頁）

研究者/年代	內容
	4. 同儕關係及師生關係與學習等家庭環境因素。
黃光雄 （1991）	1. 學生因素：能力、發展層次及動機等。 2. 周遭環境：家庭、教室及同儕團體等。 3. 教師教學的因素：教學時間、教學品質等。
Gagne et al. （1992）	1. 智力技能 （intellectual skills）。 2. 認知策略 （cognitive strategies）。 3. 口頭資訊 （verbal information）。 4. 機械技能 （motor skills）。 5. 態度 （attitude）。
Kirkpatrick （1994）	1. 反應：對課程的滿意度，包括活動內容、教材、師資、設備、行政服務等。 2. 學習：學習者了解吸收理論、知識增進程度。 3. 行為：學習者參與學習活動後行為改變的程度。 4. 成果：學習者完成學習活動後，產生認知、行為與技能方面的改變。
Alavi （1994）、 Schutte （1997）與 Piccoli et al （2001）	1. 學習興趣：學習者對於學習內容的興趣。 2. 學習態度：學習者對於學習的興趣、動機及滿意度等。 3. 作業的表現：學習者在作業簿或學習單的工作表現，由教學者於作業完成後，給予分數或等級以評定優劣。

（續下頁）

研究者/年代	內容
	4. 學習者的自我評估：學習者對於學習程度的自我衡量。
	5. 學習績效：學習者的學習成績，包括期中或期末的成績。
洪明洲（1999）	1. 客觀的學習效果：測驗成績、完成進度時間、學期分數等。
	2. 主觀的學習收穫：學習滿足、成就、偏好等。
Loo（1999）	1. 學生在校成績。
	2. 取得專業證照的能力。
	3. 參與對外各種考試的成效。
李隆旼（2002）	學習成效主要由學生的表現做評斷，包括認知、情意及技能方面之學習成果，及學生對學習活動和學習結果的正面感受。
李敦仁、余民寧（2005）	學生的學習成效受到四個層面的影響： 1. 個人層面、2. 家庭層面、3. 學校層面以及 4. 環境層面。
Linn and Miller（2005）	1. 認知領域：係指知識成就、心智能力與技巧等。
	2. 情意領域： 如態度、興趣、鑑賞和適應的形式。
	3. 技能領域：覺知與運動技能。
陳年興、謝盛文、陳怡如（2006）	1. 學習者的學習成績：如平時考、期中考與期末考等。
	2. 學習者的學習知覺：如滿意度和互動等。

（續下頁）

研究者/年代	內容
林盈伶 （2006）	1. 證明：證明訓練的成效是否有符合需求、經濟效益等。 2. 改進：將學習成果做為正在進行或將要實施的訓練課程、品質之參考。 3. 學習：將其成果回饋給學習者，以提升個人之學習成效。 4. 控制：學習者於訓練結束後，可有標準化的品質控管之成效。
邱錦昌 （2008）	學習內容、學習安排、學習環境。
蕭佳純、 董旭英、 饒夢霞 （2009）	1. 學生的智力表現、2. 學習動機、3. 學習態度、4. 人格及自我期許。
王保進 （2011）	1. 課程設計。 2. 教師教學與學生學習。 3. 學生學習資源。 4. 學習支持與輔導。 5. 學習進展與表現。 6. 目標管理與改善。
張郁青 （2012）	1. 學生的起始認知行為。 2. 起始情感特徵。 3. 教學品質。

（續下頁）

研究者/年代	內容
蔡金田 （2014）	1. 學科成績。 2. 校內外競賽成績。 3. 學生出缺席情形
林淏臻 （2015）	學習者經過一段特定時間，對某種領域進行學習後，透過測驗工具，進行認知、情意、技能等面向的評量，來衡量學生的學習成果。
王玉玲 （2015）	學習者經由接收、瞭解與內化後，在行為上獲得某種程度的改變，其改變包括：1. 知識；2. 情感與 3. 技能等方面。
林淑芳 （2018）	1. 學習表現。 2. 學校生活適應。 3. 學生進路分析。

綜合上述國內外文獻，針對研究對象與研究主題的不同，研究構面也有所差異，大致可分為外部條件與內在條件對於學生學習成效的影響，本研究聚焦校長正向領導、教師教學效能與學生學習成效間之相關研究，因此，學生學習成效探究將著重在學生學生學習興趣、態度、表現與學習績效等構面。

肆、學習成效的相關研究

學習成效攸關學生生涯及身心健全發展，也是學校效能中重要的績效項目，因此許多研究者就學習成效議題進行的相關研究非常多。但是校長正向領導直接對於學生學習成效的相關研究相對較少，也是本研究亟欲探討的方向之一。

一、學生學習成效之實徵研究

茲將近年來與教學效能之相關研究摘要整理如表 2-3-2 所示：

表 2-3-2　學生學習成效之相關研究摘要表

研究者（年代）	研究主題	研究方法	研究結果
王秀鶯（2014）	概念構圖融入專題式學習對不同學習風格學生學習成效之影響	準實驗研究法、質性量化資料蒐集	反思型學生之學習成尌顯著優於行動型的學生；而「感覺型與直覺型」及「循序型與整體型」這二種面向的學生，在學習成效上皆未達到顯著性差異。
楊秀停（2014）	探討科學解釋引導模式對學生學習成效之影響	準實驗研究法、質性量化資料蒐集	1. 實驗組學生在科學概念的理解與科學解釋的表現上都優於對照組學生，其中科學解釋面向的差異達顯著性，而質性資料顯示實驗組學生較能提出合宜的主張、有效的証據及合理的推理。 2. 科學解釋引導模式的三個活動，分別扮演不同的角色，並有不同的功能：描述性寫作任務有助釐清並強化學生的基本概念；概

（續下頁）

研究者 （年代）	研究主題	研究方法	研究結果
			念圖能幫助學生連結概念間的關係，以形成完整的概念網絡；而詮釋性寫作則是引導學生用已知的概念網絡來完成科學解釋。 3. 學生能感受科學解釋引導模式的益處，讓他們學習表現有進步。
胡倩瑜 （2014）	專科學生學習成效品質保證機制建置與實施成效之研究	德懷術、問卷調查	個案專校建置學生學習成效品質保證機制之效益，能符應「以學生為中心」、「能力為本位」、「課程能統整」、「職涯為導向」，達技職教育「務實為用」的辦學宗旨。
蔡金田 （2014）	國民小學校長效能與教師效能對學生學習成就之影響	問卷調查	1. 教師對於校長效能、教師效能與學生學習成就等因素構面呈現高度認同。 2. 不同背景變項教師在校長效能、教師效能、學生學習成就等因素構面上有顯著差異存在。

（續下頁）

研究者 （年代）	研究主題	研究方法	研究結果
			3. 校長效能與教師效能對於學生學習成就具有顯著的正向直接影響效果。 4. 校長效能、教師效能、學生學習成就有顯著相關存在。 5. 校長效能與教師效能對於學生學習成就具有 77%的預測力。
賴宛靖（2015）	數位遊戲學習對學生學習成效影響之後設分析	後設分析	不論是在學業成就、情意或高層次方面，數位遊戲學習均顯著優於非數位遊戲學習。學業成就達中度效果量，情意達中度效果量，高層次達高度效果量。調節變項顯著影響學習效果。
杜岐旺（2015）	國民小學校長領導行為影響學生學習成效模式之研究	描述性統計、多元回歸分析	1. 不同學校規模、學校地區之國民小學教師對校長領導行為的知覺有顯著差異。 2. 不同性別、學校地區之國民小學教師對學校組織管理的知覺有顯著差異。

（續下頁）

研究者 （年代）	研究主題	研究方法	研究結果
			3. 國民小學校長領導行為影響學生學習成效模式各變項間具關聯性。
			4. 國民小學校長領導行為影響學生學習成效模式各變項間具預測功能，其中以教師班級經營對學生學習成效最具預測力。
林葆青 （2017）	資訊科技融入管理領域教學與翻轉教學對學習成效的影響-以學習滿意度為雙重中介變項	立意抽樣、結構分析	1. 實施資訊科技融入管理領域教學對學習滿意度有正向顯著的影響。 2. 學生的學習滿意度對學習成效有正向顯著的影響。 3. 實施資訊科技融入管理領域教學對學習成效有正向顯著的影響。 4. 實施翻轉教學對學習滿意度有正向顯著的影響。 5. 實施翻轉教學對學習成效有正向的影響。
陳秀梅 （2018）	影響學生學習成效之因素與探討-以專業課	問卷調查	1. 組織社會化可顯著正向影響個人-組織契合度與英語學習成效。

（續下頁）

研究者 （年代）	研究主題	研究方法	研究結果
	程英語授課為例		2. 個人-組織契合度可正向影響英語學習成效，惟未達統計顯著效果。 3. 組織社會化與英語學習成效之間，個人-組織契合度不具有中介效果。
林淑芳 （2018）	高級中等學校學生學習成效之校務研究	CHAID演算法、決策樹分析	1. 個案學校在就近入學與均質化計畫執行上具有成效。 2. 國中會考社會科成績較低與實用技能學程學生顯現出生活適應問題。 3. 個案學校需針對不同族群學生提供適時輔導機制。 4. 部分評量成績及缺曠表現分別對學科能力測驗及統一入學測驗成績具關鍵預測力。 5. 學生的部分學習表現、社團參與、缺曠情形等亦分別對其能否順利升學、考取公立學校及目標學校等生涯進路有預測效果。

（續下頁）

研究者 （年代）	研究主題	研究方法	研究結果
何淑禎 （2018）	學習共同體與講述教學對國小高年級學童社會學習領域學習成效之比較研究	問卷調查	1. 國小高年級學童問題解決能力在性別方面並無顯著差異。 2. 學習共同體模式無法於短期間明顯看到成效。

綜合上述各實徵研究，茲將學生學習成效歸納分析如下：

（一）研究層級分析

學生學習成效相關研究層級分析如表 2-3-3 所示，本研究蒐集近年來共十篇有關國內教學效能之十篇實徵研究加以分析，以作為本研究之參考。

表 2-3-3　學生學習成效相關研究層級分析彙整表

研究層級	論文研究者										次數統計
	1	2	3	4	5	6	7	8	9	10	
	王秀鶯	楊秀停	胡倩瑜	蔡金田	賴宛靖	杜岐旺	林葆青	陳秀梅	林淑芳	何淑禎	
博士	∨	∨	∨	∨	∨	∨	∨	∨	∨	∨	10

（二）研究方法分析

本研究蒐集近十年來共十篇有關國內學生學習成效之研究當中，十篇均採量化研究法、其中六篇採質性與量化兼用。學生學習成效相關研究方法分析如表 2-3-4 所示。

表 2-3-4　學生學習成效相關研究方法分析彙整表

研究方法	研究者										次數統計
	1	2	3	4	5	6	7	8	9	10	
	王秀鶯	楊秀停	胡倩瑜	蔡金田	賴宛靖	杜岐旺	林葆青	陳秀梅	林淑芳	何淑禎	
質性	∨	∨		∨	∨	∨	∨				6
量化	∨	∨	∨	∨	∨	∨	∨	∨	∨	∨	10

（三）學生學習成效研究構面分析

研究者發現學生學習成效相關之文獻數量不少，經分析國內外研究者之實徵研究中所採用學生學習成效與校長領導或是與教師教學效能相關研究構面分析如表 2-3-5。

表 2-3-5　學生學習成效相關研究構面分析彙整表

研究者（年代）	學習興趣	學習態度	作業表現	內在狀態	學習績效	智力表現	學習動機	自我期許	認知構面	情意構面	技能構面	生活適應
Guo and Harris（2000）		V			V	V	V	V				
李隆呎（2002）	V		V		V				V	V	V	
Linn and Miller（2005）									V	V	V	
陳年興（2006）	V	V	V		V		V					V
謝盛文（2006）	V	V	V		V							V
陳怡如（2006）	V	V	V		V		V					
蕭佳純（2009）		V				V	V	V				V
王保進（2011）	V		V		V		V	V				V
張郁青（2012）				V	V							

（續下頁）

研究者（年代）	學生學習成效構面											
	學習興趣	學習態度	作業表現	內在狀態	學習績效	智力表現	學習動機	自我期許	認知構面	情意構面	技能構面	生活適應
蔡金田（2014）	ˇ	ˇ	ˇ		ˇ							
林溁臻（2015）									ˇ	ˇ	ˇ	
王玉玲（2015）									ˇ	ˇ	ˇ	
杜岐旺（2015）	ˇ	ˇ		ˇ		ˇ						ˇ
林淑芳（2018）		ˇ	ˇ		ˇ				ˇ			ˇ
統計次數	7	8	7	2	9	1	3	5	3	4	4	6

　　綜合上述，本研究對於「學生學習成效」的構面，基於主次構面之間的單純性與完整性，於是本研究將「學生學習成效」分成四個子構面：「學習績效」（包含：在校成績、專業證照數與對外考試）、「學習態度」、「學習興趣」、以及「作業表現」等四個指標構面來衡量；綜覽上述文獻，將本研究學生學習成效研究構面界定如下：

一、學習興趣

教師知覺任課班級學生主動積極、努力學習、於上課期間踴躍發表意見，並時常與同儕之間討論課程內容；發現任課班級學生學習動機強烈，於下課後時常會跟教師請教課業上的問題，並且樂於參加校內外各項競賽活動、學校舉辦的社團活動及各項學習活動。

二、學習態度

教師在知覺任課班級學生與老師及同學相處融洽，學生總是能準時到校、準時進入教室上課，並能遵守學校規定及秩序，而且學生生活適應情況良好。

三、作業表現

教師知覺任課班級學生在學習過程當中表現獨特的想法與創造力、閱讀理解能力良好，並能透過口語適當表達自己的想法，進一步能運用所學知識解決問題。

四、學習績效

教師知覺任課班級學生能在多元評量有優秀表現、並於品格表現、生活常規、體適能，健康習慣有明顯提升；再者，知覺學生學業成績逐年提升、日常生活競賽成績表現突出、參加校內外競賽常能榮獲佳績且學生在人際關係、情緒管理等方面有顯著提升。

另外，在學生學習成效背景變項分析部分，彙整如表 2-3-6。

表 2-3-6 學生學習成效背景變項分析表

研究者	施測對象	個人背景變項					學校背景變項			
		性別	年齡	年資	最高學歷	職務	學校區域	學校歷史	學校規模	學校位置
王秀鶯（2014）	教師	V	V	V	V	V	V	V	V	
楊秀停（2014）	教師	V	V	V	V	V	V	V	V	V
胡倩瑜（2014）	教師	V	V	V	V	V	V		V	V
蔡金田（2014）	教師	V	V	V	V	V	V	V	V	V
賴宛靖（2015）	教師	V	V	V	V	V	V	V	V	V
杜岐旺（2015）	教師	V	V	V	V	V	V		V	V
林葔青（2017）	教師	V	V	V	V	V	V	V	V	V
陳秀梅（2018）	教師	V	V	V	V	V	V		V	V
林淑芳（2018）	教師	V	V	V	V	V	V		V	
何淑禎（2018）	教師	V	V	V	V	V	V	V	V	V
合計		10	10	10	10	10	10	6	10	8

表 2-3-6 所呈現的是學生學習成效背景變項分析，主要的發現如下：

1. 個人背景變項：以教師為施測對象的研究當中，主要為「性別」、「年齡」、「年資」、「最高學歷」、「擔任職務」等計次最高。

2. 學校背景變項：主要為「學校位置」、「學校規模」、「學校區域」等計次最高。

綜上所述，估計個人背景變項中，教師性別、年齡、最高學歷、教學年資以及擔任職務與學校背景變項：學校規模、位置以及區域可能對於教師知覺學生學習成效有不同程度之影響，因此，本研究以「性別」、「年齡」、「年資」、「最高學歷」、「擔任職務」為個人背景變項；以「學校位置」、「學校規模」、「學校區域」為學校背景變項。

二、學生學習成效架構圖

綜合上述相關研究分析結果，本研究學生學習成效架構圖如圖 2-3

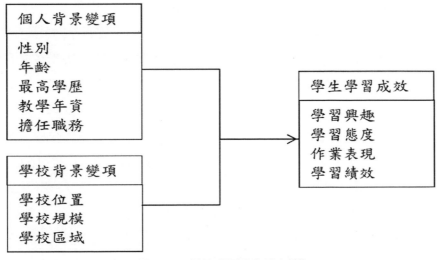

圖 2-3　學生學習成效架構

第四節　校長正向領導、教師教學效能與學生學習成效之相關研究

　　本節旨在探討探校長正向領導、教師教學效能與學生學習成效之相關研究，希望透過重要文獻之探究，進一步瞭解校長正向領導、教師教學效能與學生學習成效彼此之關係，作為後設研究之延伸。

壹、校長正向領導與教師教學效能之相關研究

　　本研究旨在探討校長正向領導與教師教學效能之關係，為讓本研究的立論有所依據，因此對性質相近的校長正向領導與教師教學效能關係之文獻加以探究如下：

一、校長正向領導與教師教學效能之實徵研究

　　仲秀蓮（2011）以問卷調查法及訪談法進行研究，問卷調查對象為臺灣地區共 198 所國民小學的校長、主任、組長及教師進行臺灣地區國民小學校長正向領導、學校文化對學校創新經營效能影響之研究，此研究發現：臺灣地區國民小學校長正向領導、學校文化及學校創新經營效能兩兩之間具有高度正相關；臺灣地區國民小學校長正向領導、學校文化對學校創新經營效能具有高度預測力以及學校規模在學校創新經營效能上具有顯著差異，其餘的背景變項（校長性別、校長年齡、校長年資、校長最高學歷、學校校齡、學校地區）在學校創新經營效能上未具顯著差異。

　　張素花（2012）以臺灣地區公立國民小學教師為研究調查對象，探討國民小學校長分布式領導、教師情緒勞務對教師教學效能之影響，針

對校長分布式領導、教師情緒勞務與教師教學效能進行差異、相關與逐步多元迴歸分析，進而驗證三者間的結構方程模式。其研究結果發現：

（一）國民小學校長分布式領導、教師情緒勞務與教師教學效能的實施現況大致良好。

（二）教師性別、任教年資、擔任職務不同，在國民小學校長分布式領導、教師情緒勞務與教師教學效能上有顯著差異。

（三）國民小學校長分布式領導、教師情緒勞務與教師教學效能三者，兩兩間均存在正相關。

（四）「提升專業素養」、「基本情緒表達」、「表層情緒控制」、「深層情緒偽裝」、「情緒之多樣性」、「情緒互動感受」等六個層面對國民小學教師教學效能具有顯著預測力。

（五）國民小學校長分布式領導、教師情緒勞務與教師教學效能的結構關係模式獲得支持。

（六）國民小學教師情緒勞務表現對教師教學效能具有顯著直接影響效果。

　　謝傳崇（2014）編製「國民小學校長正向領導、學校創新文化及教師學術樂觀調查問卷」採用問卷調查法，以學校創新文化為中介變項，探究國民小學校長正向領導對教師學術樂觀的影響，研究對象為臺灣地區國民小學教育人員。並以結構方程模式驗證校長正向領導、學校創新文化及教師學術樂觀的關係，結果獲得一個具良好適配度的影響關係模式。研究結果顯示校長正向領導、學校創新文化及教師學術樂觀之現況良好，三者之間具相關性，且影響關係模式適配度良好。雖然校長正向領導對於教師學術樂觀有顯著之直接影響效果；但是當校長正向領導透過學校創新文化之中介作用能對教師學術樂觀產生更大的影響，其影響效果也相對提高許多。

　　李菁菁（2014）運用問卷調查法，以分層隨機抽樣方式進行施測，研究對象為台灣 67 所學校的 563 名高級中學教師，其研究結果發現，高級中學教師對於高中校長正向領導、教師職場希望感及學校效能的知覺情形良好；其次，高級中學教師知覺高中校長正向領導、教師職場希望感及學校效能會因不同背景變項而有所差異，主要表現在教師性別、年齡、擔任職務、服務年資與校長性別等背景變項，其中更以男性教師、年齡與服務年資介於中堅教師、兼主任行政職，以及女性校長等的知覺為高。

　　謝傳崇與許文薇（2014）採用問卷調查法，並編製「國民小學校長正向領導、肯定式探詢策略與教師希望感調查問卷」，以 568 位臺灣地區國民小學教育人員為研究對象，調查國民小學校長正向領導、肯定式探詢與教師希望感的關係。此研究以結構方程模式驗證校長正向領導、肯定式探詢與教師希望感的關係，結果獲得一個具良好適配度的影響關係模式。研究結果顯示校長正向領導、肯定式探詢與教師希 望感之現況良好，三者之間具相關性，且影響關係模式適配度良好。雖然校長正向 領導對於教師希望感有顯著之直接影響效果；但是當校長正向領導透過肯定式探詢 之中介作用能對教師希望感產生更大的影響，其影響效果也相對提高許多。此研究也建議學校校長宜實施正向領導並運用肯定式探詢，進而提升教師希望感。

　　蘇銘勳（2015）採問卷調查法，探討在以教師組織承諾與學校組織氣氛為中介變項的條件下，國民小學校長正向領導對學校效能之影響。以 SEM 方法，針對雲林縣、嘉義縣市與台南市 402 位教師為樣本進行分析，其研究發現：國小校長正向領導會直接影響國小學校效能；國小校長正向領導會透過國小學校組織氣氛與國小教師組織承諾去影響學校效能。

　　姚麗英（2018）以台灣新北市、桃園縣、新竹縣、新竹市、苗栗縣之 97 所高中教師為對象的實證研究，進行高中校長正向領導與教師創新

教學關係之研究。此研究發現，高中教師對校長正向領導知覺良好、對
教師創新教學知覺良好、高中校長正向領導與教師創新教學間具有顯著
正相關、且有正向預測力；不同背景變項（性別、年齡、服務年資、最
高學歷、現任職務、學校規模、學校性質、學校位置）之高中教師在知
覺校長正向領導各層面的表現上有顯著差異；不同背景變項（年齡、服
務年資、最高學歷、學校性質、學校位置）之高中教師知覺教師創新教
學各層面的表現上有顯著差異。

二、實徵研究綜合評析

　　從上述研究文獻雖以國民小學教師、國民小學校長及高級中學教師
知覺校長正向領導與教師希望感、教師學術樂觀、教師創新、學校效能
以及教師效能之相關研究為主要探究，都可以發現校長正向領導與教師
教學效能是具有相關性，但因工作環境不同，研究方向也有差異，若能
透過本研究了解國民中學校長正向領導與教師教學效能之相關預測，不
但可助於工作之順利，更藉由預測力以提教學效能。

　　綜觀上述七篇研究校長正向領導與教師教學效能相關之實徵研究結
果，可獲得以下結論與啟示，茲陳述如下：

（一）校長正向領導與教師教學效能具相關性

　　校長正向領導與跨教師教學效能是具有相關性，從文獻探討指出校
長正向領導與教師希望感、教師學術樂觀具有相關性；而教師情緒勞務表
現對教師教學效能具有顯著直接影響效果，再者，由文獻探討指出，校長正
向領導與教師創新、學校效能具相關性；教師創新、學校效能與教師教
學效能息息相關，據此推估校長正向領導與跨教師教學效能是具有相關
性。

（二）個人不同背景變項會影響跨校長正向領導

從文獻探討看來，不同背景變項（性別、年齡、服務年資、最高學歷、現任職務、學校規模、學校性質、學校位置）之教師在知覺校長正向領導之塑造正向氣氛、建立正向關係、進行正向溝通以及賦予正向意義等各構面的表現上有不同程度的差異。

（三）結論與啟示

綜合以上研究結果發現，雖然因不同的研究領域與研究對象，但校長正向領導與教師教學效能兩者之間具均有顯著的正相關，因此推估校長正向領導，會直接影響教師教學效能。

貳、教師教學效能與學生學習成效之相關研究

一、教師教學效能與學生學習成效之實徵研究

蔡金田（2014）以 100 學年度全國國民小學為母群體，採取隨機取樣選取 400 所公立國民小學教師為研究對象，並編製「校長效能、教師效能與學生學習成就」問卷進行調查，探究國民小學校長效能與教師效能對學生學習成就之影響，其研究結果發現如下：

（一）教師對於校長效能、教師效能與學生學習成 就等因素構面呈現高度認同。

（二）不同背景變項教師在校長效能、教師效能、學生學習成就等因素構面上有顯著差異存在。

（三）校長效能與教師效能對於學生學習成就具有顯著的正向直接影響效果。

（四）校長效能、教師效能、學生學習成就有顯著相關存在，相關係數介於.78 至.88。

（五）校長效能與教師效能對於學生學習成就具有 77%的預測力。

謝傳崇、蕭文智與王玉美（2015）為了解國民小學教師正向領導與
學生學習表現之現況與關係。採用問卷調查法並編製「國民小學教師正
向領導與學生學習表現調查問卷」，以臺灣地區國民小學教為師研究對象，
使用結構方程模式驗證教師正向領導與學生學習表現之關係。研究結果
顯示：教師正向領導與學生學習表現現況良好，兩者之間具相關性，且
獲得一個具良好適配度的影響關係模式，證明教師正向領導與學生學習
表現有顯著之直接影響效果。歸納研究結果，建議教師實施正向領導，
營造和諧班級氣氛，培養合作學習團隊，建立正向能量社群網絡，增強
學生學習動力，進而提升學習表現。

黃品柔、祁崇溥、趙宸紳與張志銘（2017）以 103 學年度彰化縣國
小校內有推展獨輪車運動之中高年級學生為研究對象，以「教師教學態
度對學生學習動機及學習成效之影響問卷」為研究工具進行施測，探討
從事獨輪車運動教學的教師教學態度與學生學習動機及學習成效之關係，
並進一步研究分析教師教學態度對於學生學習動機與學習成效是否有調
節效果，研究結果顯示：
（一）學生學習動機之引起動機、建立信心、切身滿足對整體學習成效
　　　及認知、情意技能構面僅具有部份達到顯著的正向調節。
（二）當學生學習動機越強時，且與教師教學態度的交互作用越高時，
　　　其整體學習成效及認知、情意技能就會有越好的表現。

胡央志（2014）以 210 位高職工業類科教師以及 543 位高職工業類
科學生為研究對象，採用調查研究法以二階驗證性因素分析，再以結構
方程模式分析之有效問卷進行資料分析與模式驗證，探討高職工業類科
教師集體效能對學習成效之影響及探討學生學習成效其中介效果，並驗
證高職工業類科教師集體教學效能與學生學習成效模式證，其研究結果

發現：為教師集體效能對學生學習自我效能、學生學習成效均具直接正向影響；學生學習自我效能對學習成效具正向影響；學生學習自我效能對學習成效具有中介效果。

二、實徵研究綜合評析

　　上述研究文獻中四位研究者其中三位以國民小學為研究場域；其中一位以技術型高中為研究場域，在研究對象方面，有兩位研究者以學校教師的觀點知覺學生學習成效；其中兩位分別以教師與學生為研究對象，進而分析與驗證教師教學效能影響學生學習成效之關係，綜合以上研究結果發現，雖然因不同的研究領域，但校長正向領導與學生學習成效兩者之間具均有顯著的正相關，故本研究推估國民中學校長正向領導對學生學習成效具有預測力。

參、校長正向領導與學生學習成效之相關研究

　　本研究旨在探討校長正向領導與學生學習成效之關係，內容共分兩部分，茲就校長正向領導與學生學習成效之實徵研究及實徵研究綜合評析等項目，分別敘述如下：

一、校長正向領導與學生學習成效之實徵研究

　　杜岐旺（2014）以 102 學年度校長已在該校任職滿 4 年以上之苗栗縣國民小學教師與六年級學生為研究對象，探討國民小學校長領導行為、學生學習成效及其中介歷程變項的關係，以建構與驗證國民小學校長領導行為影響學生學習成效模式，其研究發現如下：
（一）國民小學校長領導行為、學校組織管理、教師個人管理、教師班
　　　級經營之現況良好。

（二）不同學校規模、學校地區之國民小學教師對校長領導行為的知覺有顯著差異。

（三）不同性別、學校地區之國民小學教師對學校組織管理的知覺有顯著差異。

（四）不同性別、教學年資、職務、教育程度、學校規模與學校地區之國民小學教師對教師個人管理、教師班級經營的知覺無差異。

（五）不同性別、年齡、任職年數與教育程度之國民小學校長的校長領導行為無差異。

（六）國民小學校長領導行為影響學生學習成效模式各變項間具關聯性。

（七）國民小學校長領導行為影響學生學習成效模式各變項間具預測功能，其中以教師班級經營對學生學習成效最具預測力。

（八）研究建構之國民小學校長領導行為影響學生學習成效模式經修正後具良好適配度，且路徑分析結果顯示模式各變項之影響與解釋力良好。

蕭文智（2015）採用分層隨機抽樣之方式，以全國公立國民小學 150 所學校為研究對象並編制「校長正向領導調查問卷、教師組織公民行為問卷與學生創新表現調查問卷」進行調查，透過教師組織公民行為為中介變項，探討校長正向領導對學生創新表現之影響，其研究結果發現：

（一）教育人員對於校長正向領導、教師組織公民行為與學生創新表現現況知覺程度良好。

（二）校長正向領導、教師組織公民行為與學生創新表現之關係顯著。

（三）教師組織公民行為為影響校長正向領導與學生創新表現的中介變項。

二、實徵研究綜合評析

上述研究文獻大多以國民小學校長正向領導與學生學習成效之相關研究為主要探究，都可以發現校長正向領導與學生學習成效是具有相關性，校長正向領導透過教師組織公民行為會對學生各項學習成效有正面顯著的影響，同時均顯示兩者之間具有相當高的關聯性存在。

綜觀上述研究者的校長正向領導與學生學習成效關係之實徵研究結果，可獲得以下結論，茲陳述如下：

（一）校長正向領導與學生學習成效具相關性

校長正向領導與學生學習成效是具有相關性，從文獻探討指出國民小學校長領導行為影響學生學習成效模式各變項間具關聯性；校長正向領導直接影響教師教學效能，而教師教學效能影相學生學習成效。

（二）校長正向領導各構面會影響學生學習成效

校長正向領導的塑造正向氣氛、建立正向關係、進行正向溝通以及賦予正向意義等構面，均會對校園組織氣氛及教師教學校成產生影響，進一步對於學生各項學習成效易產生正面顯著的影響，校長正向領導表現越高的教師，其學生學習成效也越高。

（三）校長正向領導對學生學習成效具預測力

綜合以上研究結果發現，雖然因不同的研究領域，但校長正向領導與教師教學效能兩者、教師教學效能與學生學習成效兩兩之間具均有顯著的正相關，至於國民中學校長正向領導是否會對學生各項學習成效有影響？兩者相關性為何？則有待實證研究加以分析探討。

肆、校長正向領導、教師教學效能與學生學習成效相關研究

　　校長正向領導、教師教學效能與學生學習成效之相關研究在國內外文獻篇數不多，研究者經搜尋近十年內全國博碩士論文及國內外相關文獻，尚未發現有研究者或研究論文同時以國民中學校長正向領導、教師教學效能與學生學習成效為議題為研究的主題，並且探討三者間的關係之實證研究，本研究屬探索性研究。

　　從上述對國民中學校長正向領導、教師教學效能與學生學習成效，三者中兩兩變項相互的關係的研究探討，可以發現彼此之間的確有明顯的關係與相互的影響。至於，國民中學校長正向領導、教師教學效能與學生學習成效這三者間似乎存在著關聯性，以及相關性為何？則有待實證研究加以分析探討。

第二部分　實證分析

第三章　研究設計與實施

　　本研究旨在探討國民中學校長正向領導、教師教學效能與學生學習成效之間的關係，藉由國內外相關文獻整理分析歸納出國民中學校長正向領導、教師教學效能之內涵，並探究其與學生學習成效之關係。本章主要在說明本研究之設計與實施，分別就研究流程、研究架構、研究對象與抽樣、研究工具與資料處理等五節，茲分敘述如下：

第一節　研究步驟與流程

　　本研究的實施步驟如下：

一、確立研究主題及方向，並蒐集及閱讀與主題相關之文獻

二、從文獻探討中形成本研究之動機、目的、研究問題與範圍。

三、廣泛蒐集國內外有關校長正向領導、教師教學效能與學生學習成效相關文獻，閱讀整理後撰寫論文計畫書。

四、根據相關文獻探討，發展編製本研究所使用之研究調查問卷，並確立問卷調查對象。

五、依據母群體比例選定預試問卷對象，並進行問卷預試。

六、針對預試問卷回收整理，修訂正式問卷內容。

七、進行正式問卷抽樣與調查。

八、依據問卷調查結果進行歸納整理研究結果並與國內外文獻比較探討。

九、撰寫研究結論與建議。

上述之研究流程如圖 3-1 所示：

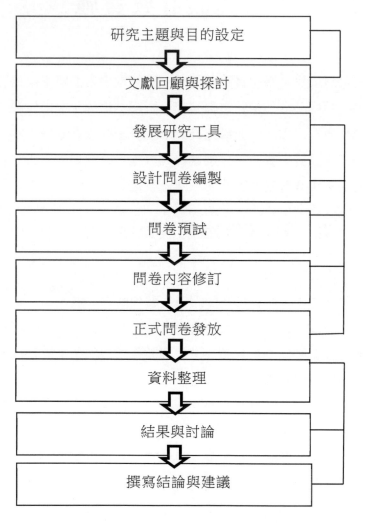

圖 3-1　研究流程

第二節　研究架構

　　本研究目的在了解國民中學校長正向領導、教師教學效能與學生學習成效之現況,以及探討國民中學教師的個人背景變項在校長正向領導、教師教學效能與學生學習成效的差異情形。故研究設計以國民中學教師的背景變項以及學校背景變項為自變項,以校長正向領導、教師教學效能與學生學習成效為依變項,探討自變項在依變項反應差異情形,並探究國民中學教師於校長正向領導、教師教學效能與學生學習成效之間的關係,以及校長正向領導對教師教學效能及學生學習成效影響的情形。綜合圖 2-1 校長正向領導架構圖、2-2 教師教學效能架構圖、2-3 學生學習成效架構圖及研究目的,本研究架構如圖 3-2 研究架構圖。

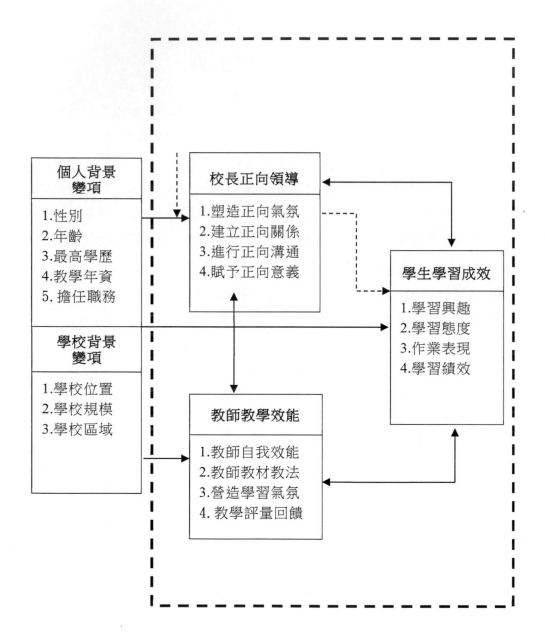

圖 3-2　研究架構

僅就上述研究架構圖示說明如下：

1. ⟶ 差異分析（t-test；ANOVA）：分析不同背景變項之校長正向領導、教師教學效能與學生學習成效之差異情形。

2. ⟷ 相關分析（Pearson）：分析校長正向領導、教師教學效能與學生學習成效三者間之相關程度。

3. ----▶ 路徑分析（path analysis with latent variables, PA-LV）：分析校長正向領導、教師教學效能對學生學習成效之影響路徑。

4. ---- 結構方程模式（Structural Equation Modeling）：驗證校長正向領導、教師教學效能與學生學習成效之關係模式。

第三節　研究假設

本研究依據研究目的與文獻探討的結果，提出下列研究假設：

假設一：不同背景變項之國民中學教師在知覺校長正向領導、教師教學效能與學生學習成效有顯著差異。

假設 1-1：不同性別之國民中學教師在知覺校長正向領導、教師教學效能與學生學習成效有顯著差異。

假設 1-2：不同年齡之國民中學教師在知覺校長正向領導、教師教學效能與學生學習成效有顯著差異。

假設 1-3：不同學歷之國民中學教師在知覺校長正向領導、教師教學效能與學生學習成效有顯著差異。

假設 1-4：不同教學年資之國民中學教師在知覺校長正向領導、教師教學效能與學生學習成效有顯著差異。

假設 1-5：不同擔任職務之國民中學教師在知覺校長正向領導、教師教學效能與學生學習成效有顯著差異。。

假設 1-6：不同學校位置之國民中學教師在知覺校長正向領導、教師教學
效能與學生學習成效有顯著差異。

假設 1-7：不同學校規模之國民中學教師在知覺校長正向領導、教師教學
效能與學生學習成效有顯著差異。

假設 1-8：不同學校區域之國民中學教師在知覺校長正向領導、教師教學
效能與學生學習成效有顯著差異。

假設二：國民中學校長正向領導、教師教學效能與學生學習成效之間有
顯著相關。

假設 2-1：國民中學校長正向領導與教師教學效能之間有顯著正相關。

假設 2-2：國民中學校長正向領導與學生學習成效之間有顯著正相關。

假設 2-3：國民中學教師教學效能與學生學習成效之間有顯著正相關。

假設三：校長正向領導、教師教學效能與學生學習成效建構的模型配適
度良好。

假設 3-1：校長正向領導、教師教學效能與學生學習成效建構之模型有良
好的配適度。

假設 3-2：校長正向領導對教師教學效能具有顯著直接效果。

假設 3-3：教師教學效能對學生學習成效具有顯著直接效果。

假設 3-4：校長正向領導對學生學習成效具有顯著間接效果。

假設 3-5：校長正向領導、教師教學效能之間的交互作用對學生學習成效
具有顯著直接 效果與間接效果。

第四節　研究對象與抽樣

本研究係以臺灣地區公立國民中學為範圍，問卷調查對象是 107 學
年度公立國民中學編制內合格教師，茲就調查對象與研究樣本抽樣說明
如下：

壹、研究對象

　　本研究以 107 學年度，台灣地區公立國民中學之現任正式教師兼主任、教師兼組長、專任教師、導師為研究對象。依據教育部統計處（教育部，2018）所彙編 106 學年度國民中小學校概況統計，各縣市轄內之公立國民中學計有 732 所，扣除金馬地區（福建省之金門縣及連江縣）學校 10 所以及澎湖縣學校 14 所，臺灣地區共計 708 所。據此，本研究之母群體係指臺灣地區之北、中、南、東四大區域，共 708 所公立國民中學編制內合格教師人數總計 46,230 人。

貳、研究樣本與抽樣

一、預試樣本

　　本研究預試問卷抽取樣本包含臺灣地區國民中學的校數資料為母群體共 708 所（教育部統計處，2018）為預試問卷之抽樣對象，依學校所數佔總計校數的比率，採分層隨機抽樣方式進行調查。根據吳明隆與涂金堂（2016）研究認為，預試對象人數應以問卷中包括最多題項「分量表」之 3-5 倍為原則，故先依臺灣地區小型、中型、大型學校比率，抽取 15 所學校為本研究預試學校。依本研究分量表最多之題數（28 題）之約 5 倍數量預試對象人數，依據樣本的學校類型分為小型學校（12 班以下）、中型學校（13-48 班）、大型學校（49 班以上）。不同規模學校取樣原則為 12 班以下每校抽取 8 人，13 至 48 班每校抽取 12 人，49 班以上每校則抽取 20 人，作為本研究預試問卷對象，預計抽取教師共 176 人，其分配如表 3-1。

表 3-1　預試樣本抽樣分配表

學校類別	學校總數	學校比率	抽取校數	每校人數	問卷總數
小型學校 （12 班以下）	213 校	30%	5	8	40
中型學校 （12 班~48 班）	375 校	53%	8	12	96
大型學校 （49 班以上）	120 校	17%	2	20	40
總計	708 校	100%	15	40	176

二、正式調查樣本

　　為使本研究樣本具代表性，在實施正式問卷調查時，採「多階段抽樣」（multi-leve sampling）方式進行抽樣。先將臺灣地區（福建省之金門縣、連江縣及臺灣澎湖縣除外）所有縣市分為北、中、南、東四區，依縣市地區分層，選取學校樣本，再依學校規模之不同，分配不同之取樣人數。

　　本研究的研究對象為公立國民中學正式教師，依據教育部 107 學年度統計全臺灣共計 708 所公立國民中學，教師人數總計 46,230 人，本研究依 2018 年 Sample Size Calculator—Determine Sample Size（http://www.surveysystem.com/sscalc.htm）之計算程式，在 95%信心水準下，抽樣誤差為 3%，母群體為 46,230 人，合理的抽樣人數需要 1,043 人。其次，再以縣市地區作為分層的依據，分別依北、中、南、東四個地區占臺灣地區學校總數的比例，以及學校規模之小型學校、中型學校、大型學校之比例約為 2：5：3，而決定每個地區要取樣的學校數。

　　吳明隆與涂金堂（2016）建議一般以人為對象的調查研究，平均樣本人數約在 500 人至 1,000 人之間較為適合。因而再就所抽樣之學校，函請學校校長或主任抽取校內 8 至 20 人作為樣本。取樣人數依各校班級數而有所不同，各規模學校取樣原則為：12 班以下每校抽取 8 人，13 至 48 班每校抽取 12 人，49 班以上每校則抽取 20 人，預計發出 1,052 份問卷，其分配如表 3-2。

表 3-2　研究樣本抽取人數分配表

區域	包含縣市	學校總數	校數所占比例	樣本學校數	總樣本數
北區	臺北市、新北市、基隆市、桃園縣、新竹縣、新竹市	233	33%	小型：9 中型：14 大型：5	小型：72 中型：168 大型：100
中區	苗栗縣、臺中市、南投縣、彰化縣、雲林縣	202	28.5%	小型：7 中型：12 大型：4	小型：56 中型：144 大型：80
南區	嘉義縣、嘉義市、臺南市、高雄市、屏東縣	205	29%	小型：8 中型：13 大型：5	小型：64 中型：156 大型：100
東區	宜蘭縣、花蓮縣、臺東縣	68	10%	小型：3 中型：4 大型：2	小型：24 中型：48 大型：40
總計		708	9.5%	小型：27 中型：43 大型：16 合計：86	小型：216 中型：516 大型：320 合計：1,052

　　資料蒐集期間介於 108 年 2 月 21 日至 3 月 22 日之間，共計回收教師問卷 685 份，問卷回收率為 65.11%。問卷回收後，均先檢視每份問卷填答情形，凡問卷填答不全及固定式反應，均視為無效問卷。檢視結果無效問卷計 17 份，共得有效教師問卷 668 份，問卷可用率 97.51%。依此有效問卷進行統計分析工作。有關問卷教師研究樣本分配與回收情形如下表 3-3 所示。

表 3-3　教師研究樣本分配與回收情形

校別	取樣校數	取樣人數	回收情形		無效問卷	有效問卷	可用比率
			人數	比率			
小型學校	27	216	96	44.44%	4	92	95.83%
中型學校	43	516	361	69.96%	7	354	98.06%
大型學校	16	320	228	71.25%	6	222	97.36%
總計	86	1,052	685	65.11%	17	668	97.51%

三、教師樣本基本資料分析

　　正式問卷回收後經剔除無效問卷後共得教師有效問卷 668 份，利用統計軟體 SPSS 敘述性統計分析，國民中學教師樣本基本資料分析如表 3-4。

表 3-4 研究樣本背景資料分析表

背景變項	分項	次數（人）	百分比（%）
性別	男	236	35.3
	女	432	64.7
教師年齡	21-30 歲	25	3.7
	31-40 歲	178	26.6
	41-50 歲	375	56.1
	51 歲以上	90	13.5
最高學歷	師範或教育大學	109	16.3
	一般大學	99	14.8
	碩士以上	460	68.9
服務年資	10 年以下	99	14.8
	10-15 年	182	27.2
	16-20 年	192	28.7
	21 年以上	195	29.2
擔任職務	科任教師	171	25.6
	級任導師	291	43.6
	教師兼行政	206	30.8
學校位置	都市區	236	35.3
	一般鄉鎮	361	54.0
	偏遠	71	10.6
學校規模	12 班以下	92	13.8
	13-48 班	354	53.0
	49 班以上	222	33.2

（續下頁）

背景變項	分項	次數（人）	百分比（%）
學校區域	北部	179	26.8
	中部	214	32.0
	南部	167	25.0
	東部	108	16.2

n = 668

第五節　研究工具

　　本研究採用問卷調查為主要研究工具，針對國民中學教師知覺校長正向領導、教師教學效能及學生學習成效調查，以自編之問卷收集相關資料，作為本研究蒐集資料的方法。本節就預試問卷編製、預試問卷考驗結果分析與正式問卷編製等三部份，分別說明如下：

壹、預試問卷編製

　　依據研究目的及相關文獻，研究者自行編製「國民中學校長正向領導、教師教學效能與學生學習成效調查問卷」作為本研究之調查工具。目的在了解國民中學教師知覺校長正向領導、教師教學效能與學生學習成效之關係。問卷共分為「教師個人背景變項」、「學校環境變項」、「校長正向領導量表」、「教師教學效能量表」及「學生學習成效量表」，其內容說明如下：

一、教師背景變項

（一）教師性別：分為「男」、「女」兩組。

（二）教師年齡：分為「20 以上未滿 30 歲」、「30 以上未滿 40 歲」、「40 以上未滿 50 歲」及「50 歲以上」等四組。

（三）最高學歷：分為「師範或教育大學」、「一般大學」、「碩士以上（含40 學分班）」等三組。

（四）教學年資：分為「10 年以下」、「10 年以上未滿 15 年」、「15 年以上未滿 20 年」及「20 年以上」等四組。

（五）在校擔任職務：分為「專任教師」、「班級導師」及「教師兼任行政工作」等三組。

二、學校環境變項

（一）學校規模：分「12 班以下」、「13-48 班」及「49 班以上」等三組。

（二）學校位置：分為「都會區（含院、省、縣轄市）」、「一般鄉鎮」、「偏遠（含山區）」。

（三）學校區域：分「北部（臺北市、新北市、基隆市、桃園市、新竹縣、新竹市）」、「中部（苗栗縣、台中市、南投縣、彰化縣、雲林縣）」、「南部（嘉義縣、嘉義市、台南市、高雄市、屏東縣）」及「東部（宜蘭縣、花蓮縣、台東縣）」等四組。

三、校長正向領導量表

　　根據本研究文獻探討，國民中學校長正向領導意指教師處在校園教學環境當中，知覺校長正向領導對於教師教學及學生學習所帶來的影響與轉變，在研究量表內容架構與題目方面參考仲秀連（2012）、李菁菁（2014）、杜歧旺（2015）、蘇銘勳（2015）、黎素君（2017）與姚麗英（2018）

等研究者所編製的問卷，編輯成本研究所需之量表。主要包含以下幾個方面：校長塑造正向的工作氣氛，能有效促進員工間互相支持及尊重；與學校同仁建立正向的工作關係，發揮教師的強項優勢，則能激發潛能；與教師及學生進行正向的溝通；以及展現正向的工作意義。校長正向領導的內涵包括「塑造正向氣氛」、「建立正向關係」、「進行正向溝通」及「賦予正向意義」等四個子構面，共計 28 題。

四、教師教學效能量表

　　教師教學效能係指教師對自己本身知覺校長正向領導並受到校長正向領導影響進而預期自身能影響學生學習信念的程度，並能於實際進行有效的教學活動中，擬定適當教學計畫、建立師生良好的互動、運用正向的教學策略、營造溫馨的學習氣氛，促使學生達成正向文化學習的目標，增進學生學習的成效。本研究量表內容架構與題目參考張素花（2012）、蔡金田（2014）、許瑞芳（2018）與姚麗英（2018）等研究者所編製的問卷，編輯成本研究所需之量表，包括「教師自我效能」、「教師教材教法」、「營造學習氣氛」與「教學評量回饋」等四個子構面，共計 37 題。

五、學生學習成效量表

　　學習是個體經由練習或經驗使其行為產生較持久改變的歷程，而學習成效是衡量學習者學習成果的指標，學生學習成效可區分為廣義學習成效以及狹義學習成效；狹義學習成效僅侷限於學生學習認知、技能績效的表現，如校內學業成績、校外競賽；廣義學習成效包含了學生學習情意的展現，如學習興趣、態度、生活適應等。本研究量表內容架構與題目參考蔡金田（2014）、杜歧旺（2015）、劉美玲（2017）與何淑禎（2018）等研究者所編製的問卷，編輯成本研究所需之量表，包括「學習興趣」、

「學習態度」、「作業表現」及「學習績效」等四個子構面，並由這四個子構面及實際內容設計本研究之學生學習成效量表，共計 26 題。

六、問卷計分填答方式

本研究之「國民中學校長正向領導、教師教學效能與學生學習成效調查問卷」都是採 Likert 五點量表，計分方式是根據受試者對每一題的同意程度，由「非常同意」、「同意」、「普通」、「不同意」、「非常不同意」，五個等級填答反應，分別給予 5 分、4 分、3 分、2 分、1 分，得分越高代表受試者在該題的認同度越高；本量表得分情形以 3 分為平均值，分數在 2 分以下為低程度；分數在 2~3 分之間為中下程度；分數在 3~4 分之間為中上程度；分數超過 4 分以上為高程度。

貳、預試問卷考驗與結果分析

本研究之預試問卷採用 Google 網路問卷方式發送，總共寄出 172 份問卷，回收 159 份問卷，回收率為 92.44％，經詳細檢查皆為有效問卷。為使研究工具具備更嚴謹之建構效度及信度，本研究依據預試所得資料，逐步進行項目分析、因素分析與信度分析，藉以刪除不合適之題項，以建立正式問卷之效度與信度。

本研究之預試問卷共分為「校長正向領導量表」、「教師教學效能量表」與「學生學習成效量表」等三部分，茲將各量表考驗結果分析如下：

一、校長正向領導量表

（一）項目分析

1. 極端組檢驗法-臨界比（critical ration）

　　吳明隆與涂金堂（2016）認為極端組檢驗法-臨界比主要利用 t 檢定來找出題目之間的鑑別度，以前 27%和後 27%的樣本來做比對差異，在每一題中找出極端的兩組看他們回答的平均數高低差異，來找出此題是否具有鑑別度，如果 CR 絕對值小於 3 即表示未具有顯著差異，則該題目與予刪除。由表 3-6 得知，本量表差異性檢定的結果所有題目均達顯著水準，表示題目之鑑別力很好，所有預試題目（28 題）全數保留，如表 3-5 所示。

表 3-5　校長正向領導量表獨立樣本檢定

	變異數相等的 Levene 檢定		平均數相等的 t 檢定		
	F 檢定	顯著性	t	自由度	顯著性（雙尾）
A1	37.97	0.00	7.71	54.90	0.00
A2	2.13	0.15	10.96	74.74	0.00
A3	7.70	0.01	9.47	71.28	0.00
A4	1.46	0.23	11.65	77.59	0.00
A5	0.13	0.72	10.73	81.00	0.00
A6	10.22	0.00	9.64	65.62	0.00
A7	11.82	0.00	12.37	66.53	0.00
A8	0.83	0.37	15.80	74.67	0.00
A9	4.29	0.04	14.54	77.47	0.00
A10	2.82	0.10	13.66	70.59	0.00

（續下頁）

	變異數相等的 Levene 檢定		平均數相等的 t 檢定		
	F 檢定	顯著性	t	自由度	顯著性（雙尾）
A11	3.70	0.06	12.18	70.84	0.00
A12	0.04	0.84	12.93	81.00	0.00
A13	9.90	0.00	11.17	69.39	0.00
A14	5.41	0.02	16.47	76.59	0.00
A15	3.53	0.06	11.63	77.58	0.00
A16	13.18	0.00	13.38	67.84	0.00
A17	0.11	0.74	10.93	81.00	0.00
A18	0.00	0.99	8.93	81.00	0.00
A19	1.36	0.25	10.98	76.23	0.00
A20	6.59	0.01	13.70	70.06	0.00
A21	49.39	0.00	12.23	58.08	0.00
A22	2.02	0.16	10.71	73.06	0.00
A23	13.79	0.00	11.67	72.39	0.00
A24	9.11	0.00	14.77	71.51	0.00
A25	9.73	0.00	8.71	69.04	0.00
A26	10.56	0.00	16.63	68.50	0.00
A27	10.72	0.00	13.54	61.34	0.00
A28	15.02	0.00	11.48	61.95	0.00

2. 同質性考驗法

同一題本的試題都是在測同一種屬性，因此試題彼此間應該要有高相關，每個題目與量表總分也應該要有高相關，題目與總量表相關須達

149

到.30 以上，且要達到統計的顯著水準（吳明隆與涂金堂，2016）。本量
表題目與總量表相關均達到.30 以上，顯著水準達.01 以上，總體而言個
題項與總分的相關達中、高度的相關，題項間所要測量態度行為特質同
質性高，故所有預試題目（21 題）全數保留，如下表 3-6 所示。

表 3-6　校長正向領導量表題項與總分的積差相關矩陣

		校長正向領導量總分			校長正向領導量總分
A1	Pearson 相關	.567**	A15	Pearson 相關	.809**
A2	Pearson 相關	.821**	A16	Pearson 相關	.801**
A3	Pearson 相關	.695**	A17	Pearson 相關	.778**
A4	Pearson 相關	.805**	A18	Pearson 相關	.643**
A5	Pearson 相關	.790**	A19	Pearson 相關	.702**
A6	Pearson 相關	.759**	A20	Pearson 相關	.861**
A7	Pearson 相關	.819**	A21	Pearson 相關	.736**
A8	Pearson 相關	.881**	A22	Pearson 相關	.770**
A9	Pearson 相關	.873**	A23	Pearson 相關	.795**
A10	Pearson 相關	.846**	A24	Pearson 相關	.880**
A11	Pearson 相關	.838**	A25	Pearson 相關	.698**
A12	Pearson 相關	.872**	A26	Pearson 相關	.850**
A13	Pearson 相關	.782**	A27	Pearson 相關	.805**
A14	Pearson 相關	.892**	A28	Pearson 相關	.737**

$** \ p < .01$

3. 一致性考驗法

運用一致性考驗方法，求出校正項目總分的相關係數（corrected item-total correlation），校正項目總分的相關係數，表示一個題項與其他題項總分的相關係數，可以得知此題項與其他題項的一致性如何（吳明隆與涂金堂，2016）。

表 3-7　校長正向領導量表項目整體統計量

	項目刪除時的尺度平均數	項目刪除時的尺度變異數	修正的項目總相關	項目刪除時的 Cronbach's Alpha 值
A1	103.53	356.35	.533	.977
A2	103.91	347.60	.805	.976
A3	103.54	355.87	.674	.977
A4	104.05	347.95	.788	.976
A5	103.77	350.67	.773	.976
A6	103.79	348.73	.737	.977
A7	103.66	351.17	.805	.976
A8	103.74	347.62	.871	.976
A9	103.98	344.17	.860	.976
A10	103.84	347.70	.832	.976
A11	103.85	347.63	.823	.976
A12	104.01	347.13	.861	.976
A13	103.62	353.89	.767	.976
A14	104.01	344.34	.882	.976
A15	103.69	352.47	.794	.976

（續下頁）

	項目刪除時的尺度平均數	項目刪除時的尺度變異數	修正的項目總相關	項目刪除時的 Cronbach's Alpha 值
A16	103.98	346.07	.782	.976
A17	103.93	351.73	.760	.976
A18	103.91	355.58	.616	.977
A19	103.94	351.94	.677	.977
A20	103.88	347.63	.848	.976
A21	103.52	355.79	.719	.977
A22	103.79	349.46	.750	.976
A23	103.64	354.66	.781	.976
A24	103.91	344.90	.869	.976
A25	103.94	349.45	.669	.977
A26	103.95	344.22	.835	.976
A27	103.72	347.86	.787	.976
A28	103.91	349.89	.714	.977

總量表 Cronbach α 係數＝.977

　　如表 3-7 所示，校長正向領導量表 28 題總量的 Cronbach α 值等於.977，如果刪除某一題後，α 係數值改變大都變小，表示各題與總量表的一致性頗高。但第 1、3、6、18、19、21、25、28 題的題項刪除後，α 係數值並沒有改變，這個題項是否刪除，將依因素分析後而定。

4. 校長正向領導量表項目分析結果

茲將以上校長正向領導量表項目分析結果整理如表 3-8。

表 3-8 校長正向領導量表項目分析結果

題項	極端組比較 決斷值 （CR 值）	題目與總 分相關	同質性檢驗 校正題項題 目與總分 相關	刪除後的 α 係數	備註
A1	7.71	.567**	.533	.977	保留
A2	10.96	.821**	.805	.976	保留
A3	9.47	.695**	.674	.977	保留
A4	11.65	.805**	.788	.976	保留
A5	10.73	.790**	.773	.976	保留
A6	9.64	.759**	.737	.977	保留
A7	12.37	.819**	.805	.976	保留
A8	15.80	.881**	.871	.976	保留
A9	14.54	.873**	.860	.976	保留
A10	13.66	.846**	.832	.976	保留
A11	12.18	.838**	.823	.976	保留
A12	12.93	.872**	.861	.976	保留
A13	11.17	.782**	.767	.976	保留
A14	16.47	.892**	.882	.976	保留
A15	11.63	.809**	.794	.976	保留
A16	13.38	.801**	.782	.976	保留
A17	10.93	.778**	.760	.976	保留
A18	8.93	.643**	.616	.977	保留
A19	10.98	.702**	.677	.977	保留
A20	13.70	.861**	.848	.976	保留

（續下頁）

題項	極端組比較 決斷值 （CR 值）	題目與總 分相關	同質性檢驗 校正題項題 目與總分 相關	刪除後的 α 係數	備註
A21	12.23	.736**	.719	.977	保留
A22	10.71	.770**	.750	.976	保留
A23	11.67	.795**	.781	.976	保留
A24	14.77	.880**	.869	.976	保留
A25	8.71	.698**	.669	.977	保留
A26	16.63	.850**	.835	.976	保留
A27	13.54	.805**	.787	.976	保留
A28	11.48	.737**	.714	.977	保留

總量表的 α 係數＝.977

** $p < .01$

　　校長正向領導量表項目分析結果如表 3-8 所列，極端組比較結果，28 題的 CR 值在 7.71 至 16.67 間，28 個題項均達統計上的顯著水準（$p=.000 < .001$）。同質性檢驗中 28 個題項與總量表的相關在.567 至.892 間，呈現中、高度相關（p=.000 < .001），28 個題項刪除後的量表 α 係數與總量表的 α 係數相差不大，沒有突增的題項，因而 28 個題項均可保留採用。

（二）因素分析

　　首先進行 KMO 取樣適當性檢定及 Bartlett 球面性檢定，判斷變項是否適合進行因素分析，依 1974 年 Kaiser 的觀點，可從 KMO 值來判別個

題項間是否適合進行因素分析，當 KMO 值小於.500 時「非常不適合」，KMO 值大於.700 時「尚可」，KMO 值大於.900 時「極適合」（吳明隆與塗金堂，2016）。檢定結果 KMO 值為.978 是屬於良好的，表示變項間有共同因素存在，且 Bartlett 球形考驗達顯著水準.000，代表母群體的相關矩陣間有共同因素存在，適合進行因素分析。

　　考驗「校長正向領導預試問卷」的因素分析是為了探討本問卷的各因素的因素解釋量及各題之因素負荷量大小，以作為選題之參考及了解其建構效度是否良好。

　　本研究採用直交轉軸法和主成份分析（Principal Component Analysis）因素，採 eigenvalue 值大於 1 者為入選因素參考標準，共抽取三個因素，與文獻分析與結果相符，總共解釋變異量為 74.757%，各因素解釋量如表 3-9 校長正向領導解說總變異量、表 3-10 校長正向領導轉軸後的成份矩陣表所述：

表 3-9　校長正向領導解說總變異量

元件	初始特徵值			平方和負荷量萃取			轉軸平方和負荷量		
	總數	變異數的%	累積%	總數	變異數的%	累積%	總數	變異數的%	累積%
1	13.492	61.328	61.328	13.492	61.328	61.328	5.588	25.402	25.402
2	1.165	5.294	66.622	1.165	5.294	66.622	5.494	24.973	50.375
3	.964	4.383	71.005	.964	4.383	71.005	4.008	18.219	68.594
4	.826	3.753	74.757	.826	3.753	74.757	1.356	6.163	74.757
5	.690	3.138	77.896						
6	.627	2.849	80.745						
7	.503	2.288	83.032						

（續下頁）

元件	初始特徵值			平方和負荷量萃取			轉軸平方和負荷量		
	總數	變異數的%	累積%	總數	變異數的%	累積%	總數	變異數的%	累積%
8	.463	2.105	85.137						
9	.404	1.835	86.972						
10	.335	1.522	88.494						
11	.316	1.436	89.930						
12	.295	1.343	91.273						
13	.288	1.311	92.583						
14	.280	1.273	93.856						
15	.251	1.141	94.997						
16	.213	.969	95.966						
17	.189	.860	96.826						
18	.179	.811	97.637						
19	.161	.732	98.370						
20	.133	.605	98.975						
21	.119	.543	99.518						
22	.106	.482	100.000						

萃取法：主成份分析。

表 3-10　校長正向領導轉軸後的成份矩陣

	元件			
	1	2	3	4
A4	.849			
A1	.805			

（續下頁）

	元件			
	1	2	3	4
A5	.781			
A3	.743			
A2	.735			
A6	.530			
A9		.693		
A13		.661		
A10		.642		
A12		.633		
A8		.555		
A23			.763	
A22			.749	
A21			.744	
A25			.637	
A27			.543	
A19				.782
A18				.773
A16				.604
A15				.594
A17				.589
A20				.580

萃取方法：主成分分析。

　　根據表 3-10 校長正向領導轉軸後的成份矩陣表分析結果如下：

1. 因素一包括第 1、2、3、4、5、6、題共計 6 題，因素負荷量從.530～.849，分析題目內容命名為「塑造正向氣氛」，其 eigenvalue 值為 5.588，可解釋國民中學教師知覺校長正向領導之「塑造正向氣氛」達 25.402%。

2. 因素二包括第 8、9、10、12、13 題，共計 5 題，因素負荷量從.555～.693，分析題目內容命名為「建立正向關係」，其 eigenvalue 值為 5.494，可解釋國民中學教師知覺校長正向領導之「建立正向關係」達 24.973%。

3. 因素三包括第 21、22、23、25、27 題，共計 5 題，因素負荷量從.543～.763，分析題目內容命名為「賦予正向意義」，其 eigenvalue 值為 4.008，可解釋國民中學教師知覺校長正向領導之「賦予正向意義」達 18.219%。

4. 因素四包括第 15、16、17、18、19、20 題，共計 6 題，因素負荷量從.580～.782，分析題目內容命名為「進行正向溝通」，其 eigenvalue 值為 1.356，可解釋國民中學教師知覺校長正向領導之「進行正向溝通」達 6.163%。

　　本校長正向領導預試量表經過項目描述統計分析、因素分析，總計刪除 6 題，剩餘題目共 22 題，刪題後題目內容如表 3-11。

表 3-11　校長正向領導量表正式問卷題目內容

構面	題目內容
塑造正向氣氛	1. 校長能呈現正向能量，成為教師的典範。
	2. 校長會體恤教師在教育職場的辛勞。
	3. 校長會公開的讚美教師的優異表現。

（續下頁）

構面	題目內容
	4. 校長要求學校同仁工作績效時，會兼顧同仁個體特殊性及心理感受。
	5. 校長能充分授權學校行政人員及教師推動校務發展及教學活動。
	6. 校長不會將個人壓力及情緒遷怒學校同仁。
建立正向關係	7. 校長能尊重教師，建立正向的夥伴關係。
	8. 校長能以同理心去體會教師的需求與感受。
	9. 校長能鼓勵教師公開向同仁表達情感上的支持。
	10. 校長能提供教師教學工作與情緒上的支持。
	11. 校長會尊重教師的教育專業自主權。
進行正向溝通	12. 校長能以正向的肯定語詞取代負向批評的言語。
	13. 校長推動重大校務決策前，會諮詢學校同仁意見及看法。
	14. 當學校同仁犯錯時，校長會以正向勸導代替責備。
	15. 學校同仁不會畏懼或排斥跟校長當面溝通。
	16. 我能輕鬆自在地與校長溝通對談。
	17. 學校同仁提出的建議或想法，校長多能正向回覆。
賦予正向意義	18. 校長能積極主動的將個人正向教育理念與同仁分享。
	19. 校長能把學校核心願景與教師自我需求目標相互結合。
	20. 校長能使教師明瞭學校的目標及應負的責任。
	21. 校長承接上級業務是為了替學校爭取更多的資源。
	22. 校長會以學生學習為優先考量。

（三）信度分析

以最後定稿之 22 題正式問卷，依各分量表及總量表進行 Cronbach's α 信度考驗，吳明隆與涂金堂（2016）認為一份信度係數較佳的問卷，其總量表的信度係數最好在.800 以上;如果是分量表，其信度係數最好在.700 以上，量表的信度越高，代表量表的穩定性越高。如表 3-12 顯示，本量表的信度採內部一致性來加以考驗，各分量之 Cronbach's α 係數介於.879--.927 間，總量表之 Cronbach's α 值為 .968，顯示校長正向領導量表信度良好。

表 3-12　校長正向領導量表信度分析摘要表

分量表	題目個數	Cronbach's α 值
塑造正向氣氛	6	.902
建立正向關係	5	.927
進行正向溝通	6	.905
賦於正向意義	5	.879
正向領導總量表	22	.968

二、教師教學效能量表

（一）項目分析

1. 極端組檢驗法-臨界比（critical ration）

吳明隆與涂金堂（2016）認為極端組檢驗法-臨界比主要利用 t 檢定來找出題目之間的鑑別度，以前 27%和後 27%的樣本來做比對差異，在每一題中找出極端的兩組看他們回答的平均數高低差異，來找出此題是否具有鑑別度，如果 CR 絕對值小於 3 即表示未具有顯著差異，則該題目與予刪除。由表 3-13 得知，本量表差異性檢定的結果所有題目均達顯

著水準，表示題目之鑑別力很好，原有預試題目（37 題）經檢定之後全
數保留，如表 3-13 教師教學效能度量表獨立樣本檢定表所示。

表 3-13　教師教學效能度量表獨立樣本檢定表

	變異數相等的 Levene 檢定		平均數相等的 t 檢定		
	F 檢定	顯著性	t	自由度	顯著性（雙尾）
B1	.66	.42	7.60	84.00	.00
B2	51.34	.00	5.58	64.05	.00
B3	2.64	.11	10.88	84.00	.00
B4	4.32	.04	10.87	79.88	.00
B5	9.29	.00	11.41	65.83	.00
B6	2.86	.09	12.13	84.00	.00
B7	.03	.85	8.81	84.00	.00
B8	2.10	.15	8.74	84.00	.00
B9	5.61	.02	8.63	82.82	.00
B10	4.31	.04	7.46	83.83	.00
B11	3.84	.05	9.47	84.00	.00
B12	1.83	.18	8.35	84.00	.00
B13	1.88	.17	7.39	84.00	.00
B14	14.89	.00	10.14	61.98	.00
B15	.07	.79	8.40	84.00	.00
B16	1.84	.18	8.67	84.00	.00
B17	23.35	.00	10.87	71.55	.00
B18	.48	.49	12.12	84.00	.00
B19	51.47	.00	10.13	55.33	.00
B20	12.64	.00	9.20	76.71	.00
B21	1.70	.20	8.66	84.00	.00
B22	9.21	.00	10.31	78.40	.00
B23	2.28	.13	6.13	84.00	.00
B24	12.64	.00	9.20	76.71	.00
B25	1.39	.24	8.03	84.00	.00
B26	13.38	.00	9.81	74.42	.00
B27	4.06	.05	10.10	84.00	.00
B28	13.46	.00	11.99	69.76	.00
B29	1.88	.17	12.49	84.00	.00

（續下頁）

	變異數相等的 Levene 檢定		平均數相等的 t 檢定		
	F 檢定	顯著性	t	自由度	顯著性（雙尾）
B30	13.46	.00	11.36	69.76	.00
B31	22.61	.00	12.15	71.20	.00
B32	.39	.53	9.32	84.00	.00
B33	.17	.68	8.61	84.00	.00
B34	.01	.92	9.83	84.00	.00
B35	.43	.51	8.46	84.00	.00
B36	3.01	.09	8.65	84.00	.00
B37	26.34	.00	10.60	62.92	.00

2. 同質性考驗法

　　同一題本的試題都是在測同一種屬性，因此試題彼此間應該要有高相關，每個題目與量表總分也應該要有高相關，題目與總量表相關須達到 .30 以上，且要達到統計的顯著水準（吳明隆與涂金堂，2016）。本量表題目與總量表相關均達到 .30 以上，顯著水準達.01 以上，總體而言個題項與總分的相關達中、高度的相關，題項間所要測量態度行為特質同質性高，故所有預試題目（37 題）全數保留，如下表 3-14 教師教學效能量表題項與總分的積差相關矩陣表所示。

表 3-14　教師教學效能量表題項與總分的積差相關矩陣表

	教師教學效能量總分			教師教學效能量總分	
B1	Pearson 相關	.514**	B20	Pearson 相關	.607**
B2	Pearson 相關	.453**	B21	Pearson 相關	.600**
B3	Pearson 相關	.610**	B22	Pearson 相關	.635**
B4	Pearson 相關	.600**	B23	Pearson 相關	.455**
B5	Pearson 相關	.538**	B24	Pearson 相關	.635**
B6	Pearson 相關	.694**	B25	Pearson 相關	.633**
B7	Pearson 相關	.532**	B26	Pearson 相關	.721**

（續下頁）

	教師教學效能量總分				教師教學效能量總分		
B8	Pearson 相關		.565**	B27	Pearson 相關		.714**
B9	Pearson 相關		.616**	B28	Pearson 相關		.703**
B10	Pearson 相關		.585**	B29	Pearson 相關		.698**
B11	Pearson 相關		.701**	B30	Pearson 相關		.722**
B12	Pearson 相關		.616**	B31	Pearson 相關		.697**
B13	Pearson 相關		.628**	B32	Pearson 相關		.688**
B14	Pearson 相關		.672**	B33	Pearson 相關		.681**
B15	Pearson 相關		.650**	B34	Pearson 相關		.664**
B16	Pearson 相關		.662**	B35	Pearson 相關		.655**
B17	Pearson 相關		.662**	B36	Pearson 相關		.690**
B18	Pearson 相關		.749**	B37	Pearson 相關		.701**
B19	Pearson 相關		.714**				

** $p < .01$

3. 一致性考驗法

運用一致性考驗方法，求出校正項目總分的相關係數（corrected item-total correlation），校正項目總分的相關係數，表示一個題項與其他題項總分的相關係數，可以得知此題項與其他題項的一致性如何（吳明隆與涂金堂，2016）。

表 3-15 教師教學效能量表項目整體統計量表

	項目刪除時的 尺度平均數	項目刪除時的 尺度變異數	修正的項目 總相關	項目刪除時的 Cronbach's Alpha 值
B1	151.9497	185.846	.480	.958
B2	152.0000	188.456	.425	.958

（續下頁）

	項目刪除時的 尺度平均數	項目刪除時的 尺度變異數	修正的項目 總相關	項目刪除時的 Cronbach's Alpha 值
B3	151.9748	183.328	.578	.957
B4	151.9371	183.654	.568	.957
B5	151.6289	185.817	.507	.958
B6	151.9119	183.144	.670	.957
B7	151.8365	185.024	.497	.958
B8	151.6918	186.253	.538	.958
B9	151.9057	184.921	.589	.957
B10	151.9308	185.609	.558	.957
B11	151.9686	183.790	.680	.957
B12	152.1635	182.809	.584	.957
B13	152.0000	184.354	.601	.957
B14	151.7799	184.768	.651	.957
B15	152.1195	182.992	.622	.957
B16	152.0126	183.557	.637	.957
B17	152.1195	180.524	.629	.957
B18	151.9182	182.708	.730	.956
B19	151.8868	184.987	.696	.957
B20	151.7547	186.009	.583	.957
B21	152.0566	183.522	.568	.957
B22	151.7925	185.583	.612	.957
B23	151.6918	186.987	.420	.958
B24	151.8239	185.779	.612	.957

（續下頁）

	項目刪除時的 尺度平均數	項目刪除時的 尺度變異數	修正的項目 總相關	項目刪除時的 Cronbach's Alpha 值
B25	152.0126	182.759	.603	.957
B26	151.8365	184.201	.702	.957
B27	151.9308	184.039	.695	.957
B28	151.7925	184.609	.684	.957
B29	151.7358	184.398	.678	.957
B30	151.8113	184.964	.705	.957
B31	151.9937	180.867	.669	.957
B32	151.9686	183.600	.665	.957
B33	151.9434	182.902	.656	.957
B34	151.7421	184.319	.640	.957
B35	152.1572	180.551	.621	.957
B36	151.8553	183.935	.668	.957
B37	151.8931	184.754	.681	.957

總量表的 α 係數＝.958

　　如表 3-15 所示，教師教學效能量表 37 題總量的 Cronbach α 值等於.958，如果刪除某一題後，α 係數值改變大都變小，表示各題與總量表的一致性頗高，但第 1、2、5、7、8、23 題等 6 題的題項刪除後，α 係數值並沒有改變，這個題項是否刪除，將依因素分析後而定。

4. 教師教學效能量表項目分析結果
　　茲將以上教師教學效能量表項目分析結果整理如表 3-16。

表 3-16　教師教學效能量表項目分析結果

題項	極端組比較		同質性檢驗		備註
	決斷值 （CR 值）	題目與總 分相關	校正題項 題目與總 分相關	刪除後的 α 係數	
B1	7.60	.514**	.480	.958	保留
B2	5.58	.453**	.425	.958	保留
B3	10.88	.610**	.578	.957	保留
B4	10.87	.600**	.568	.957	保留
B5	11.41	.538**	.507	.958	保留
B6	12.13	.694**	.670	.957	保留
B7	8.81	.532**	.497	.958	保留
B8	8.74	.565**	.538	.958	保留
B9	8.63	.616**	.589	.957	保留
B10	7.46	.585**	.558	.957	保留
B11	9.47	.701**	.680	.957	保留
B12	8.35	.616**	.584	.957	保留
B13	7.39	.628**	.601	.957	保留
B14	10.14	.672**	.651	.957	保留
B15	8.40	.650**	.622	.957	保留
B16	8.67	.662**	.637	.957	保留
B17	10.87	.662**	.629	.957	保留
B18	12.12	.749**	.730	.956	保留
B19	10.13	.714**	.696	.957	保留
B20	9.20	.607**	.583	.957	保留

（續下頁）

題項	極端組比較 決斷值 （CR 值）	題目與總 分相關	同質性檢驗 校正題項 題目與總 分相關	刪除後的 α 係數	備註
B21	8.66	.600**	.568	.957	保留
B22	10.31	.635**	.612	.957	保留
B23	6.13	.455**	.420	.958	保留
B24	9.20	.635**	.612	.957	保留
B25	8.03	.633**	.603	.957	保留
B26	9.81	.721**	.702	.957	保留
B27	10.10	.714**	.695	.957	保留
B28	11.99	.703**	.684	.957	保留
B29	12.49	.698**	.678	.957	保留
B30	11.36	.722**	.705	.957	保留
B31	12.15	.697**	.669	.957	保留
B32	9.32	.688**	.665	.957	保留
B33	8.61	.681**	.656	.957	保留
B34	9.83	.664**	.640	.957	保留
B35	8.46	.655**	.621	.957	保留
B36	8.65	.690**	.668	.957	保留
B37	10.60	.701**	.681	.957	保留

總量表的 α 係數＝.958

**$p < .01$

　　教師教學效能量表項目分析結果如表 3-16 所列，極端組比較結果，
37 題的 CR 值在 5.58 至 12.49 間，37 個題項均達統計上的顯著水準
（p=.000＜.001）。同質性檢驗中 37 個題項與總量表的相關在.420 至.730
間，呈現中、高度相關（p=.000＜.001），37 個題項刪除後的量表 α 係數
與總量表的 α 係數相差不大，沒有突增的題項，因而 37 個題項均可保留
採用。

　　（二）因素分析

　　首先進行 KMO 取樣適當性檢定及 Bartlett 球面性檢定，判斷變項是
否適合進行因素分析，依 1974 年 Kaiser 的觀點，可從 KMO 值來判別個
題項間是否適合進行因素分析，當 KMO 值小於.500 時「非常不適合」，
KMO 值大於.700 時「尚可」，KMO 值大於.900 時「極適合」（吳明隆與
涂金堂，2016）。檢定結果 KMO 值為.944 是屬於良好的，表示變項間有
共同因素存在，且 Bartlett'sT 球形考驗達顯著水準.000，代表母群體的相
關矩陣間有共同因素存在，適合進行因素分析。

　　考驗「教師教學效能預試問卷」的因素分析是為了探討本問卷的各
因素的因素解釋量及各題項之因素負荷量大小，以作為選題之參考及了
解其建構效度是否良好。

　　本研究採用直交轉軸法和主成份分析（Principal Component Analysis）
因素，採 eigenvalue 值大於 1 者為入選因素參考標準，共抽取三個因素，
與文獻分析與及專家審查問卷後的結果相符，總共解釋變異量為
60.180%，各個「教師教學效能」因素解釋量如表 3-17、3-18：

表 3-17　教師教學效能解說總變異量

元件	初始特徵值			平方和負荷量萃取			轉軸平方和負荷量		
	總數	變異數的%	累積%	總數	變異數的%	累積%	總數	變異數的%	累積%
1	10.763	41.398	41.398	10.763	41.398	41.398	4.229	16.266	16.266
2	2.101	8.081	49.479	2.101	8.081	49.479	4.205	16.173	32.439
3	1.602	6.161	55.640	1.602	6.161	55.640	3.701	14.233	46.672
4	1.180	4.540	60.180	1.180	4.540	60.180	3.512	13.507	60.180
5	1.004	3.860	64.040						
6	.916	3.523	67.563						
7	.828	3.186	70.748						
8	.748	2.877	73.625						
9	.659	2.533	76.159						
10	.648	2.492	78.651						
11	.578	2.223	80.874						
12	.556	2.139	83.013						
13	.507	1.949	84.962						
14	.495	1.906	86.867						
15	.437	1.681	88.548						
16	.423	1.625	90.174						
17	.376	1.448	91.621						
18	.334	1.284	92.905						
19	.328	1.262	94.167						
20	.292	1.123	95.290						
21	.266	1.025	96.315						

（續下頁）

元件	初始特徵值			平方和負荷量萃取			轉軸平方和負荷量		
	總數	變異數的%	累積%	總數	變異數的%	累積%	總數	變異數的%	累積%
22	.242	.930	97.246						
23	.225	.867	98.112						
25	.150	.578	100.000						

萃取法：主成份分析。

表 3-18　教師教學效能轉軸後的成份矩陣 [a]

	元件			
	1	2	3	4
B35	.769			
B31	.739			
B32	.712			
B36	.606			
B34	.503			
B20		.753		
B24		.736		
B22		.693		
B23		.586		
B26		.500		
B25		.427		
B27		.475		
B7			.781	
B5			.747	

（續下頁）

	元件			
	1	2	3	4
B8			.733	
B6			.654	
B4			.650	
B1			.518	
B11				.780
B10				.760
B13				.742
B12				.711
B19				.595
B15				.581

萃取方法：主成分分析。

　　根據表 3-18 教師教學效能轉軸後的成份矩陣 ª 結果分析如下：

1. 因素一包括第 31、32、34、35、36 題共計 5 題，因素負荷量從.503 ～.769，分析題目內容命名為「教學評量回饋」，其 eigenvalue 值為 4.229，可解釋教師教學效能之「教學評量回饋」達 16.266％。

2. 因素二包括第 20、22、23、24、25、26、27 題，共計 7 題，因素負荷量從.427～.753，分析題目內容命名為「營造學習氣氛」，其 eigenvalue 值為 4.205　　，可解釋教師教學效能之「營造學習氣氛」達 16.173％。

3. 因素三包括第 1、4、5、6、7、8 題，共計 6 題，因素負荷量從.518 ～.781，分析題目內容命名為「教師自我效能」，其 eigenvalue 值為 3.701，可解釋教師教學效能之「教師自我效能」達 14.233％。

4. 因素四包括第 10、11、12、13、15、19 題，共計 6 題，因素負荷量
   從.581～.780，分析題目內容命名為「教師教材教法」，其 eigenvalue 值
   為 3.512，可解釋教師教學效能之「教師教材教法」達 13.507%。

　　本教師教學效能預試量表經過項目描述統計分析、因素分析，總計
刪除 13 題，剩餘題目共 24 題，刪題後教師教學效能量表正式問卷題目
內容如表 3-19。

表 3-19　教師教學效能量表正式問卷題目內容

構面	題目內容
教師自我效能	1. 我樂意在工作以外的時間討論教學上的問題。
	2. 我願意嘗試創新教學。
	3. 我覺得教學是件很有意義的事。
	4. 我對教學更加充滿信心。
	5. 我願意持續專業進修。
	6. 我會維持良好教學態度與信念。
教師教材教法	7. 教學前我會依據課程計畫，將相關的教材教具準備齊全。
	8. 我會依據教學目標來設計教學活動，以有效掌握目標。
	9. 我會事先安排個人或學習小組的任務，以掌握教學流程及學習進度。
	10. 我會先做好教學計劃並精熟教學內容後，再進行教學。
	11. 我會準備替代方案讓不同學生在學習任務、學習活動、學習成果有選擇的機會。
	12. 我會維持流暢且學生可適應的教學步驟。

（續下頁）

構面	題目內容
營造學習氣氛	13. 我會與學生保持良好的溝通及互動關係。
	14. 我會營造教室裡和諧愉快的學習氣氛。
	15. 我會避免以諷刺或否定的言辭來批評學生。
	16. 我會迅速排除在課堂中所突發的問題。
	17. 我會給予學生足夠的時間進行發問和討論。
	18. 我會對不同學生的行為表現建立合宜的期望。
	19. 我會發掘不同學生的優勢能力及興趣並鼓勵他們進一步學習或研究。
教學評量回饋	20. 我會以多元方式進行教學評量。
	21. 我會依據評量的結果，調整教學的進度、難易度或方法。
	22. 我會與學生分享彼此的經驗，促進師生情感交流。
	23. 我會請學生對於我的教學給與回饋並調整改進。
	24. 我能正面回應學生在課堂上指證我教學上的錯誤。

（三）信度分析

　　以最後定稿之 24 題正式問卷，依各分量表及總量表進行 Cronbach's α 信度考驗，吳明隆與涂金堂（2016）認為一份信度係數較佳的問卷，其總量表的信度係數最好在.800 以上：如果是分量表，其信度係數最好在.700 以上，量表的信度越高，代表量表的穩定性越高。教師教學效能量表信度分析如表 3-20 顯示，本量表的信度採內部一致性來加以考驗，各分量之 Cronbach's α 係數介於.844--.862 間，總量表之 Cronbach's α 值為 .937，顯示教師教學效能量表信度良好。

表 3-20　教師教學效能量表信度分析摘要表

分量表	題目個數	Cronbach's α 值
教師自我效能	6	.844
教師教材教法	6	.857
營造學習氣氛	7	.850
教學評量回饋	5	.862
教學效能總量表	24	.937

三、學生學習成效量表

（一）項目分析

1. 極端組檢驗法-臨界比（critical ration）

　　吳明隆與涂金堂（2016）認為極端組檢驗法-臨界比主要利用 t 檢定來找出題目之間的鑑別度，以前 27%和後 27%的樣本來做比對差異，在每一題中找出極端的兩組看他們回答的平均數高低差異，來找出此題是否具有鑑別度，如果 CR 絕對值小於 3 即表示未具有顯著差異，則該題目與予刪除。由表 3-21 得知，本量表差異性檢定的結果所有題目均達顯著水準，表示題目之鑑別力很好，所有預試題目（26 題）全數保留，學生學習成效量表獨立樣本檢定如表 3-21 所示。

表 3-21 學生學習成效量表獨立樣本檢定

	變異數相等的 Levene 檢定		平均數相等的 t 檢定		
	F 檢定	顯著性	t	自由度	顯著性（雙尾）
C1	.05	.83	10.22	98.00	0.00
C2	.08	.77	7.47	98.00	0.00
C3	1.05	.31	8.39	98.00	0.00
C4	.16	.69	5.24	98.00	0.00
C5	1.19	.28	6.02	98.00	0.00
C6	.57	.45	7.07	98.00	0.00
C7	2.04	.16	7.45	98.00	0.00
C8	.67	.42	6.94	98.00	0.00
C9	.48	.49	7.39	98.00	0.00
C10	.45	.50	6.85	98.00	0.00
C11	10.74	.00	6.39	97.36	0.00
C12	13.94	.00	7.03	97.44	0.00
C13	.24	.63	8.78	98.00	0.00
C14	3.14	.08	8.79	98.00	0.00
C15	1.37	.24	10.58	98.00	0.00
C16	2.30	.13	9.43	98.00	0.00
C17	.01	.90	9.23	98.00	0.00
C18	1.68	.20	9.76	98.00	0.00
C19	.00	1.00	9.71	98.00	0.00
C20	8.11	.01	9.99	96.39	0.00
C21	3.60	.06	9.57	98.00	0.00

（續下頁）

	變異數相等的 Levene 檢定		平均數相等的 t 檢定		
	F 檢定	顯著性	t	自由度	顯著性（雙尾）
C22	4.35	.04	10.25	97.99	0.00
C23	.92	.34	10.66	98.00	0.00
C24	.35	.56	10.10	98.00	0.00
C25	5.19	.02	8.19	91.26	0.00
C26	2.10	.15	7.33	98.00	0.00

2. 同質性考驗法

　　同一題本的試題都是在測同一種屬性，因此試題彼此間應該要有高相關，每個題目與量表總分也應該要有高相關，題目與總量表相關須達到.30 以上，且要達到統計的顯著水準（吳明隆與涂金堂，2016）。本量表題目與總量表相關均達到.30 以上，顯著水準達.01 以上，總體而言個題項與總分的相關達中、高度的相關，題項間所要測量態度行為特質同質性高，故所有預試題目（26 題）全數保留，學生學習成效量表題項與總分的積差相關矩陣如下表 3-22 所示。

表 3-22 　學生學習成效量表題項與總分的積差相關矩陣

	總分			總分	
C1	Pearson 相關	.750**	C14	Pearson 相關	.681**
C2	Pearson 相關	.649**	C15	Pearson 相關	.786**
C3	Pearson 相關	.711**	C16	Pearson 相關	.776**
C4	Pearson 相關	.500**	C17	Pearson 相關	.775**
C5	Pearson 相關	.593**	C18	Pearson 相關	.768**
C6	Pearson 相關	.576**	C19	Pearson 相關	.756**
C7	Pearson 相關	.668**	C20	Pearson 相關	.737**
C8	Pearson 相關	.599**	C21	Pearson 相關	.761**
C9	Pearson 相關	.617**	C22	Pearson 相關	.754**
C10	Pearson 相關	.649**	C23	Pearson 相關	.765**
C11	Pearson 相關	.662**	C24	Pearson 相關	.795**
C12	Pearson 相關	.599**	C25	Pearson 相關	.720**
C13	Pearson 相關	.733**	C26	Pearson 相關	.608**

**$p < .01$

3. 一致性考驗法

運用一致性考驗方法，求出校正項目總分的相關係數（corrected item-total correlation），校正項目總分的相關係數，表示一個題項與其他題項總分的相關係數，可以得知此題項與其他題項的一致性如何（吳明隆與涂金堂，2016）。學生學習成效量表項目整體統計量如表 3-23 所示：

表 3-23　學生學習成效量表項目整體統計量

	項目刪除時的尺度平均數	項目刪除時的尺度變異數	修正的項目總相關	項目刪除時的Cronbach's Alpha值
C1	95.8113	138.622	.723	.953
C2	95.7799	139.590	.610	.955
C3	95.7862	138.916	.679	.954
C4	96.0000	142.481	.451	.956
C5	95.7484	141.987	.556	.955
C6	95.6101	142.100	.537	.955
C7	95.5220	142.783	.643	.954
C8	95.5220	142.643	.566	.955
C9	95.5723	141.537	.581	.955
C10	95.5094	142.214	.620	.954
C11	95.4214	143.347	.638	.954
C12	95.3836	143.630	.570	.955
C13	95.6226	141.160	.710	.954
C14	95.7107	139.979	.648	.954
C15	95.9623	137.024	.760	.953
C16	95.6478	138.483	.751	.953
C17	95.8491	138.268	.751	.953
C18	95.9434	138.294	.743	.953
C19	95.8491	138.002	.729	.953
C20	95.9623	138.087	.706	.954
C21	95.9245	137.880	.734	.953

（續下頁）

	項目刪除時的 尺度平均數	項目刪除時的 尺度變異數	修正的項目 總相關	項目刪除時的 Cronbach's Alpha 值
C22	96.0252	136.316	.722	.954
C23	95.7296	139.654	.742	.953
C24	95.8239	138.931	.774	.953
C25	95.7044	140.766	.694	.954
C26	95.8868	141.291	.570	.955

總量表 Cronbach α 係數＝.956

總量表的 α 係數＝.956

　　如表 3-23 所示，學生學習成效量表 26 題總量的 Cronbach α 值等於.956，除了第 4 題刪除後 α 係數值不變，這個題項是否刪除，將依因素分析後而定，其他刪除某一題後，α 係數值改變大都變小，表示個題與總量表的一致性頗高，故所有預試題目（26 題）全數保留。

4. 學生學習成效量表項目分析結果

茲將以上學生學習成效量表項目分析結果整理如表 3-24。

表 3-24　學生學習成效量表項目分析結果

題項	極端組比較		同質性檢驗		備註
	決斷值（CR 值）	題目與總分相關	校正題項題目與總分相關	刪除後的 α 係數	
C1	10.22	.750**	.723	.953	保留
C2	7.47	.649**	.610	.955	保留
C3	8.39	.711**	.679	.954	保留
C4	5.24	.500**	.451	.956	保留
C5	6.02	.593**	.556	.955	保留
C6	7.07	.576**	.537	.955	保留
C7	7.45	.668**	.643	.954	保留
C8	6.94	.599**	.566	.955	保留
C9	7.39	.617**	.581	.955	保留
C10	6.85	.649**	.620	.954	保留
C11	6.39	.662**	.638	.954	保留
C12	7.03	.599**	.570	.955	保留
C13	8.78	.733**	.710	.954	保留
C14	8.79	.681**	.648	.954	保留
C15	10.58	.786**	.760	.953	保留
C16	9.43	.776**	.751	.953	保留
C17	9.23	.775**	.751	.953	保留
C18	9.76	.768**	.743	.953	保留
C19	9.71	.756**	.729	.953	保留
C20	9.99	.737**	.706	.954	保留

（續下頁）

	極端組比較		同質性檢驗		
題項	決斷值 （CR 值）	題目與總 分相關	校正題項 題目與 總分相關	刪除後的 α 係數	備註
C21	9.57	.761**	.734	.953	保留
C22	10.25	.754**	.722	.954	保留
C23	10.66	.765**	.742	.953	保留
C24	10.10	.795**	.774	.953	保留
C25	8.19	.720**	.694	.954	保留
C26	7.33	.608**	.570	.955	保留

總量表的 α 係數＝.956

**$p < .01$

　　學生學習成效量表項目分析結果如表 3-24 所列，極端組比較結果，26 題的 CR 值在 5.24 至 10.66 間，26 個題項均達統計上的顯著水準（p=.000＜.001）。同質性檢驗中 26 個題項與總量表的相關在.451 至.774 間，呈現中、高度相關（p=.000＜.001），26 個題項刪除後的量表 α 係數與總量表的 α 係數相差不大，沒有突增的題項，因而 26 個題項均可保留採用。

（二）因素分析

　　首先進行 KMO 取樣適當性檢定及 Bartlett 球面性檢定，判斷變項是否適合進行因素分析，依 1974 年 Kaiser 的觀點，可從 KMO 值來判別個題項間是否適合進行因素分析，當 KMO 值小於.500 時「非常不適合」，KMO 值大於.700 時「尚可」，KMO 值大於.900 時「極適合」（吳明隆與

涂金堂，2016）。檢定結果 KMO 值為.951 是屬於良好的（吳明隆與涂金堂，2016），表示變項間有共同因素存在，且 Bartlett'sT 球形考驗達顯著水準.000，代表母群體的相關矩陣間有共同因素存在，適合進行因素分析。

考驗「學生學習成效預試問卷」的因素分析是為了探討本問卷的各因素的因素解釋量及各題之因素負荷量大小，以作為選題之參考及了解其建構效度是否良好。

本研究採用直交轉軸法和主成份分析（Principal Component Analysis）因素，採 eigenvalue 值大於 1 者為入選因素參考標準，共抽取三個因素，與文獻分析結果相符，總共解釋變異量為 67.814%，學生學習成效量表解說總變異量如表 3-25、學生學習成效量表轉軸後的成份矩陣如表 3-26 所述：

表 3-25　學生學習成效解說總變異量

元件	初始特徵值			平方和負荷量萃取			轉軸平方和負荷量		
	總數	變異數的%	累積%	總數	變異數的%	累積%	總數	變異數的%	累積%
1	10.628	48.308	48.308	10.628	48.308	48.308	5.897	26.803	26.803
2	1.877	8.532	56.840	1.877	8.532	56.840	3.909	17.770	44.573
3	1.346	6.119	62.959	1.346	6.119	62.959	3.267	14.849	59.422
4	1.068	4.855	67.814	1.068	4.855	67.814	1.846	8.392	67.814
5	.831	3.777	71.591						
6	.682	3.099	74.690						
7	.658	2.993	77.683						
8	.607	2.759	80.442						

（續下頁）

元件	初始特徵值			平方和負荷量萃取			轉軸平方和負荷量		
	總數	變異數的%	累積%	總數	變異數的%	累積%	總數	變異數的%	累積%
9	.541	2.459	82.901						
10	.495	2.252	85.153						
11	.477	2.167	87.320						
12	.378	1.717	89.037						
13	.349	1.587	90.624						
14	.315	1.432	92.055						
15	.296	1.347	93.402						
16	.272	1.234	94.637						
17	.244	1.110	95.747						
18	.231	1.052	96.799						
19	.204	.927	97.726						
20	.185	.841	98.567						
21	.141	.711	99.017						
22	.133	.603	100.000						

萃取法：主成份分析。

表 3-26 學生學習成效轉軸後的成份矩陣

	元件			
	1	2	3	4
C22	.764			
C25	.764			

（續下頁）

	元件			
	1	2	3	4
C24	.723			
C20	.684			
C26	.647			
C23	.646			
C21	.599			
C11		.802		
C9		.769		
C8		.760		
C10		.743		
C12		.684		
C2			.809	
C3			.791	
C6			.770	
C5			.741	
C1			.741	
C4			.664	
C18				.695
C15				.664
C16				.644
C19				.627

萃取方法：主成分分析。

　　因素一第 20、21、22、23、24、25、26 題共計 7 題，因素負荷量從.599～.764，分析題目內容命名為「學習績效」，其 eigenvalue 值為 5.897，可解釋學生學習成效之「學習績效」達 26.803％。

1. 因素二包括第 8、9、10、11、12 題，共計 5 題，因素負荷量從.684～.802，分析題目內容命名為「學習態度」，其 eigenvalue 值為 3.909，可解釋學生學習成效之「學習態度」達 17.770％。

2. 因素三包括包括第 1、2、3、4、5、6 題，共計 6 題，因素負荷量從.664～.809，分析題目內容命名為「學習興趣」，其 eigenvalue 值為 3.267，可解釋學生學習成效之「學習興趣」達 14.849％。

3. 因素四包括第 15、16、18、19 題，共計 4 題，因素負荷量從.644～.809，分析題目內容命名為「作業表現」，其 eigenvalue 值為 1.846，可解釋學生學習成效之「作業表現」達 8.392％。

　　本學生學習成效預試量表經過項目描述統計分析、因素分析，總計刪除 4 題，剩餘題目共 22 題，刪題後學生學習成效量表正式問卷題目內容如表 3-27。

表 3-27　學生學習成效量表正式問卷題目內容

構面	題目內容
學習興趣	1. 任課班級學生主動積極、努力學習。
	2. 任課班級學生上課踴躍發表意見、時常與同學討論課程內容。
	3. 任課班級學生學習動機強烈，期望能有好的表現。
	4. 任課班級學生於下課後時常會跟我請教課業上的問題。

（續下頁）

構面	題目內容
	5. 任課班級學生樂於參加校內外各項競賽活動（例如：體育、才藝、及科學競賽等）。
	6. 任課班級學生喜歡參加學校舉辦的社團活動及各項學習活動。
學習態度	（二）學習態度 7. 任課班級學生總是能準時到校。 8. 任課班級學生總是能準時進入教室上課。 9. 任課班級學生能遵守學校規定及秩序。 10. 任課班級學生生活適應情況良好。 11. 任課班級學生與老師及同學相處融洽。
作業表現	（三）作業表現 12. 任課班級學生閱讀理解能力良好。 13. 任課班級學生能透過口語適當表達自己的想法。 14. 任課班級學生能運用所學知識解決問題。 15. 任課班級學生在學習過程當中表現獨特的想法與創造力。
學習績效	16. 任課班級學生學業成績逐年提升。 17. 任課班級學生日常生活競賽成績表現突出。 18. 任課班級學生參加校內外競賽常能榮獲佳績。 19. 任課班級學生人際關係、情緒管理有顯著提升。 20. 任課班級學生能在多元評量有優秀表現。 21. 任課班級學生品格表現、生活常規有明顯提升。 22. 任課班級學生在體適能，健康習慣有顯著提升。

（三）信度分析

以最後定稿之 22 題正式問卷，依各分量表及總量表進行 Cronbach's α 信度考驗，吳明隆與涂金堂（2016）認為一份信度係數較佳的問卷，其總量表的信度係數最好在.800 以上；如果是分量表，其信度係數最好在.700 以上，量表的信度越高，代表量表的穩定性越高。學生學習成效量表信度分析如表 3-28 顯示。

表 3-28　學習成效量表信度分析摘要表

分量表	題目個數	Cronbach's α 值
學習興趣	6	.846
學習態度	5	.866
作業表現	4	.879
學習績效	7	.905
學習成效總量表	22	.947

根據表 3-28 學習成效量表信度分析摘要表結果說明如下：

本量表的信度採內部一致性來加以考驗，各分量之 Cronbach's α 係數介於.846--.905 間，總量表之 Cronbach's α 值為.947，顯示教學效能量表信度良好。

參、驗證性因素分析

本研究依文獻探討與實務工作經驗設計預試問卷，於預試問卷施測完成後，先進行探索性因素分析後，做成正式問卷，並於正式問卷回收後再進行驗證性因素分析，為了刪除項目並確認指標的信、效度，因此，進行一階及二階驗證性因素分析。

　　分析前先就模式配適度的檢核指標進行說明。Bagozzi 與 Yi（1998）
認為理論模式與實際資料是否契合，必須同時考慮到基本配適度指標
（perliminary fit criteria）、整體模式配適度指標（overall model fit）及模
式內在結構配適度指標（fit of internal structural model）等三方面。整體
模式配適度指標在檢核整個模式與觀察資料的配適程度，可以說是模式
外在品質的考驗；而模式內在結構配適度指標則在檢核模式內估計參數
的顯著程度以及各指標及潛在變項的信度等，屬於模式的內在品質。以
下先說明配適度各項檢核指標，以做為評估時的依據；接著針對每個向
度進行一階驗證性因素分析，讓每個向度的項目得以確立；最後則就每
個層面執行二階驗證性因素分析，確保每個層面解構成各該向度是合理
且必須的，以作為整體模型路徑分析之依據。茲將驗證性因素分析模式
配適度檢核指標彙整如下表 3-29 所示。

表 3-29　驗證性因素分析模式配適度檢核指標彙整表

	檢核項目	建議值
基本配適度指標	誤差變異	沒有負值
	誤差變異	達顯著水準
	因素負荷量	介於 .5~ .95 之間
整體模式配適度指標	$\chi 2$ 值比率	$\leqq 5$
	配適度指標（GFI）	$\geqq .9$
	調整之配適度指標（AGFI）	$\geqq .9$
	均方根殘差值（RMR）	$\leqq .05$
	標準化均方根殘差值（SRMR）	$\leqq .05$
	近似均方根誤差（RMSEA）	$\leqq .08$
	比較性配適度指標（CFI）	$\geqq .9$
模式內在結構配適度指標	個別項目信度	$\geqq .5$
	組合信度（CR）	$\geqq .7$
	平均變異數萃取量（AVE）	$\geqq .5$

一、校長正向領導構面之驗證性因素分析

（一）塑造正向氣氛向度之驗證性因素分析

塑造正向氣氛向度共有六個項目，自由度為 6×7/2=21df，共估計 6 個殘差加上 1 個變異數及 6 個因素負荷量，自由度大於估計參數，模型屬於過度辨識，符合理論上模型正定的要求。執行 CFA 後，塑造正向氣氛向度一階驗證性因素修正前分析如圖 3-3 所示。由圖 3-3 可知，雖然 GFI （=.989） > .9、AGFI（=.974） > .9、CFI（=.996） > .9，且 chi-square/df （=1.865）< 5、RMSEA（=.041）< .08，均達標準值，依據修正指標進行刪題修正。

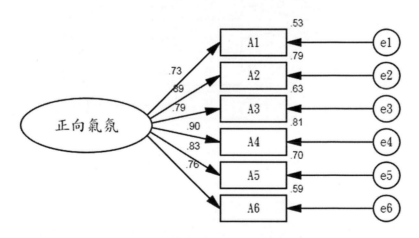

圖 3-3　塑造正向氣氛向度一階驗證性因素修正前分析

　　依據修正指標刪除塑造正向氣氛第 A2 項後,各項指標均符合標準,刪題後塑造正向氣氛知向度一階驗證性修正後分析圖如圖 3-4,GFI≧ .9、AGFI≧ .9、CFI（=.917） > .9、chi-square/df <5、RMSEA < .08,配適度頗為理想。而各項目因素負荷量均超過 .7 以上且未超過 .95 以上。

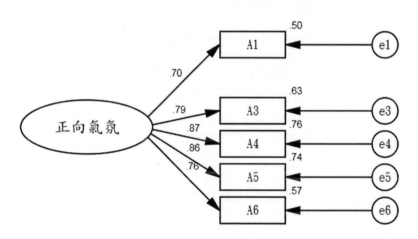

chi-square=6.343 df=5
chi-square/df=1.269
GFI=.996 AGFI=.988
CFI=.999 RMSEA=.020

圖 3-4　塑造正向氣氛向度一階驗證性修正後分析

　　由表 3-30 塑造正向氣氛向度驗證性因素分析得知參數顯著性估計均為正數且顯著,故無違犯估計。組合信度為 .921,超過 .7 的標準;平均變異數萃取量為 .663,超過 .5 的標準,配適度均在可接受的範圍,因此將刪除後的五個題項予以保留至下一階段的分析,塑造正向氣氛向度驗證性因素分析後題目內容如表 3-31。

表 3-30　塑造正向氣氛向度驗證性分析表

構面	題目	參素顯著性估計				因素負荷量	題目信度	組成信度	收斂效度
		Unstd	S.E.	t-value	P	Std	SMC	CR	AVE
塑造正向氣氛	A1	1.000				.699	.489	.921	.663
	A3	.946	.049	19.340	***	.790	.624		
	A4	1.207	.055	21.843	***	.901	.812		
	A5	1.091	.053	20.410	***	.836	.699		
	A6	1.074	.059	18.304	***	.746	.557		

*** $p < .001$

表 3-31　塑造正向氣氛向度驗證性因素分析後題目內容

向度	新題號	題目內容
塑造正向氣氛	A1	校長能呈現正向能量，成為教師的典範。
	A2	校長會公開的讚美教師的優異表現。
	A3	校長要求學校同仁工作績效時，會兼顧同仁個體特殊性及心理感受。
	A4	校長能充分授權學校行政人員及教師推動校務發展及教學活動。
	A5	校長不會將個人壓力及情緒遷怒學校同仁。

（二）建立正向關係向度之驗證性因素分析

　　建立正向關係向度共有五個項目，自由度為 5×6/2=15df，共估計 5 個殘差加上 1 個變異數及 4 個因素負荷量，自由度大於估計參數，模型

屬於過度辨識，符合理論上模型正定的要求。執行 CFA 後，建立正向關係向度一階驗證性因素修正前分析圖如圖 3-5 所示。由圖 3-5 建立正向關係向度一階驗證性因素修正前分析可知，雖然 GFI （=.955） > .9、CFI（=.974） > .9，但 AGFI（=.865）.<9、chi-square/df （=16.088）>5、RMSEA（= .150）> .08，未達標準值，必須進行刪題修正。

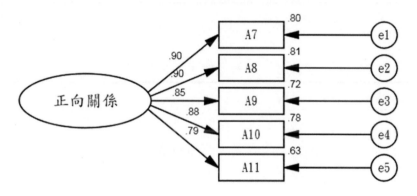

chi-square=80.438 df=5
chi-square/df=16.088
GFI=.955 AGFI=.865
CFI=.974 RMSEA=.150

圖 3-5　建立正向關係向度一階驗證性因素修正前分析

依據修正指標依序刪除建立正向關係第 A7 題後，各項指標均符合標準，刪題後如圖 3-6 建立正向關係向度一階驗證性修正後分析，GFI ≧ .9、AGFI≧ .9、CFI（=.917） > .9、chi-square/df <5、RMSEA < .08。而且各項因素負荷量均超過 .7 以上且未超過 .95 以上，配適度頗為理想。

chi-square=4.336 df=2
chi-square/df=2.168
GFI=.997 AGFI=.984
CFI=.999 RMSEA=.042

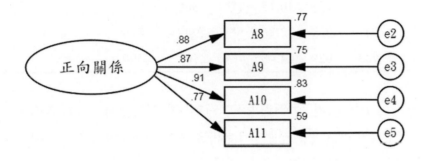

圖 3-6 建立正向關係向度一階驗證性修正後分析

　　建立正向關係向度驗證性因素分析如表 3-32 所示。由表 3-32 建立
正向關係向度驗證性因素分析得知參數顯著性估計均為正數且顯著，顯
見無違犯估計。

表 3-32　建立正向關係向度驗證性分析表

構面	題目	參素顯著性估計				因素負荷量	題目信度	組成信度	收斂效度
		Unstd	S.E.	t-value	P	Std	SMC	CR	AVE
建立正向關係	A8	1.000				.878	.771	.917	.734
	A9	.865	.029	30.178	***	.866	.750		
	A10	.947	.029	32.766	***	.909	.826		
	A11	.708	.029	24.485	***	.768	.590		

　　組合信度為.917，超過 .7 的標準；平均變異數萃取量為 .734，超過.5 的標準，配適度均在可接受的範圍，因此將刪除後的四個題項予以保留，建立正向關係向度驗證性因素分析後題目內容如表 3-33。

表 3-33　建立正向關係向度驗證性因素分析後題目內容

向度	新題號	題目內容
建立正向關係	A6	校長能以同理心去體會教師的需求與感受。
	A7	校長能鼓勵教師公開向同仁表達情感上的支持。
	A8	校長能提供教師教學工作與情緒上的支持。
	A9	校長會尊重教師的教育專業自主權。

（三）進行正向溝通向度之驗證性因素分析

　　進行正向溝通向度共有六個項目，自由度為 6×7/2=21df，共估計 6 個殘差加上 1 個變異數及 5 個因素負荷量，自由度大於估計參數，模型屬於過度辨識，符合理論上模型正定的要求。執行 CFA 後，由圖 3-7 進行正向溝通向度一階驗證性因素修正前分析可知，雖然 GFI （＝.948）＞.9、CFI（＝.967）＞.9，但 AGFI（＝.878）＜ .9、chi-square/df （＝11.953）＞5、RMSEA（＝.128）＞.08，未達標準值，須進行刪題修正。

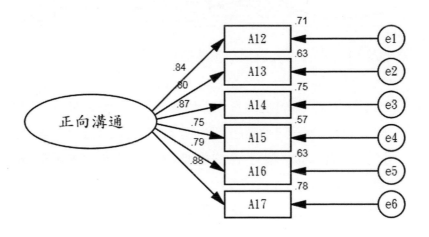

chi-square=107.575 df=9
chi-square/df=11.953
GFI=.948 AGFI=.878
CFI=.967 RMSEA=.128

圖 3-7　進行正向溝通一階驗證性因素修正前分析

　　依據修正指標依序刪除進行正向溝通 A16、A17 後各項指標均符合標準，刪題後如圖 3-8 進行正向溝通向度一階驗證性修正後分析，GFI

≧ .9、AGFI≧ .9、CFI（=.917） > .9、chi-square/df <5、RMSEA < .08，
配適度頗為理想。各項目因素負荷量均超過 .7 以上且未超過 .95 以上。

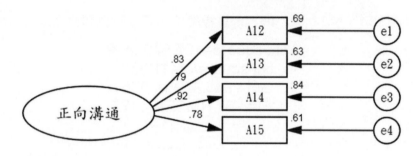

圖 3-8　進行正向溝通一階驗證性因素修正後分析

　　進行正向溝通向度驗證性因素分析如表 3-34。由表 3-34 進行正向溝
通向度驗證性因素分析得知參數顯著性估計均為正數且顯著，顯見無違
犯估計。組合信度為 .902，超過 .7 的標準；平均變異數萃取量為 .698，
超過 .5 的標準，配適度均在可接受的範圍，因此將刪除後的四個題項予
以保留至下一階段的分析，進行正向溝通向度驗證性因素分析後題目內
容如表 3-35。

表 3-34 進行正向溝通向度驗證性分析表

構面	題目	參素顯著性估計				因素負荷量	題目信度	組成信度	收斂效度
		Unstd	S.E.	t-value	P	Std	SMC	CR	AVE
進行正向溝通	A12	1.000				.796	.634	.902	.698
	A13	.920	.038	23.984	***	.840	.706		
	A14	.951	.042	22.686	***	.804	.646		
	A15	1.020	.039	25.843	***	.898	.806		

*** $p < .001$

表 3-35 進行正向溝通向度驗證性因素分析後題目內容

向度	新題號	題目內容
進行正向溝通	A10	校長能以正向的肯定語詞取代負向批評的言語。
	A11	校長推動重大校務決策前,會諮詢學校同仁意見及看法。
	A12	當學校同仁犯錯時,校長會以正向勸導代替責備。
	A13	學校同仁不會畏懼或排斥跟校長當面溝通。

（四）賦予正向意義向度之驗證性因素分析

　　賦予正向意義向度共有五個項目,自由度為 5×6/2=15df,共估計 5 個殘差加上 1 個變異數及 5 個因素負荷量,自由度大於估計參數,模型屬於過度辨識,符合理論上模型正定的要求。執行 CFA 後,由圖 3-7 賦予正向意義向度一階驗證性因素修正前分析可知,雖然 GFI（=.986）>.9、CFI（=.991）>.9、AGFI（=.958）>.9、chi-square/df（=4.921）<5、RMSEA（=.077）< .08,均達標準值,依據修正指標進行刪題修正。

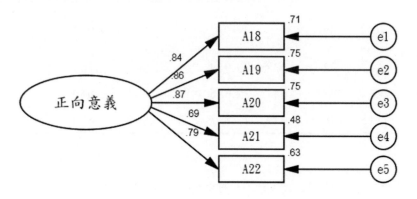

chi-square=24.606 df=5
chi-square/df=4.921
GFI=.986 AGFI=.958
CFI=.991 RMSEA=.077

圖 3-9　賦予正向意義一階驗證性因素修正前分析

　　依據修正指標依序刪除賦予正向意義第 A19 題後，各項指標均符合標準，刪題後如圖 3-10 賦予正向意義向度一階驗證性修正後分析，GFI ≧ .9、AGFI≧ .9、CFI（=.917） > .9、chi-square/df <5、RMSEA < .08，配適度頗為理想。而「賦予正向意義 A21」的因素負荷量為 .69，雖未達 .7 的標準，但仍是可接受的範圍，其餘均超過 .7 以上且未超過 .95 以上。

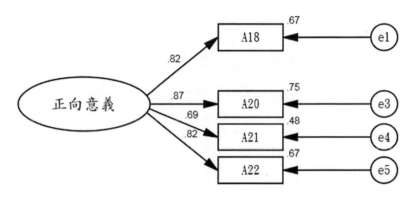

chi-square=3.501 df=2
chi-square/df=1.750
GFI=.997 AGFI=.987
CFI=.999 RMSEA=.034

圖 3-10　賦予正向意義一階驗證性因素修正後分析

　　賦予正向意義向度驗證性因素分析如表 3-36。由表 3-36 賦予正向意義向度驗證性因素分析得知參數顯著性估計均為正數且顯著，顯見無違犯估計。組合信度為 .877，超過 .7 的標準；平均變異數萃取量為 .642，超過 .5 的標準，配適度均在可接受的範圍，因此將刪除後的四個題項予以保留至下一階段的分析，賦予正向意義向度驗證性因素分析後題目內容如表 3-37。

表 3-36 賦予正向意義向度驗證性分析表

構面	題目	參素顯著性估計				因素負荷量	題目信度	組成信度	收斂效度
		Unstd	S.E.	t-value	P	Std	SMC	CR	AVE
賦予正向意義	A18	1.000				.819	.671	.877	.642
	A20	1.035	.042	24.592	***	.866	.750		
	A21	1.010	.054	18.821	***	.692	.479		
	A22	1.156	.050	23.148	***	.816	.666		

*** $p < .001$

表 3-37 賦予正向意義向度驗證性因素分析後題目內容

向度	新題號	題目內容
賦予正向意義	A14	校長能積極主動的將個人正向教育理念與同仁分享。
	A15	校長能使教師明瞭學校的目標及應負的責任。
	A16	校長承接上級業務是為了替學校爭取更多的資源。
	A17	校長會以學生學習為優先考量。

（五）校長正向領導構面之二階驗證性因素分析

校長正向領導包括「塑造正向氣氛」、「建立正向關係」、「進行正向溝通」以及「賦予正向意義」等四個向度，進行二階驗證性因素分析後，其結果如圖 3-9 校長正向領導二階驗證性因素分析所示。

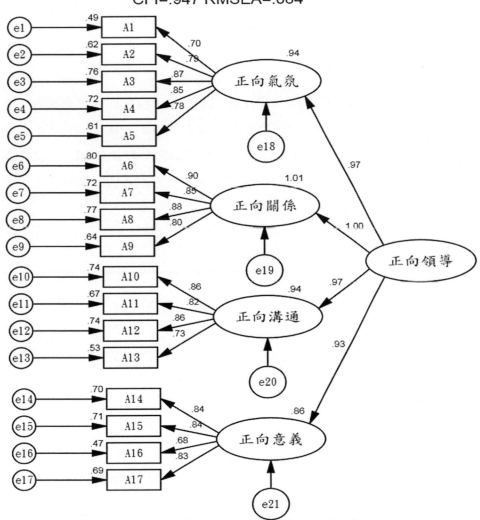

chi-square=657.417 df=115
chi-square/df=5.717
GFI=.887 AGFI=.850
CFI=.947 RMSEA=.084

圖 3-11　校長正向領導二階驗證性因素分析

以下分別就基本配適度指標、模式內在結構配適度指標與整體模式配適度指標及區別效度加以分析。首先,就基本配適度指標而言,如表3-38 所示,誤差變異並沒有出現負值,符合建議值;因素負荷量介於 .923~1.014 之間,雖超出建議值.5~.95 之間,但在可接受的範圍內,配適度尚可,而誤差變異亦都達顯著水準。因此就基本適配指數而言,模式並未發生違反估計情形。

就模式內在結構配適度指標而言,由表3-38 校長正向領導構面二階驗證性分析可知,個別項目的信度介於.852~1.028 之間,大部分≧ .5;組合信度為 .982 符合建議值≧ .7;平均變異數萃取量為.932 符合建議值≧ .5。因此,就模式內在結構配適度來看,大都符合配適程度,代表模式內在結構配適度良好。

表 3-38　校長正向領導構面二階驗證性分析表

構面	向度	Unstd	S.E.	t-value	P	Std	SMC	CR	AVE
正向領導	正向氣氛	1.000				.960	.922	.982	.932
	正向關係	1.378	.064	21.623	***	1.014	1.028		
	正向溝通	1.197	.062	19.289	***	.963	.927		
	正向意義	.946	.050	18.818	***	.923	.852		

*** $p < .001$

其次,就整體模式配適度指標而言,由圖3-11 可知,χ^2 值比率略大於5、GFI 為 .887＜.90、AGFI 為 .850＜.90、CFI 為 .947＞.90,三者

接近 .90 的建議值，在可接受的範圍內，配適度尚可；而 RMSEA 為 .084
大於.08 的建議值。因此，就整體模式配適度而言，本模式具有良好的配
適度。

　　最後，校長正向領導區別效度分析如表 3-39 所示，校長正向領導各
向度之 AVE 平方根.801～.857 之間，顯示本量表具有良好的區別效度。

表 3-39　校長正向領導區別效度分析表

	AVE	正向意義	正向溝通	正向關係	正向氣氛
正向意義	.642	.801*			
正向溝通	.698	.731	.835*		
正向關係	.734	.728	.765	.857*	
正向氣氛	.663	.785	.733	.782	.814*

註：* 表示 AVE 平方根大於各構面間的相關係數

　　經上述的模型評鑑過程後，從模型的配適度、各題項的標準化迴歸
係數、收斂效度、區別效度的驗證，整體而言本模型的外在品質與內在
品質頗佳，亦即模式之徑路圖與實際觀察資料之配適度良好，研究者所
提的校長正向領導建構效度之驗證性因素分析之模式圖，獲得統計上的
支持，適合進行下一步驟的結構模型分析。

二、教師教學效能構面之驗證性因素分析

（一）教師自我效能向度之驗證性因素分析

教師自我效能向度共有六個項目，自由度為 6×7/2=21df，共估計 6 個殘差加上 1 個變異數及 5 個因素負荷量，自由度大於估計參數，模型屬於過度辨識，符合理論上模型正定的要求。執行 CFA 後，由圖 3-12「教師自我效能」向度一階驗證性因素修正前分析可知，雖然 GFI（=.970）＞.9、AGFI（=.930）＞.9、CFI（=.968）＞.9，但、chi-square/df（=6.520）>5、RMSEA（=.091）＞.08，未達標準值，必須進行刪題修正。

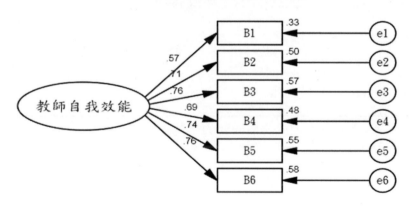

圖 3-12　教師自我效能一階驗證性因素修正前分析

依據修正指標刪除 MI 值較高之題項，依序刪除教師自我效能 B1、B2 後，各項指標均符合標準，刪題後如圖 3-13 教師自我效能向度一階驗證性修正後分析，GFI≧ .9、AGFI≧ .9、CFI（=1.000）＞.9、chi-square/df＜5、RMSEA＜.08，而且各項目均超過 .7 以上且未超過 .95 以上，配適度頗為理想。

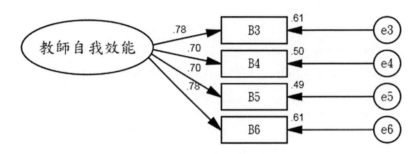

chi-square=3.860 df=2
chi-square/df=1.930
GFI=.997 AGFI=.986
CFI=.998 RMSEA=.037

圖 3-13　教師自我效能一階驗證性因素修正後分析

　　由表 3-40 教師自我效能向度驗證性因素分析得知參數顯著性估計均為正數且顯著，顯見無違犯估計。組合信度為 .832，超過 .7 的標準；平均變異數萃取量為 .553，超過.5 的標準，配適度均超過標準範圍，因此將刪除後的三個題項予以保留至下一階段的分析，教師自我效能向度驗證性因素分析後題目內容如表 3-42。

表 3-40　教師自我效能向度驗證性分析表

構面	題目	參素顯著性估計				因素負荷量	題目信度	組成信度	收斂效度
		Unstd	S.E.	t-value	P	Std	SMC	CR	AVE
教師自我效能	B3	1.000				.781	.610	.832	.553
	B4	1.048	.061	17.052	***	.704	.496		
	B5	1.014	.060	17.025	***	.703	.494		
	B6	.952	.051	18.639	***	.783	.613		

表 3-41　教師自我效能向度驗證性因素分析後題目內容

向度	新題號	題目內容
教師自我效能	B1	我覺得教學是件很有意義的事。
	B2	我對教學更加充滿信心。
	B3	我願意持續專業進修。
	B4	我會維持良好教學態度與信念。

（二）教師教材教法向度之驗證性因素分析

　　教師教材教法向度共有六個項目，自由度為 6×7/2=21df，共估計 6 個殘差加上 1 個變異數及 5 個因素負荷量，自由度大於估計參數，模型屬於過度辨識，符合理論上模型正定的要求。執行 CFA 後，由圖 3-14 教師教材教法向度一階驗證性因素修正前分析可知，GFI（=.988）> .9、AGFI（=.973）> .9、CFI（=.991） > .9，chi-square/df（=2.576）< 5、RMSEA（= .049）< .08，均達標準值。

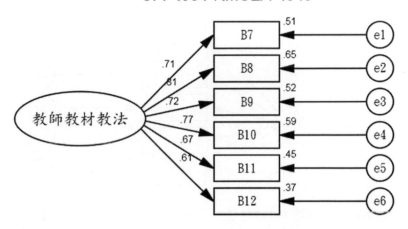

chi-square=23.180 df=9
chi-square/df=2.576
GFI=.988 AGFI=.973
CFI=.991 RMSEA=.049

圖 3-14 教師教材教法一階驗證性因素修正前分析

　　依據修正指標刪除 MI 值較高之題項，刪除教師教材教法 B12 後各項指標均符合標準，刪題後如圖 3-15 教師教材教法向度一階驗證性修正後分析，GFI≧ .9、AGFI≧ .9、CFI（=1.000） ＞.9、chi-square/df <5、RMSEA < .08，配適度頗為理想。而「教師教材教法 11」的因素負荷量為 .66，雖未達 .7 的標準，但仍是可接受的範圍，其餘各項目均超過 .7 以上且未超過 .95 以上。

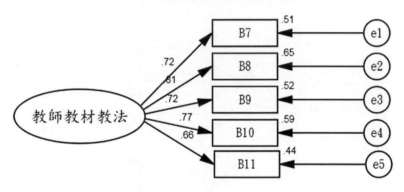

圖 3-15　教師教材教法一階驗證性因素修正後分析

　　教師教材教法向度驗證性因素分析如表 3-42。由表 3-42 教師教材教法向度驗證性因素分析得知參數顯著性估計均為正數且顯著，顯見無違犯估計。組合信度為 .855，超過 .7 的標準；平均變異數萃取量為 .543，超過 .5 的標準，配適度均在超過標準值，因此將刪除後的五個題項予以保留至下一階段的分析，教師教材教法向度驗證性因素分析後題目內容如表 3-43。

表 3-42　教師教材教法向度驗證性分析表

構面	題目	參素顯著性估計				因素負荷量	題目信度	組成信度	收斂效度
		Unstd	S.E.	t-value	P	Std	SMC	CR	AVE
教師教材教法	B7	1.000				.716	.513	.855	.543
	B8	1.126	.060	18.671	***	.809	.654		
	B9	1.220	.072	16.900	***	.720	.518		
	B10	1.153	.064	17.942	***	.770	.593		
	B11	1.147	.073	15.617	***	.662	.438		

*** $p < .001$

表 3-43　教師教材教法向度驗證性因素分析後題目內容

向度	新題號	題目內容
教師教材教法	B5	教學前我會依據課程計畫，將相關的教材教具準備齊全。
	B6	我會依據教學目標來設計教學活動，以有效掌握目標。
	B7	我會事先安排個人或學習小組的任務，以掌握教學流程及學習進度。
	B8	我會先做好教學計劃並精熟教學內容後，再進行教學。
	B9	我會準備替代方案讓不同學生在學習任務、學習活動、學習成果有選擇的機會。

（三）營造學習氣氛向度之驗證性因素分析

　　營造學習氣氛向度共有七個項目，自由度為 7×8/2=28df，共估計 7 個殘差加上 1 個變異數及 6 個因素負荷量，自由度大於估計參數，模型屬於過度辨識，符合理論上模型正定的要求。執行 CFA 後，由圖 3-16 營造學習氣氛向度一階驗證性因素修正前分析可知，GFI （=.953） >.9、AGFI（=.906） >.9、CFI（=.950） >.9，但 chi-square/df （=7.438）>5、RMSEA（= .098）> .08，未達標準值，必須進行刪題修正。

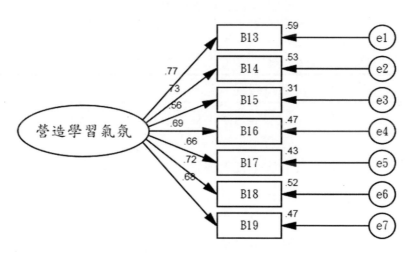

圖 3-16　營造學習氣氛一階驗證性因素修正前分析

　　依據修正指標刪除 MI 值較高之題項，依序刪除營造學習氣氛 B13、B14、B15 後各項指標均符合標準，刪題後如圖 3-17 營造學習氣氛向度一階驗證性修正後分析，GFI≧ .9、AGFI≧ .9、CFI（=1.000） > .9、 chi-square/df <5、RMSEA <.08，配適度頗為理想。而「營造學習氣氛 16」的因素負荷量為 .63 與「營造學習氣氛 16」的因素負荷量為.69，雖未達 .7 的標準，但仍是可接受的範圍，其餘各項目均超過 .7 以上且未超過 .95 以上。

chi-square=1.948 df=2
chi-square/df=.974
GFI=.999 AGFI=.993
CFI=1.000 RMSEA=.000

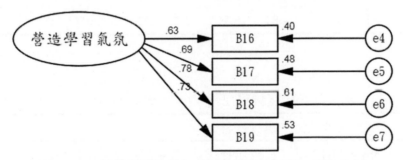

圖 3-17　營造學習氣氛一階驗證性因素修正後分析

　　營造學習氣氛向度驗證性因素分析如表 3-44。由表 3-44 營造學習氣氛向度驗證性因素分析得知參數顯著性估計均為正數且顯著，顯見無違犯估計。組合信度為 .834，超過 .7 的標準；平均變異數萃取量為 .458，接近 .5 的標準，配適度均在可接受的範圍，因此將刪除後的四個題項予以保留至下一階段的分析，營造學習氣氛向度驗證性因素分析後題目內容如表 3-45。

表 3-44 營造學習氣氛向度驗證性分析表

構面	題目	參素顯著性估計				因素負荷量	題目信度	組成信度	收斂效度
		Unstd	S.E.	t-value	P	Std	SMC	CR	AVE
營造學習氣氛	B16	1.000	.072	14.648	***	.677	.458	.834	.458
	B17	1.271	.087	14.677	***	.679	.461		
	B18	1.182	.074	15.867	***	.753	.567		
	B19	1.238	.081	15.229	***	.712	.507		

*** $p < .001$

表 3-45 營造學習氣氛向度驗證性因素分析後題目內容

向度	新題號	題目內容
營造學習氣氛	B10	我會迅速排除在課堂中所突發的問題。
	B11	我會給予學生足夠的時間進行發問和討論。
	B12	我會對不同學生的行為表現建立合宜的期望。
	B13	我會發掘不同學生的優勢能力及興趣並鼓勵他們進一步學習或研究。

（四）教學評量回饋向度之驗證性因素分析

教學評量回饋向度共有五個項目，自由度為 5×6/2=15df，共估計 5 個殘差加上 1 個變異數及 4 個因素負荷量，自由度大於估計參數，模型屬於過度辨識，符合理論上模型正定的要求。執行 CFA 後，由圖 3-18 教學評量回饋向度一階驗證性因素修正前分析可知，GFI （=.956） > .9、CFI（=.945） > .9，但 AGFI（=.868）< .9、chi-square/df （=14.578）>5、RMSEA（= .143） > .08，未達標準值，必須進行刪題修正。

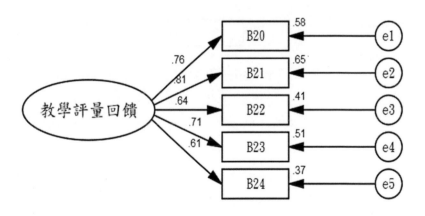

chi-square=72.889 df=5
chi-square/df=14.578
GFI=.956 AGFI=.868
CFI=.945 RMSEA=.143

圖 3-18 教學評量回饋一階驗證性因素修正前分析

依據修正指標刪除 MI 值較高之題項，依序刪除教學評量回饋 B22、B24 後剩下 B20、B21、B23 三題，教學評量回饋向度一階驗證性修正後分析如圖 3-19 所示。根據 Kline（2011）研究指出，二階 CFA 模型正定的條件為每個向度至少要有三個變數。因本研究修正刪題後每個向度有三　個　變　數　，　符　合　恰　好　辨　識　原　則　。

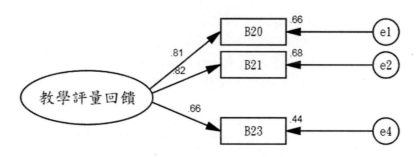

圖 3-19　教學評量回饋一階驗證性因素修正後分析

教學評量回饋向度驗證性因素分析如表 3-46。由表 3-46 教學評量回饋向度驗證性因素分析得知參數顯著性估計均為正數且顯著，顯見無違犯估計。組合信度為 .811，超過 .7 的標準；平均變異數萃取量為 .591，超過 .5 的標準，配適度均在可接受的範圍，因此將刪除後的四個題項予以保留至下一階段的分析，教學評量回饋向度驗證性因素分析後題目內容如表 3-47。

表 3-46　教學評量回饋向度驗證性分析表

構面	題目	參素顯著性估計				因素負荷量	題目信度	組成信度	收斂效度
		Unstd	S.E.	t-value	P	Std	SMC	CR	AVE
教學評量回饋	B20	1.000				.812	.659	.811	.591
	B21	.769	.045	17.116	***	.823	.677		
	B23	.812	.051	15.802	***	.661	.437		

*** $p < .001$

表 3-47　教學評量回饋向度驗證性因素分析後題目內容

向度	新題號	題目內容
教 學 評 量 回饋	B14	我會以多元方式進行教學評量。
	B15	我會依據評量的結果，調整教學的進度、難易度或方法。
	B16	我會請學生對於我的教學給與回饋並調整改進。

（五）教師教學成效構面之二階驗證性因素分析

　　教師教學成效包括「教師自我效能」、「教師教材教法」、「營造學習氣氛」以及「教學評量回饋」等四個向度，進行二階驗證性因素分析後，其結果如圖 3-20 教師教學成效二階驗證性因素分析所示。

chi-square=406.428 df=100
chi-square/df=4.064
GFI=.927 AGFI=.901
CFI=.940 RMSEA=.068

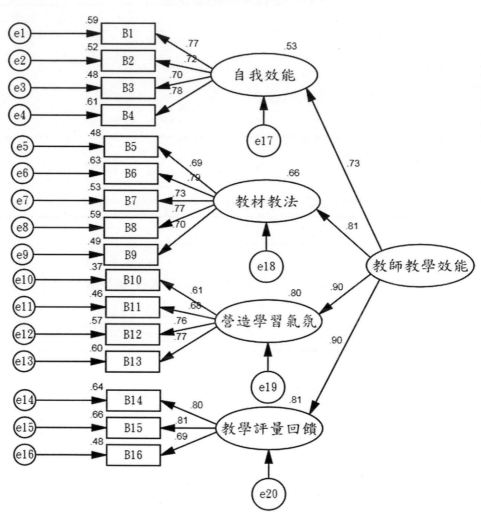

圖 3-20　教師教學效能二階驗證性因素分析

　　以下分別就基本配適度指標、模式內在結構配適度指標、整體模式配適度指標及區別效度加以分析。首先，就基本配適度指標而言，如表3-48教師教學效能構面二階驗證性分析所示，誤差變異並沒有出現負值，符合建議值；因素負荷量介於.725~.899之間，均符合建議值，誤差變異亦都達顯著水準。因此就基本適配指數而言，模式並未發生違反估計情形。

　　就模式內在結構配適度指標而言，由表3-48可知，個別項目的信度介於.526~.808之間均達≧.5的標準；組合信度為.902符合建議值≧.7；平均變異數萃取量為.699符合建議值≧.5。因此，就模式內在結構配適度來看，大都符合配適程度，代表模式內在結構配適度良好。

表3-48　教師教學效能構面二階驗證性分析表

構面	向度	Unstd	S.E.	t-value	P	Std	SMC	CR	AVE
教師教學效能	自我效能	1.000				.725	.526	.902	.699
	教材教法	.958	.079	12.424	***	.812	.659		
	營造學習氣氛	.886	.075	11.800	***	.896	.803		
	教學評量回饋	1.632	.117	13.927	***	.899	.808		

*** $p < .001$

　　其次，就整體模式配適度指標而言，由圖 3-20 可知，χ2 值比率≦ 5、GFI 為 .927、AGFI 為 .901、CFI 為 .940，三者均達大於 .90 的建議值；RMSEA 為 .068，小於 .08 的建議值，在可接受的範圍內，配適度尚可。因此，就整體模式配適度而言，本模式具有良好的配適度。

　　最後，教師教學效能區別效度分析如表 3-49 所示，教師教學效能各向度之 AVE 平方根介於 **.677～.769** 之間，大多大於各構面間的相關係數，顯示本量表具有良好的區別效度。

表 3-49　教師教學效能區別效度分析表

	AVE	教學評量回饋	營造學習氣氛	教材教法	自我效能
教學評量回饋	.591	.769*			
營造學習氣氛	.458	.739	.777*		
教材教法	.543	.732	.681	.737*	
自我效能	.553	.585	.652	.674	.744*

註：* 表示 AVE 平方根大於各構面間的相關係數

　　經上述的模型評鑑過程後，從模型的配適度、各題項的標準化迴歸係數、收斂效度、區別效度的驗證，整體而言本模型的外在品質與內在品質頗佳，亦即模式之徑路圖與實際觀察資料之配適度良好，研究者所提的教師教學效能建構效度之驗證性因素分析之模式圖，獲得統計上的支持，適合進行下一步驟的結構模型分析。

三、學生學習成效之驗證性因素分析

（一）學習興趣向度之驗證性因素分析

學習興趣向度共有六個項目，自由度為 6×7/2=21df，共估計 6 個殘差加上 1 個變異數及 5 個因素負荷量，自由度大於估計參數，模型屬於過度辨識，符合理論上模型正定的要求。執行 CFA 後，由圖 3-21 學習興趣向度一階驗證性因素修正前分析可知，GFI （=.895）＜ .9、AGFI （=.754） ＜.9、CFI（=.873） ＜ .9，且 chi-square/df （=28.236）>5、RMSEA（= .202）> .08，未達標準值，必須進行刪題修正。

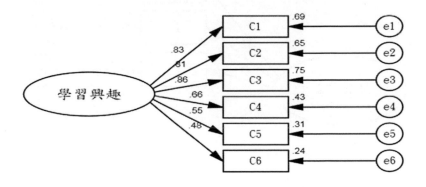

圖 3-21　學習興趣一階驗證性因素修正前分析

　　依據修正指標刪除 MI 值較高之題項，依序刪除學習興趣 4、5、6 後剩下 C1、C2、C3 等三題，學習興趣向度一階驗證性修正後分析如圖 3-22 所示。根據 Kline（2011）研究指出，二階 CFA 模型正定的條件為每個向度至少要有三個變數。因本研究修正刪題後每個向度有三個變數，符合恰好辨識原則。

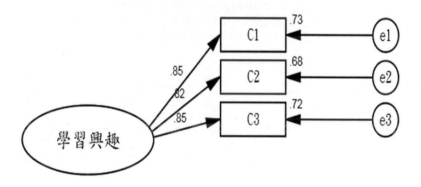

chi-square=.000 df=0
chi-square/df=\cmindf
GFI=1.000 AGFI=\agfi
CFI=\cfi RMSEA=\rmsea

圖 3-22　　學習興趣一階驗證性因素修正後分析

　　學習興趣向度驗證性因素分析如表 3-50。由表 3-50 學習興趣向度驗證性因素分析得知參數顯著性估計均為正數且顯著，顯見無違犯估計。組合信度為 .872，超過 .7 的標準；平均變異數萃取量為 .634，超過.5 的標準，配適度均在可接受的範圍，因此將刪除後的四個題項予以保留至下一階段的分析，學習興趣向度驗證性因素分析後題目內容如表 3-51。

表 3-50　學習興趣向度驗證性分析表

構面	題目	參素顯著性估計				因素負荷量	題目信度	組成信度	收斂效度
		Unstd	S.E.	t-value	P	Std	SMC	CR	AVE
學習興趣	C1	1.000				.845	.714	.872	.634
	C2	1.013	.042	23.925	***	.813	.661		
	C3	1.058	.041	25.594	***	.865	.748		

*** $p < .001$

表 3-51　學習興趣向度驗證性因素分析後題目內容

向度	新題號	題目內容
學習興趣	C1	任課班級學生主動積極、努力學習。
	C2	任課班級學生上課踴躍發表意見、時常與同學討論課程內容。
	C3	任課班級學生學習動機強烈，期望能有好的表現。

（二）學習態度向度之驗證性因素分析

　　學習態度向度共有五個項目，自由度為 5×6/2=15df，共估計 5 個殘差加上 1 個變異數及 4 個因素負荷量，自由度大於估計參數，模型屬於過度辨識，符合理論上模型正定的要求。執行 CFA 後，由圖 3-19 學習態度向度一階驗證性因素修正前分析可知，GFI（=.945）>.9、CFI（=.942）>.9，但 AGFI（=.835）<.9、chi-square/df（=18.858）>3、RMSEA（=.164）> .08，未達標準值，須進行刪題修正。

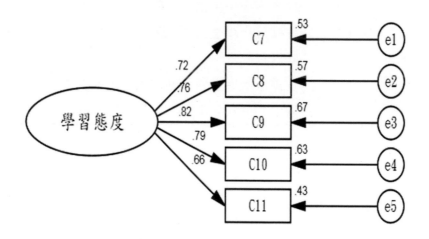

chi-square=94.290 df=5
chi-square/df=18.858
GFI=.945 AGFI=.835
CFI=.942 RMSEA=.164

圖 3-23　學習態度一階驗證性因素修正前分析

　　依據修正指標刪除 MI 值較高之題項，依序刪除學習態度 10、11 後剩下 C7、C8、C9 等三題，學習態度向度一階驗證性修正後分析如圖 3-24 所示。根據 Kline（2011）研究指出，二階 CFA 模型正定的條件為每個向度至少要有三個變數。因本研究修正刪題後每個向度有三個變數，符合恰好辨識原則。

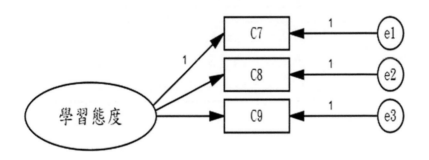

chi-square=\cmin df=\df
chi-square/df=\cmindf
GFI=\gfi AGFI=\agfi
CFI=\cfi RMSEA=\rmsea

圖 3-24　學習態度一階驗證性因素修正後分析

　　學習態度向度驗證性因素分析如表 3-52。由表 3-52 學習態度向度驗證性因素分析得知參數顯著性估計均為正數且顯著，顯見無違犯估計。組合信度為 .866，超過 .7 的標準；平均變異數萃取量為 .566，超過.5 的標準，配適度均在可接受的範圍，因此將刪除後的三個題項予以保留至下一階段的分析，學習態度向度驗證性因素分析後題目內容如表 3-53。

表 3-52 學習態度向度驗證性分析表

構面	題目	參素顯著性估計				因素負荷量	題目信度	組成信度	收斂效度
		Unstd	S.E.	t-value	P	Std	SMC	CR	AVE
學習態度	C7	1.000				.725	.526	.866	.566
	C8	1.106	.061	18.170	***	.756	.572		
	C9	1.071	.055	19.492	***	.817	.667		

*** $p < .001$

表 3-53 學習態度向度驗證性因素分析後題目內容

向度	新題號	題目內容
學習態度	C4	任課班級學生總是能準時到校。
	C5	任課班級學生總是能準時進入教室上課。
	C6	任課班級學生能遵守學校規定及秩序。

（三）作業表現向度之驗證性因素分析

作業表現向度共有四個項目，自由度為 4×5/2=10df，共估計 4 個殘差加上 1 個變異數及 3 個因素負荷量，自由度大於估計參數，模型屬於過度辨識，符合理論上模型正定的要求。執行 CFA 後，由圖 3-21 作業表現向度一階驗證性因素修正前分析可知，GFI（=.979）>.9、CFI（=.979）>.9，但 AGFI（=.893）<. 9、RMSEA（= .150）> .08、chi-square/df（=16.010）>3，未達標準值，須進行刪題修正。

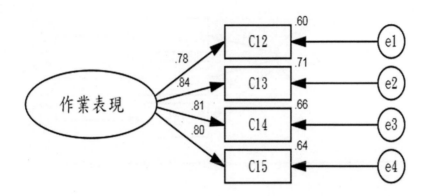

chi-square=32.021 df=2
chi-square/df=16.010
GFI=.979 AGFI=.893
CFI=.979 RMSEA=.150

圖 3-25　作業表現一階驗證性因素修正前分析

　　依據修正指標刪除 MI 值較高之題項，依序刪除學習態度第 12 題後，剩下 C13、C14、C15 等三題，作業表現向度一階驗證性修正後分析如圖 3-26 所示。根據 Kline（2011）研究指出，二階 CFA 模型正定的條件為每個向度至少要有三個變數。因本研究修正刪題後每個向度有三個變數，符合恰好辨識原則。

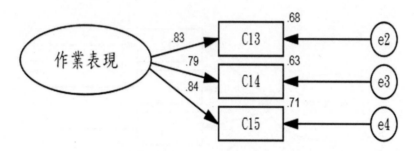

chi-square=.000 df=0
chi-square/df=\cmindf
GFI=1.000 AGFI=\agfi
CFI=\cfi RMSEA=\rmsea

圖 3-26　作業表現一階驗證性因素修正後分析

　　作業表現向度驗證性因素分析表 3-54。由表 3-54 作業表現向度驗證
性因素分析得知參數顯著性估計均為正數且顯著，顯見無違犯估計。組
合信度為 .861，超過 .7 的標準；平均變異數萃取量為 .673，超過.5 的
標準，配適度均在可接受的範圍，因此將刪除後的三個題項予以保留至
下一階段的分析，作業表現向度驗證性因素分析後題目內容如表 3-55。

表 3-54　作業表現向度驗證性分析表

構面	題目	參素顯著性估計				因素負荷量	題目信度	組成信度	收斂效度
		Unstd	S.E.	t-value	P	Std	SMC	CR	AVE
作業表現	C13	1.000				.825	.681	.861	.673
	C14	.913	.043	21.128	***	.792	.627		
	C15	1.026	.047	21.889	***	.844	.712		

*** $p < .001$

表 3-55　作業表現向度驗證性因素分析後題目內容

向度	新題號	題目內容
作業表現	C7	任課班級學生能透過口語適當表達自己的想法。
	C8	任課班級學生能運用所學知識解決問題。
	C9	任課班級學生在學習過程當中表現獨特的想法與創造力。

（四）學習績效向度之驗證性因素分析

　　學習績效向度共有七個項目，自由度為 7×8/2=28df，共估計 7 個殘差加上 1 個變異數及 6 個因素負荷量，自由度大於估計參數，模型屬於過度辨識，符合理論上模型正定的要求。執行 CFA 後，由圖 3-27 學習績效向度一階驗證性因素修正前分析可知，GFI （=.951） ＞ .9、AGFI （=.901） ＞ .9、CFI（=.959） ＞ .9，但 RMSEA（= .105） ＞ .08、chi-square/df （=8.321）>3，未達標準值，必須進行刪題修正。

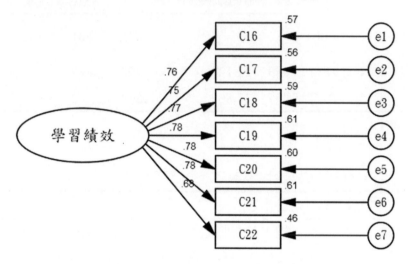

圖 3-27　學習績效一階驗證性因素修正前分析

　　依據修正指標刪除 MI 值較高之題項，依序刪除學習氣氛 C21、C22
後各項指標均符合標準，刪題後如圖 3-28 學習績效向度一階驗證性修正
後分析，GFI≧ .9、AGFI≧ .9、CFI（＝.917）＞ .9、chi-square/df <3、
RMSEA＜.08，配適度頗為理想。而各項的因素負荷量均超過 .7 以上且
未超過 .95 以上。

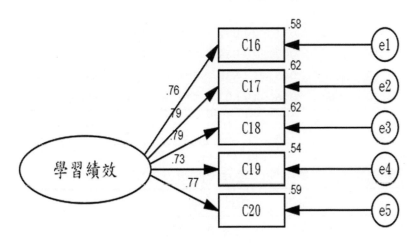

chi-square=13.269 df=5
chi-square/df=2.654
GFI=.992 AGFI=.976
CFI=.995 RMSEA=.050

圖 3-28　學習績效一階驗證性因素修正後分析

　　學習績效向度驗證性因素分析如表 3-56 所示。由表 3-56 學習績效向度驗證性因素分析得知參數顯著性估計均為正數且顯著，顯見無違犯估計。組合信度為.877，超過 .7 的標準；平均變異數萃取量為 .588，超過.5 的標準，配適度均在可接受的範圍，因此將刪除後的五個題項予以保留至下一階段的分析，學習績效向度驗證性因素分析後題目內容如表 3-57。

表 3-56　學習績效向度驗證性分析表

構面	題目	參素顯著性估計				因素負荷量	題目信度	組成信度	收斂效度
		Unstd	S.E.	t-value	P	Std	SMC	CR	AVE
學習績效	C16	1.000				.763	.582	.877	.588
	C17	1.031	.051	20.090	***	.786	.618		
	C18	1.147	.057	20.059	***	.785	.616		
	C19	.835	.045	18.630	***	.732	.536		
	C20	.898	.046	19.607	***	.768	.590		

*** $p < .001$

表 3-57　學習績效向度驗證性因素分析後題目內容

向度	新題號	題目內容
學習績效	C10	任課班級學生學業成績逐年提升。
	C11	任課班級學生日常生活競賽成績表現突出。
	C12	任課班級學生參加校內外競賽常能榮獲佳績。
	C13	任課班級學生人際關係、情緒管理有顯著提升。
	C14	任課班級學生能在多元評量有優秀表現。

（五）學生學習成效構面之二階驗證性因素分析

學生學習成效包括「學習興趣」、「學習態度」、「作業表現」與「學習績效」等四個向度，進行二階驗證性因素分析後，其結果如圖 3-29 學生學習成效二階驗證性因素分析所示。

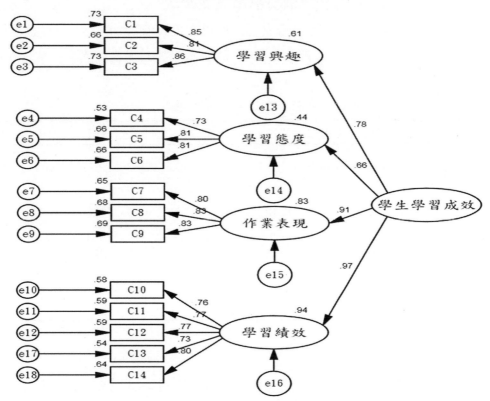

圖 3-29　學生學習成效二階驗證性因素分析

　　以下分別就基本配適度指標、模式內在結構配適度指標、整體模式配適度指標及區別效度加以分析。首先，就基本配適度指標而言，如表3-58 學生學習成效構面二階驗證性分析所示，誤差變異並沒有出現負值，符合建議值；因素負荷量介於 .664~ .971 之間，符合建議值，誤差變異亦都達顯著水準。因此就基本適配指數而言，模式並未發生違反估計情形。

　　就模式內在結構配適度指標而言，由表 3-58 可知，個別項目的信度介於.441~ .943 之間，大部分都 ≥ .5 的標準；組合信度為 .904 符合建議值 ≥ .7；平均變異數萃取量為.706 符合建議值 ≥ .5。因此，就模式內在結構配適度來看，大都符合配適程度，代表模式內在結構配適度良好。

表 3-58　　學生學習成效構面二階驗證性分析表

構面	向度	Unstd	S.E.	t-value	P	Std	SMC	CR	AVE
學生學習成效	學習興趣	1.000				.783	.613	.904	.706
	學習態度	.626	.049	12.691	***	.664	.441		
	作業表現	1.118	.065	17.185	***	.910	.828		
	學習績效	1.121	.066	16.885	***	.971	.943		

*** $p < .001$

　　其次，就整體模式配適度指標而言，由圖 3-25 可知，χ2 值比率 ≤ 5、GFI 為 .952、AGFI 為 .931、CFI 為 .973，三者均達大於 .90 的建議值，；SRMR 為 .056，亦小於 .08 的建議值。因此，就整體模式配適度而言，本模式具有良好的配適度。

最後，學生學習成效區別效度分析如表 3-59 所示，學生學習成效各向度之 AVE 平方根介於.752-.820 之間，且大多大於各構面間的相關係數，顯示本量表具有良好的區別效度。

表 3-59 學生學習成效區別效度分析表

	AVE	學習績效	作業表現	學習態度	學習興趣
學習績效	.588	.767	*		
作業表現	.673	.759	.820	*	
學習態度	.566	.647	.569	.752	*
學習興趣	.634	.749	.715	.575	.796*

註：* 表示 AVE 平方根大於各構面間的相關係數

經上述的模型評鑑過程後，從模型的配適度、各題項的標準化回歸系數、收斂效度、區別效度的驗證，整體而言本模型的外在品質與內在品質頗佳，亦即模式之徑路圖與實際觀察資料之配適度良好，研究者所提的學生學習成效建構效度之驗證性因素分析之模式圖，獲得統計上的支持，適合進行下一步驟的結構模型分析。

第六節　資料處理

為探究國民中學校長正向領導、教師教學效能與學生學習成效之關係，本研究進行之統計分析模式包括因素分析、描述性統計、獨立樣本 t 檢定、變異數分析（ANOVA）、皮爾森積差相關（Pearson'sproduct-momentcorr.;*r*）與結構方程模式（SEM），使用之資料分析方法分述如下：

壹、因素分析

主要做為工具效度分析之用。本研究測量調查樣本教師知覺校長正向領導、教師教學效能與學生學習成效的量表題目總共為 98 題，為了更簡潔描述這些題目之間的交互關係，並將變項予以概念化，本研究運用探索性因素分析，找出這些題目之間的共同因素，以利進行後續的統計分析。

貳、描述性統計

以次數分配、平均數、標準差與百分比等描述性統計，做為調查樣本的個人背景（包括性別、年齡、最高學歷與在校擔任職務）、學校背景變項（包括學校位置、規模與區域）等之描述統計分析，以呈現本研究調查樣本的分配情形，並進一步比較母群體分配情形。

參、獨立樣本 t 檢定

以受試者的基本資料為自變項，以「校長正向領導」、「教師教學效能」及「學生學習成效」為依變項，進行 T 檢定，分析不同性別背景變項之國民中學教師知覺校長正向領導、教師教學效能與學生學習成效整體及各層面是否有差異。同時針對有差異的變項進行事後比較。

肆、變異數分析（ANOVA）

用以比較不同背景變項在國民中學教師知覺校長正向領導、教師教學效能與學生學習成效各分量表之差異情形。其中，單因子變異數分析若差異達顯著水準，再以雪費事後比較法（scheffe'method）進行事後比較;而若在變異數同質性檢定中發現變異數為不同質時，則以 Games-Howell 法進行事後比較。

伍、皮爾森積差相關（Pearson'sproduct-momentcorr.；r）

以皮爾森積差相關探討國民中學教師知覺校長正向領導、教師教學效能與學生學習成效以及國民中學校長正向領導與學生學習成效等之相關情形。

陸、結構方程模式（SEM）

做為探討國民中學校長正向領導、教師教學效能與學生學習成效的可能影響結構，本研究以 AMOS（Analysis of Moment Structure）20 統計軟體進行潛在變項路徑分析（path analysis with latent variables,PA-LV）。分析模型包括校長正向領導、教師教學效能與學生學習成效的測量模式（measurement model），以及校長正向領導對教師教學效能、學生學習成效影響的結構模式（structural model）。

第四章　研究結果分析與討論

　　本章依據本研究架構分為四節，第一節校長正向領導、教師教學效能與學生學習成效現況分析；第二節校長正向領導、教師教學效能與學生學習成效之差異情形；第三節校長正向領導、教師教學效能與學生學習成效之相關分析；第四節校長正向領導、教師教學效能與學生學習成效之結構方程模式影響效果分析，依序探討如下。

第一節　校長正向領導、教師教學效能與學生學習成效現況分析

　　本節藉由問卷調查所得之資料，以各構面或各題平均分數及標準差作為分析比較之依據，以探討國民中學教師知覺校長正向領導、教師教學效能與學生學習成效之現況。

壹、國民中學校長正向領導現況分析

　　國民中學教師知覺校長正向領導現況分析討論如下。

一、校長正向領導各構面現況分析討論

　　本研究將校長正向領導之構面因素分成塑造正向氣氛、建立正向關係、進行正向溝通及賦予正向意義等四個子構面，國民中學校長正向領導量表各構面分析如表 4-1 所示。

表 4-1　校長正向領導量表各構面分析摘要表

構面名稱	平均數	標準差	題數
塑造正向氣氛	3.88	.79	5
建立正向關係	3.76	.82	4
進行正向溝通	3.78	.79	4
賦予正向意義	3.90	.76	4
整體平均數	3.83	.74	17

n = 668

　　從表 4-1 中發現對於之國民中學校長正向領導現況分析討論如下：
（一）整體而言，國民中學校長正向領導總量表平均為 3.83，可見國民中學校長正向領導屬於中上程度。各構面平均得分介 3.76—3.90 之間，與平均值 3 分相較，屬中上程度，在五點量表中即介於普通與同意之間。
　　綜合上述分析，國民中學教師在整體校長正向領導之平均為中上程度，此與謝傳崇（2014）、許文薇（2014）、李菁菁（2014）、蕭宏宇（2014）、蕭文智（2015）、蔡琇韶（2016）、曾若玫（2016）、鍾享龍（2016）、黃淑芬（2017）、姚麗英（2018）與黎素君（2019）等人之研究結果相符。
（二）從各子構面分析結果的原始分數看來，以「賦予正向意義」（M=3.90）之得分最高，依次為「塑造正向氣氛」（M=3.88）、「進行正向溝通」

（M=3.78）。雖然建立正向關係得分較低，但仍高於平均數 3 以上，屬於中上程度。

在校長正向領導各層面以賦予正向意義高於塑造正向氣氛，而塑造正向氣氛高於進行正向溝通，又進行正向溝通高於建立正向關係，此研究結果與李菁菁（2014）、曾若玫（2016）、鍾享龍（2016）的研究結果相似。在「建立正向關係」層面較低，但也達中上程度，與蕭宏宇（2014）、蔡琇韶（2016）之研究結果相似，但與與黎素君（2019）得分次序上略有差異，其原因可能跟施測對象（國小教師）及施測區域（北北基）有所關連。

二、校長正向領導各子構面題項現況分析討論

本研究針對校長正向領導各子構面題項現況分析，其結果如表 4-2。

表 4-2　校長正向領導量表各題項分析

構面	題目內容	平均數	標準差
塑造正向氣氛	校長能呈現正向能量，成為教師的典範。	4.03	.999
	校長會公開的讚美教師的優異表現。	4.08	.836
	校長要求學校同仁工作績效時，會兼顧同仁個體特殊性及心理感受。	3.61	.936
	校長能充分授權學校行政人員及教師推動校務發展及教學活動。	3.83	.911
	校長不會將個人壓力及情緒遷怒學校同仁。	3.85	1.005

（續下頁）

構面	題目內容	平均數	標準差
建立正向關係	校長能以同理心去體會教師的需求與感受。	3.68	1.016
	校長能鼓勵教師公開向同仁表達情感上的支持。	3.75	.891
	校長能提供教師教學工作與情緒上的支持。	3.65	.930
	校長會尊重教師的教育專業自主權。	3.97	.822
進行正向溝通	校長能以正向的肯定語詞取代負向批評的言語。	3.92	.864
	校長推動重大校務決策前,會諮詢學校同仁意見及看法。	3.69	1.014
	當學校同仁犯錯時,校長會以正向勸導代替責備。	3.72	.885
	學校同仁不會畏懼或排斥跟校長當面溝通。	3.78	.887
賦予正向意義	校長能積極主動的將個人正向教育理念與同仁分享。	4.05	.826
	校長能使教師明瞭學校的目標及應負的責任。	3.93	.808
	校長承接上級業務是為了替學校爭取更多的資源。	3.70	.988
	校長會以學生學習為優先考量。	3.92	.958

n = 668

　　從表 4-2 中發現塑造正向氣氛構面各題平均得分都在平均數 3 以上，可見國民中學教師知覺校長塑造正向氣氛在中上程度以上；在建立正向關係構面各題平均得分都在平均數 3 以上，可見國民中學教師知覺校長建立正向關係在中上程度以上；在進行正向溝通構面各題平均得分都在平均數 3 以上，可見國民中學教師知覺校長進行正向溝通在中上程度；在賦予正向意義構面各題平均得分都在平均數 3 以上，可見國民中學教師知覺校長賦予正向意義在中上程度。

　　在塑造正向氣氛構面各題中，以「校長會公開的讚美教師的優異表現。」得分最高（M=4.08），其次為「校長能呈現正向能量，成為教師的典範。」（M=4.03），「校長不會將個人壓力及情緒遷怒學校同仁。」（M=3.85）、「校長能充分授權學校行政人員及教師推動校務發展及教學活動。」（M=3.83）；而得分較低的為「校長要求學校同仁工作績效時，會兼顧同仁個體特殊性及心理感受。」（M=3.61）。

　　建立正向關係構面各題中，以「校長會尊重教師的教育專業自主權。」得分最高（M=3.97），其次為「校長能鼓勵教師公開向同仁表達情感上的支持。」（M=3.75）；而得分較低的為「校長能以同理心去體會教師的需求與感受。」（M=3.68）；「校長能提供教師教學工作與情緒上的支持。」（M=3.65）。

　　進行正向溝通構面各題中，以「校長能以正向的肯定語詞取代負向批評的言語。」得分最高（M=3.92），其次為「學校同仁不會畏懼或排斥跟校長當面溝通。」（M=3.78），「當學校同仁犯錯時，校長會以正向勸導代替責備。」（M=3.72）；而得分較低的為「校長推動重大校務決策前，會諮詢學校同仁意見及看法。」（M=3.69），亦都在中上程度。

　　在賦予正向意義構面各題中，以「校長能積極主動的將個人正向教育理念與同仁分享。」得分最高（M=4.05），其次為「校長能使教師明瞭

學校的目標及應負的責任。」（M=3.93），「校長會以學生學習為優先考量。」（M=3.92）；而得分相對較低的為「校長承接上級業務是為了替學校爭取更多的資源。」（M=3.70），亦都在中上程度。

本研究就單題國民中學教師知覺校長正向領導以「校長會公開的讚美教師的優異表現。」得分最高（M=4.08），其次為「校長能積極主動的將個人正向教育理念與同仁分享。」（M=4.05）均屬於高程度，可見國民中學校長對於學校教師的努力與付出或是傑出表現，均能以正向的態度、公開讚美教師的優異表現，並能將校長個人的正向教育理念與同仁分享。在建立正向關係方面以「校長能提供教師教學工作與情緒上的支持。」（M=3.65）、塑造正向氣氛方面以「校長要求學校同仁工作績效時，會兼顧同仁個體特殊性及心理感受。」（M=3.61）得分較低但屬於中上程度，研究顯示國民中學校長對於「提供教師教學工作與情緒上的支持」與「要求學校同仁工作績效時，會兼顧同仁個體特殊性及心理感受」。仍有進步的空間；例如，於教師工作加班或學校自辦或承辦大型活動時，校長能額外多加關懷教師的個殊性與心理感受，並提供實質與情感上的支持。

三、小結

綜上所述，國民中學校長正向領導中「塑造正向氣氛」、「建立正向關係」、「進行正向溝通」、「賦予正向意義」構面均達中上程度。顯示國民中學校長在正向領導各層面的運用情形大致良好，校長提升讓學校競爭力，都將學校成員看成合作夥伴而非下屬，讓成員增加承諾、盡心盡力和凝聚向心力來增加競爭力，校長領導的重點已轉變賦與校長願景與理念正向意義、平時塑造正向氣氛並建立正向關係與暢通正向溝通。

貳、國民中學教師教學效能現況分析討論

一、教師教學效能各構面現況分析討論

　　本研究將教師教學效能之構面因素分成教師自我效能、教師教材教法、營造學習氣氛及教學評量回饋等四個子構面，教師教學效能量表各構面分析如表 4-3 所示。

表 4-3　教師教學效能各構面分析摘要表

構面名稱	平均數	標準差	題數
自我效能	4.27	.52	4
教材教法	4.01	.51	5
學習氣氛	4.18	.47	4
評量回饋	4.03	.59	3
整體平均數	4.12	.43	16

n = 668

　　從表 4-3 中發現對於教師教學效能各構面之現況分析討論如下：

（一）整體而言，國民中學教師教學效能總量表平均數為 4.12，可見國民中學教師教師教學效能屬於高程度。各構面平均得分介 4.01-4.27 之間，與平均值 3 分相較，屬高程度，在五點量表中介於同意至非常同意之間。

　　綜合上述分析，國民中學教師在整體教師教學效能之平均為高程度，此研究結果與楊豪森（2008）、陳玫良（2009）、曾信榮（2010）、蔡金田（2014）、鍾昀珊與戰寶華（2015）、郭福豫（2015）、鄭雅婷（2017）、許瑞芳（2018）等研究結果相類似。

（二）從各子構面分析結果的原始分數看來，以「教師自我效能」之得分最高（M=4.27），依次為「營造學習氣氛」（M=4.18）、「教學評量回饋」（M=4.03）、「教師教材教法」（M=4.01），教師教學效能各子構面均高於平均數 3 以上，屬於高程度。

在教師教學效能各層面以教師自我效能高於營造學習氣氛，而營造學習氣氛高於教學評量回饋，又教學評量回饋高於教師教材教法，此研究結果與楊素綾（2011）、張素花（2012）的研究結果相似。雖然教師教材教法的構面平均數較低，但亦達中上程度，顯示國民中學教師教學校能現況良好。

二、教師教學效能各向度題項現況分析討論

本研究針對教師教學效能各題項現況分析如表 4-4。

表 4-4　教師教學效能各題項分析

構面	題目內容	平均數	標準差
教師自我效能	我覺得教學是件很有意義的事。	4.42	.599
	我對教學更加充滿信心。	4.09	.696
	我願意持續專業進修。	4.22	.675
	我會維持良好教學態度與信念。	4.37	.569
教師教材教法	教學前我會依據課程計畫，將相關的教材教具準備齊全。	4.11	.587
	我會依據教學目標來設計教學活動，以有效掌握目標。	4.09	.584

（續下頁）

構面	題目內容	平均數	標準差
	我會事先安排個人或學習小組的任務，以掌握教學流程及學習進度。	3.88	.711
	我會先做好教學計劃並精熟教學內容後，再進行教學。	4.06	.629
	我會準備替代方案讓不同學生在學習任務、學習活動、學習成果有選擇的機會。	3.89	.727
營造學習氣氛	我會迅速排除在課堂中所突發的問題。	4.29	.544
	我會給予學生足夠的時間進行發問和討論。	4.06	.658
	我會對不同學生的行為表現建立合宜的期望。	4.25	.552
	我會發掘不同學生的優勢能力及興趣並鼓勵他們進一步學習或研究。	4.14	.611
教學評量回饋	我會以多元方式進行教學評量。	4.04	.761
	我會依據評量的結果，調整教學的進度、難易度或方法。	4.12	.577
	我會請學生對於我的教學給與回饋並調整改進。	3.94	.759

n = 668

　　從表 4-4 中發現教師自我效能構面各題平均得分介於 4.09-4.42 之間，可見國民中學教師自我效能方面在高程度；在教師教材教法構面各題平均得分介於 3.88-4.11 之間，可見國民中學教師教材教法方面在中上程度與高程度之間；在營造學習氣氛構面各題平均得分介於 4.06-4.29 之間，可見國民中學營造學習氣氛方面在高程度；在教學評量回饋構面各題平均得分介於 3.94-4.12 之間，可見國民中學教學評量回饋方面在中上程度偏高程度之間。

　　在教師自我效能構面各題中，以「我覺得教學是件很有意義的事。」得分最高（M=4.42），其次為「我會維持良好教學態度與信念。」（M=4.37），而得分相對較低的為「我對教學更加充滿信心。」（M=4.09）。

　　在教師教材教法構面各題中，以「教學前我會依據課程計畫，將相關的教材教具準備齊全。」得分最高（M=4.11），其次為「我會依據教學目標來設計教學活動，以有效掌握目標。」（M=4.09），依序為「我會先做好教學計劃並精熟教學內容後，再進行教學。」（M=4.06）；而得分較低的為「我會事先安排個人或學習小組的任務，以掌握教學流程及學習進度。」（M=3.88）。

　　在營造學習氣氛構面各題中，以「我會迅速排除在課堂中所突發的問題。」得分最高（M=4.29），其次為「我會對不同學生的行為表現建立合宜的期望。」（M=4.25），「我會發掘不同學生的優勢能力及興趣並鼓勵他們進一步學習或研究。」（M=4.14）；而得分相對較低的為「我會給予學生足夠的時間進行發問和討論。」（M=4.06），亦都在高程度。

　　本研究就單題而言國民中學教師教學效能以「我覺得教學是件很有意義的事。」得分最高（M=4.42），其次為「我會維持良好教學態度與信念。」（M=4.37），可見國民中學教師對於教師自我效能當中賦予教學相

當的價值性與意義性，並在教學的態度與信念上持續堅持並保持良好狀態，以達成良好的教學效能。

本研究在「教師教材教法」方面以「我會準備替代方案讓不同學生在學習任務、學習活動、學習成果有選擇的機會。」（M=3.89）、「我會事先安排個人或學習小組的任務，以掌握教學流程及學習進度。」（M=3.88）得分較低但屬於中上程度，研究顯示國民中學教師面對課堂教材教法，大多會研擬教學計畫，規劃教學活動的進行，並準備多元教學方案符合學生學習；例如，分組教學，交付學生學習任務與學習目標以及安排適性學習方案等。

三、小結

綜上所述，國民中學教師教學校能整體構面達高程度，究其原因可能是由於當前大專院校教育體系大學的師資培育已達到一定的水準，加上教師檢定考試以及教師甄試難度提高高，所遴選之教師均達一定水平；加上教育部近年來積極推動現職教師精進教學計劃、教師專業社群、教師專業發展評鑑等政策；各縣市政府教育局積極進行校務評鑑，推動校長及教師公開授課、入班觀課，強化教師的進修、研習等。加上近年來少子化的影響，家長重視子女的教育，強調教育選擇權，使教師重視自己教學專業能力的增能，也因此提升了教師的教學效能，唯相較教師教材教法構面在國中階段分組合作學習低，故仍有努力的空間；例如，教師應重視班級師生及學生與之間互動關係，注重互動的歷程，強調學生合作學習、師生互動，給予適當的學習楷模和示範，以增強正向的學習效果；在教學過程中，靈活運用教學原理與方法，提供完整的課程、教材知識架構，及各項相關資訊，讓學生有效建構學習意義；教師與學生在教學歷程中不斷地成長，並教學相長以帶動整個教學活動，學生與教

師共同合作來完成教學計畫的內容，並能依教案的內容來互相評量，使教學成效得以提升。

參、國民中學學生學習成效現況分析討論

一、學生學習成效各構面現況分析討論

　　本研究將學生學習成效之構面因素分成學習興趣、學習態度、作業表現及學習氣氛等四個子構面，學生學習成效各構面分析如表 4-5 所示。

表 4-5　學生學習成效各構面分析摘要表

構面名稱	平均數	標準差	題數
學習興趣	3.68	.68	3
學習態度	4.00	.55	3
作業表現	3.65	.66	3
學習績效	3.61	.60	5
整體平均數	3.72	.52	14

n = 668

　　從表 4-5 中發現對於學生學習成效之現況分析討論如下：

（一）整體而言，國民中學學生學習成效總量表平均數為 3.72，可見國民中學學生學習成效屬於中上程度。各構面平均得分介 3.61-4.00 之間，與平均值 3 分相較，屬中上程度至高程度之間，在五點量表中即介於同意與非常同意之間。

　　綜合上述分析，國民中學教師在學生學習成效之平均為中上程度，此研究結果與蔡金田（2014）、杜歧旺（2015）、劉美玲（2017）等研究結果相類似。

（二）從學生學習成效各子構面分析結果的原始分數看來，以「學習態度」之得分最高（M=4.00），依次為「學習興趣」（M=3.68）、「作業表現」（M=3.65）、「學習績效」（M=3.61）。雖然學習績效得分較低，但仍高於平均數 3 以上，屬於中上程度。

　　而在學生學習成效各子構面以學習態度高於學習興趣，學習興趣高於作業表現，又作業表現高於學習績效，此研究結果與杜歧旺（2015）、劉美玲（2017）的研究結果相似。而教學策略高於教學計畫，此研究結果與蔡金田（2014）的研究結果相似。雖然學習績效的構面平均數較低，但亦達 M=3.61 中上程度，顯示國民中學學生學習成效現況良好。

二、學生學習成效題項現況分析討論

　　本研究針對學生學習成效題項分析如表 4-6。

表 4-6　學生學習成效題項分析

構面	題目內容	平均數	標準差
學習興趣	任課班級學生主動積極、努力學習。	3.65	.740
	任課班級學生上課踴躍發表意見、時常與同學討論課程內容。	3.70	.780
	任課班級學生學習動機強烈，期望能有好的表現。	3.68	.764
學習態度	任課班級學生總是能準時到校。	3.98	.639
	任課班級學生總是能準時進入教室上課。	3.98	.678
	任課班級學生能遵守學校規定及秩序。	4.03	.608

（續下頁）

構面	題目內容	平均數	標準差
作業表現	任課班級學生能透過口語適當表達自己的想法。	3.76	.756
	任課班級學生能運用所學知識解決問題。	3.57	.720
	任課班級學生在學習過程當中表現獨特的想法與創造力。	3.63	.759
學習績效	任課班級學生學業成績逐年提升。	3.54	.749
	任課班級學生日常生活競賽成績表現突出。	3.58	.749
	任課班級學生參加校內外競賽常能榮獲佳績。	3.50	.835
	任課班級學生人際關係、情緒管理有顯著提升。	3.78	.652
	任課班級學生能在多元評量有優秀表現。	3.67	.668

n = 668

　　從表 4-6 中發現學生學習興趣構面各題平均得分介於 3.65-3.70 之間，可見國民中學學生學習興趣方面介於中上程度。其中以「任課班級學生上課踴躍發表意見、時常與同學討論課程內容。」得分最高（M=3.70），其次為「任課班級學生學習動機強烈，期望能有好的表現。」（M=3.68）、而得分較低的為「任課班級學生主動積極、努力學習。」（M=3.65）。

　　在學習態度構面各題平均得分介於 3.98-4.03 之間，可見國民中學學生學習態度方面屬於中上程度到高程度之間。其中以「任課班級學生能遵守學校規定及秩序。」得分最高（M=4.03），其次為「任課班級學生總

是能準時到校。」（M=3.98）、與「任課班級學生總是能準時進入教室上課。」（M=3.98），得分相同。

在作業表現構面各題平均得分介於 3.63-3.76 之間，可見國民中學學生作業表現方面介於中上程度。其中以「任課班級學生能透過口語適當表達自己的想法。」得分最高（M=3.76），其次為「任課班級學生在學習過程當中表現獨特的想法與創造力。」（M=3.63）、而得分較低的為「任課班級學生能運用所學知識解決問題。」（M=3.57）。

在學習績效構面各題平均得分介於 3.50-3.78 之間，可見國民中學學生學習績效方面在中上程度。其中以「任課班級學生人際關係、情緒管理有顯著提升。」得分最高（M=3.78），其次為「任課班級學生能在多元評量有優秀表現。」（M=3.67），「任課班級學生日常生活競賽成績表現突出。」（M=3.58）「任課班級學生學業成績逐年提升。」（M=3.54）；而得分較低的為「任課班級學生參加校內外競賽常能榮獲佳績。」（M=3.50），亦都在中高程度。

本研究就單題國民中學學生學習成效以「任課班級學生能遵守學校規定及秩序。」得分最高（M=4.03），其次為「任課班級學生總是能準時到校。」（M=3.98），與「任課班級學生總是能準時進入教室上課。」（M=3.98）同分並列。可見國民中學學生在學習態度之客觀效度均能達成學校規定及秩序、準時到校、準時進入教室上課等生活常規的要求，以達成良好的學習成效。

本研究在「學習績效」方面以「任課班級學生學業成績逐年提升。」（M=3.54）、以及「任課班級學生參加校內外競賽常能榮獲佳績。」（M=3.50）得分較低但屬於中上程度，研究顯示國民中學教師面對學生學習績效方面，學業成績提升與校內外競賽榮獲佳績感受程度中上；例

如，任課班級學生學業成績整體持平，或相較於其他班級並無明顯突出，而學生參加校內外競賽常多是特定學生參與，感受上並無相當強烈。

三、小結

綜上所述，國民中學教師知覺學生學習成效整體構面僅達中上程度，但平均數達 3.72 接近高程度，在各子構面中「學習態度」達高程度，「學習興趣」、「作業表現」與「學習績效」構面均達中上程度，在各構面的表現均趨於積極正向。究其原因可能是學生學習態度與興趣的轉變，品行人格的成長亦難以從客觀的作業表現與學習績效呈現，再者，學業表現之認知學習與競賽獲獎影響因素頗多，例如：學生生理心理的先天條件、家庭環境背景的影響，亦是教師考量之觀點。加上考試引導教學，教育政策引導教學方向，各領域的課程綱要亦會影響教師知覺學生學習成效，另外，教師對於學生的態度亦是知覺學生學習成效重要的影響因子。「學習態度」是學生對於學習的態度與觀念，於「任課班級學生能遵守學校規定及秩序。」、「任課班級學生總是能準時到校。」與「任課班級學生總是能準時進入教室上課。」等構面上，教師能直接感受到學生學習態度的表現，以及「任課班級學生上課踴躍發表意見、時常與同學討論課程內容。」、「任課班級學生學習動機強烈，期望能有好的表現。」等構面，教師在實際面對學生的教學活動過程感受度上，更加強烈。

第二節　校長正向領導、教師教學效能與學生學習成效之差異分析

本節旨在探討不同背景變項（教師性別、年齡、最高學歷、教學年資、擔任職務、學校位置、學校規模、學校區域）在校長正向領導、教師教學效能與學生學習成效之整體及子構面得分上的差異情形，資料呈現分為兩大部分：一、結果分析；二：綜合討論。本部份之統計方法為 t 考驗、單因子獨立樣本變異數分析（One-way ANOVA），並由平均數與 Scheffé's 法進行事後比較。分述如下茲說明如下:

壹、不同性別教師在校長正向領導、教師教學效能與學生學習成效之差異分析

本研究針對不同性別之國民中學教師分別進行校長正向領導、教師教學效能與學生學習成效之差異分析，其結果如表 4-7。

表 4-7　不同性別教師在正向領導、教學效能與學習成效之差異分析

構面	男（平均）	女（平均）	t 值	p 值
正向氣氛	4.007	3.810	3.101*	.002
正向關係	3.912	3.681	3.516*	.000
正向溝通	3.936	3.689	4.076*	.000
正向意義	3.988	3.851	2.239*	.025
校長正向領導	3.964	3.761	3.405*	.001

（續下頁）

構面	男（平均）	女（平均）	t 值	p 值
自我效能	4.374	4.219	3.628*	.000
教材教法	4.015	4.000	.338	.736
學習氣氛	4.221	4.165	1.493	.136
評量回饋	4.073	4.011	1.221	.223
教師教學效能	4.167	4.098	1.897	.059
學習興趣	3.691	3.667	.400	.690
學習態度	4.073	3.956	2.518*	.012
作業表現	3.664	3.647	.288	.774
學習績效	3.706	3.563	2.732*	.007
學生學習成效	3.772	3.688	1.830	.068

n = 男 236，女 432　*p<.05

依據表 4-7 統計結果，茲分析如下：

一、不同性別在校長正向領導的差異分析討論

（一）整體差異性分析討論

表 4-7 是不同性別教師在校長正向領導、教師教學效能與學生學習成效總分及其子構面差異之 t 考驗。由表 4-8 可知，不同性別教師在整體校長正向領導之得分平均情形，男性得分平均數為 3.964，女性得分平均數 3.761，t 考驗值 3.405，結果達顯著水準，亦即男性教師在整體校長正向領導的得分表現顯著高於女性教師。此研究結果與李菁菁（2014）、黎素君（2017）、姚麗英（2018）研究結果相近，不同性別的教師對校長正向領導的看法有所不同，並且男性教師的分數均高於女性教師， 顯示男性教師較認同校長的正向領導作為。男性教師對校長正向領導的知覺高於

女性教師，可能意味校長的正向領導行為或許容易讓男性教師感受 得到，
而女性教師的感受卻不是那麼明顯。

（二）構面差異性分析討論

不同性別教師在整體校長正向領導構面以及「塑造正向氣氛」、「建
立正向關係」、「進行正向溝通」、與「賦予正向意義」等子構面上，均達
顯著差異水準，亦即不同性別教師在校長正向領導各子構面的得分上，
達顯著差異。

雖然黎素君（2017） 的研究在正向關係子構面上， t 值未達顯著水
準，但多數整體來說，男性教師和和女性教師在校長正向領導的「塑造
正向氣氛」、「建立正向關係」、「進行正向溝通」、與「賦予正向意義」構
面多達顯著差異水準。此結果與李菁菁（2014）、姚麗英（2018）的研究
結果相似。

（三）小結

綜上所述，不同性別在國民中學教師校長正向領導的整體與各構面
上均達顯著的差異，不同性別的教師對校長正向領導的看法有所不同，
並且男性教師的分數均高於女性教師， 顯示男性教師較認同校長的正向
領導作為。男性教師對校長正向領導的知覺高於女性教師，意味校長的
正向領導行為或許容易讓男性教師感受得到，而女性教師的感受卻不是
那麼明顯，可能原因在於男性教師在先天個性、成長背景（例如：軍事
教育、領導統御）、階層組織思考等層面上較女性教師感受較多校長正向
領導的作為與方式；整體來說，校長正向領導作為，相對來說，較易獲
得男性教師的連結與認同。

二、不同性別在教師教學效能的差異分析討論

（一）整體差異性分析討論

不同性別教師在整體教師教學效能之得分平均情形，男性得分平均數為 4.167，女性得分平均數為 4.098，t 考驗值 1.897，結果未達顯著水準，亦即不同性別教師在整體教師教學效能的得分上，無顯著差異。

不同性別的國民中學教師在整體「教師教學效能」構面以及「教材教法」、「學習氣氛」與「評量回饋」等子構面感受上未達顯著差異水準，僅在「自我效能」子構面上達顯著差異。此研究結果與蔡喬育（2008）、楊豪森（2008）、駱奕穎（2011）、楊素綾（2011）、蔡金田（2014）、周明潔（2014）、許文薇（2014）、鍾昀珊與戰寶華（2015）、郭福豫（2015）、鄭雅婷（2017）、姚麗英（2018）、許瑞芳（2018）等人的研究結果相近，但是與陳玫良（2009）、柯麗卿（2009）、曾信榮（2010）的研究，男教師教學效能高於女教師的研究與張素花（2012）女教師教學效能高於男教師的研究結果略有差異。

不同性別教師在整體教學效能的得分表現上無顯著差異，推究其原因可能在於各構面的表現上各有其不同的高低表現，而不同研究主題與研究對象亦會影響教師知覺教學成效的主觀感受，而在「教師自我效能」可能受到不同性別教師主觀因素影響而有所不同。

（二）構面差異性分析討論

不同性別教師在「教師自我效能」構面得分上，男性得分平均數為 4.374，女性得分平均數為 4.219，t 考驗值 3.628，達顯著水準，男教師的教師自我效能略高於女教師；而在「教材教法」、「學習氣氛」與「評量回饋」等構面上，未達顯著差異水準。

在「教材教法」、「學習氣氛」與「評量回饋」構面的得分表現上，亦呈現無顯著差異水準，代表男性教師和和女性教師在教師教學效能的「教材教法」、「學習氣氛」與「評量回饋」構面表現上是一致的。但「教師自我效能」構面的得分表現上，達顯著差異水準，此結果與鍾昀珊與戰寶華（2015）、姚麗英（2018）的研究結果相似。

（三）小結

綜上所述，性別在教師在教學效能的整體構面上並沒有顯著的差異存在，可能因素是現行教師培育制度的改變以及教師檢定及教師甄試考師是難度提高，進而提升教師教學效能也不受到性別因素的影響；再者，社會風氣轉變、資訊發達的影響，社會大眾普遍對於教師教學品質的要求提升，不因教師性別而有所區隔；不論何種性別教師在自己教學崗位上均戰戰兢兢提升教師教學效能；況且，現在的國民中學教師往往須扮演多重角色，包含教學、評量、輔導及親師溝通等工作，因此無論男性或女性教師，在落實教學上皆須運用到有效教學能力，因此本研究之結果顯示，不同性別的國民中學教師在上教學效能整體構面上，未達顯著差異。

三、不同性別在學生學習成效的差異分析討論

（一）整體差異性分析討論

不同性別教師在整體學生學習成效之得分平均情形，男性得分平均數為 3.772，女性得分平均數 3.688，t 考驗值 1.830，結果未達顯著水準，亦即不同性別教師在整體教學效能的得分上，無顯著差異。

　　不同性別的國民中學教師在整體「學生學習成效」構面以及「學習興趣」與「作業表現」子構面感受上並無顯著的差異，此研究結果與蔡金田（2014）、蕭文智（2015）的研究結果相近。

　　不同性別教師在整體學生學習成效的得分表現上無顯著差異；而在「學習態度」與「學習績效」子構面上達顯著差異，推究其原因可能在於各構面的表現上各有其不同的高低表現，因此，在整體學生學習成效而言未達顯著差異。

（二）構面差異性分析討論

　　不同性別教師在「學習態度」構面得分上，男性得分平均數為 4.073，女性得分平均數為 3.956，t 考驗值 2.518，達顯著水準，男教師的師生互動略高於女教師；不同性別教師在「學習績效」構面得分上，男性得分平均數為 3.706，女性得分平均數為 3.563，t 考驗值 2.732，達顯著水準，男教師的師生互動略高於女教師，而在「學習興趣」與「作業表現」等構面上，未達顯著差異水準。

　　在「學習興趣」與「作業表現」構面的得分表現上，亦呈現無顯著差異水準，代表男性教師和和女性教師在教學效能的「學習興趣」、與「作業表現」構面表現上是一致的，此結果與蔡金田（2014）、蕭文智與王玉美（2015）的研究結果相似。但「學習態度」與「學習績效」構面的得分表現上達顯著差異水準，與杜岐旺（2015）的研究結果男教師師生互動高於女教師的研究結果相同。

（三）小結

綜上所述，不同性別的國民中學教師在整體「學生學習成效」感受上並無顯著的差異，推究其原因可能在於各構面的表現上各有其不同的高低表現，因此，整體總和而言就無顯著差異。

在各個構面差異性分析方面不同性別教師在「學習態度」、「學習績效」構面得分上，男教師的師生互動略高於女教師；其可能原因在於男性教師與學生相處互動模式不同於女性教師，普遍來說，男性教師對於學生的學習態度與學習績效的認定標準也異於女性教師教師，而在於「學習興趣」與「作業表現」構面的得分表現上，不同性別教師呈現無顯著差異水準，代表男性教師和和女性教師在教學效能的「學習興趣」、與「作業表現」構面表現上是一致的，學習興趣是教師對於學生情意學習表現的主觀認定，可能原因在於學生於學習過程當中所展現之學習興趣业未讓不同性別教師知覺達顯著差異，而作業表現偏向學生技能學習表現的客觀認知，可能原因在於學生學習成效的作業表現，如準時交付作業、字體工整、作品呈現等等均有一定評量標準，不會因為不同性別教師而造成教師知覺上的落差。

貳、不同年齡教師在校長正向領導、教師教學效能與學生學習成效之差異分析

本研究針對不同年齡的國民中學教師分別進行校長正向領導、教師教學效能與學生學習成效之差異比較，將回收有效有效問卷資料進行單因子變異數分析、雪費法（Scheffé）事後比較，結果如下述：

一、不同年齡教師在校長正向領導的差異分析討論

不同年齡教師在校長正向領導之差異分析結果如表 4-8。

表 4-8　不同年齡教師在校長正向領導之差異分析

構面	組別	個數	平均數	標準差	變異來源	平方和	自由度	平均平方和	F	Scheffé事後比較
塑造正向氣氛	1	25	3.744	.805	組間	8.214	3	2.738	4.477*	
	2	178	3.738	.812						
	3	375	3.906	.807	組內	406.109	664	.612		4>2
	4	90	4.089	.583						
	總和	668	3.880	.788	總和	414.323	667			
建立正向關係	1	25	3.600	.860	組間	11.062	3	3.687	5.619*	
	2	178	3.618	.824						
	3	375	3.777	.832	組內	435.705	664	.656		4>2
	4	90	4.033	.661						
	總和	668	3.763	.818	總和	446.767	667			
進行正向溝通	1	25	3.750	.677	組間	3.932	3	1.311	2.115*	
	2	178	3.684	.779						
	3	375	3.783	.817	組內	411.409	664	.620		1>2 4>2
	4	90	3.939	.697						
	總和	668	3.777	.789	總和	415.341	667			
賦予正向意義	1	25	3.860	.774	組間	4.969	3	1.656	2.878*	4>2
	2	178	3.791	.748						
	3	375	3.911	.785	組內	382.198	664	.576		
	4	90	4.075	.657						
	總和	668	3.899	.762	總和	387.167	667			

（續下頁）

構面	組別	個數	平均數	標準差	變異來源	平方和	自由度	平均平方和	F	Scheffé事後比較
正向領導	1	25	3.739	.704	組間	6.775	3	2.258	4.167*	
	2	178	3.710	.750						4>2
	3	375	3.848	.759	組內	359.836	664	.542		
	4	90	4.037	.607						
	總和	668	3.833	.741	總和	366.610	667			

表格說明：

1.「組別」中的「1」代表「21-30 歲」組、「2」代表「31-40 歲」組、「3」代表「41-50 歲」組、「4」代表「51 歲以上」組

2. * $p < .05$

（一）整體差異性分析討論

　　表 4-8 為不同年齡的受試者在校長正向領導整體及其構面差異之 F 考驗。由表 4-9 可知，不同年齡的受試者在校長正向領導整體的得分平均情形：「21 以上未滿 30 歲」組（M=3.739）；「31 以上未滿 40 歲」組（M=3.710）；「41 以上未滿 50 歲」組（M=3.848）；「51 歲以上」組（M=4.037）。其結果達顯著差異，亦即在整體校長正向領導的得分表現上，隨著教師年齡不同而有所差異。

　　不同年齡的國民中學教師在「校長正向領導」感受上達顯著差異的結果，不同年齡教師在校長正向領導上呈現顯著差異情形，本研究結果與李菁菁（2014）、黎素君（2017）、姚麗英（2018）等人相似，但與杜歧旺（2015）、許文薇（2014）、蕭文智（2015）等人在校長正向領導整體表現上有顯著差異不同。推究其原因可能是因為研究對象的不同而略有差異，國民中學教師對於校長正向領導在整體得分表現上並無顯著差異，但在不同子構面上略有不同。

（二）構面差異性分析討論

不同年齡的受試國民中學教師，其在校長正向領導的「塑造正向氣氛」、「建立正向關係」、「進行正向溝通」與「賦予正向意義」四個子構面中，均達顯著差異。亦即即教師年齡的不同，並對於教師在其知覺校長塑造正向氣氛、建立正向關係、進行正向溝通、賦予正向意義的得分表現上均有所差異。亦即不同年齡的國民中學效師在知覺校長塑造正向氣氛構面上，「51 歲以上」組、「41-50 歲」組的教師，其得分顯著高於「31-40 歲」組與「21-30 歲」組的教師；在建立正向關係構面上，「51 歲以上」組（M=4.033）的得分表現顯著高於「41-50 歲」組（M=3.777）、「31-40 歲」組（M=3.618）與「21-30 歲」組（M=3.600）。亦即不同年齡的國民中學效師在知覺校長建立正向關係構面上，「51 歲以上」組的教師其得分顯著高於「41-50 歲」組、「31-40 歲」組與「21-30 歲」組的教師。

此結果與李菁菁（2014）、黎素君（2017）、姚麗英（2018）的研究相似，從資料分析顯示，不同年齡的國民中學教師，其在校長正向領導各構面知覺均為中上程度，教師年齡對其在校長正向領導各構面的表現上，呈現顯著差異。

（三）小結

綜上所述，不同年齡的國民中學教師，其在校長正向領導整體構面的知覺上，均達顯著差異水準，代表教師年齡對校長正向領導，在統計上呈現顯著差異，且不同的子構面上因教師年齡的差異而有所不同，亦即不同年齡的國民中學效師在知覺校長塑造正向氣氛構面上，「51 歲以上」組、「41-50 歲」組的教師，其得分顯著高於「31-40 歲」組與「21-30 歲」組的教師；可能原因在於，年齡相對較長的教師，因服務年資可

能相對較長，歷經較多不同領導風格的校長，對於校長塑造正向氣氛的知覺感受程度也相對較高。而在建立正向關係構面上，「51 歲以上」組的得分表現顯著高於「41-50 歲」組、「31-40 歲」組與「21-30 歲」組；可能原因在於年齡相對較長的教師，相較年經教師更加重視也更能感受校長在建立正向關係的相關作為，因此校長正向領導在年齡的背景分析面向上，可以在平時校務經營上，對於塑造校內正向氣氛與建立正向關係方面多加付出與用心，讓不同年齡層的教師同仁均能感受到校長正向領導的氛圍。

二、不同年齡教師在教師教學效能的差異分析討論

不同年齡教師在教師教學效能的差異分析結果如表 4-9。

表 4-9 不同年齡教師在教師教學效能之差異分析

構面	組別	個數	平均數	標準差	變異來源	平方和	自由度	平均平方和	F	Scheffé 事後比較
自我效能	1	25	4.440	.397	組間	4.480	3	1.493	5.723*	
	2	178	4.163	.508						4>2
	3	375	4.284	.533	組內	173.262	664	.261		
	4	90	4.406	.446						
	總和	668	4.274	.516	總和	177.742	667			
教材教法	1	25	4.288	.529	組間	3.511	3	1.170	4.499*	1>2
	2	178	3.934	.520						
	3	375	4.002	.509	組內	172.747	664	.260		
	4	90	4.087	.487						
	總和	668	4.006	.514	總和	176.258	667			

（續下頁）

構面	組別	個數	平均數	標準差	變異來源	平方和	自由度	平均平方和	F	Scheffé事後比較
學習氣氛	1	25	4.270	.450	組間	1.467	3	.489	2.248	
	2	178	4.110	.439						
	3	375	4.208	.479	組內	144.450	664	.218		
	4	90	4.214	.472						
	總和	668	4.185	.468	總和	145.917	667			
評量回饋	1	25	4.053	.542	組間	1.163	3	.388	1.101	
	2	178	3.998	.561						
	3	375	4.024	.620	組內	233.890	664	.352		
	4	90	4.133	.556						
	總和	668	4.033	.594	總和	235.053	667			
教學效能	1	25	4.278	.368	組間	2.267	3	.756	4.175*	
	2	178	4.047	.415						
	3	375	4.128	.439	組內	120.179	664	.181		4>2
	4	90	4.207	.404						
	總和	668	4.123	.428	總和	122.446	667			

表格說明：

1. 「組別」中的「1」代表「21-30 歲」組、「2」代表「31-40 歲」組、「3」代表「41-50 歲」組、「4」代表「51 歲以上」組

2. * $p < .05$

（一）整體差異性分析討論

　　表 4-9 為不同年齡的教師在教師教學效能整體及其構面差異之 F 考驗。由表 4-10 可知，不同年齡的教師在整體教師教學效能的得分平均情

264

形:「20 以上未滿 30 歲」組(M=4.278);「30 以上未滿 40 歲」組(M=4.047);
「40 以上未滿 50 歲」組 (M=4.128);「50 歲以上」組 (M=4.207)。然
其結果達顯著差異,亦即在整體教師教學效能的得分表現上,教師因年
齡不同而有所差異。

不同年齡的國民中學教師在「教師教學效能」感受上達顯著差異,
「51 歲以上」組大於「31-40 歲」組。此研究結果與張素花(2012)不同
教學年資於教學效能之背景分析上的研究相似,但是與邵嘉惠(2016)、
姚麗英(2018)研究略有差異。

(二)構面差異性分析討論

不同年齡的受試國民中學教師,其在教師教學效能的「教師自我效
能」、「教師教材教法」二個子構面中,達顯著差異;而「營造學習氣氛」
與「教學評量回饋」二個子構面中,未達顯著差異,即教師因年齡的不
同,對其在教師教學效能各構面的得分表現上,呈現顯著差異。

不同年齡教師在教師教學效能的整體構面及營造學習氣氛、教學評
量回饋等子構面上,亦未達顯著差異水準,此研究結果與鍾昀珊與戰寶
華(2015)、邵嘉惠(2016)、姚麗英(2018)研究相似;但是在於教師
自我效能以及教師教材教法等子構面上達顯著差異,在教師自我效能子
構面的得分情形依序為:「50 歲以上」組(M=4.406);「20 以上未滿 30
歲」組(M=4.440);「40 以上未滿 50 歲」組(M=4.284);「30 以上未滿
40 歲」組(M=4.163);而在教師教材教法子構面的得分情形依序為:「20
以上未滿 30 歲」組(M=4.288);「50 歲以上」組(M=4.087);「40 以上
未滿 50 歲」組(M=4.002);「30 以上未滿 40 歲」組(M=3.934) 此研
究結果與鍾昀珊與戰寶華(2015)、邵嘉惠(2016))研究相似。

（三）小結

綜上所述，不同年齡的國民中學教師，其在在教師教學效能的整體構面及營造學習氣氛、教學評量回饋等子構面上，均呈現無顯著差異存在，但整體構面均達到高程度，代表無論任何年齡的教師，面對教師教學效能大多能深具教學信心並展現高度教學經驗，惟在教師自我效能子構面上：「51 歲以上」組大於「21 以上未滿 30 歲」組大於「41 以上未滿 50 歲」組大「31 以上未滿 40 歲」組且均在高程度以上，研究資料顯示，年齡較為資深教師能展現相對較高之自我效能；而在教師教材教法子構面上：「21 以上未滿 30 歲」組大於「51 歲以上」組大於「41 以上未滿 50 歲」組大「31 以上未滿 40 歲」組並都在高程度以上，研究資料顯示，年輕教師對於教材教法充滿信心與熱忱。

三、不同年齡教師在學生學習成效的差異分析討論

不同年齡教師在學生學習成效之差異分析結果如 4-10。

表 4-10　不同年齡教師在學生學習成效之差異分析

構面	組別	個數	平均數	標準差	變異來源	平方和	自由度	平均平方和	F	Scheffé 事後比較
學習興趣	1	25	3.827	.681	組間	4.773	3	1.591	3.447	
	2	178	3.727	.614						
	3	375	3.606	.705	組內	306.506	664	.462		
	4	90	3.822	.695						
	總和	668	3.676	.683	總和	311.279	667			
學習	1	25	3.933	.593	組間	.954	3	.318	1.037	
	2	178	3.994	.559						
	3	375	3.981	.547	組內	203.597	664	.307		

（續下頁）

構面	組別	個數	平均數	標準差	變異來源	平方和	自由度	平均平方和	F	Scheffé事後比較
態度	4	90	4.089	.560						
	總和	668	3.998	.554	總和	204.551	667			
作業表現	1	25	4.040	.603	組間	7.472	3	2.491	5.863*	1>3
	2	178	3.669	.574						4>3
	3	375	3.585	.673	組內	282.074	664	.425		
	4	90	3.800	.717						
	總和	668	3.653	.659	總和	289.545	667			
學習績效	1	25	3.832	.478	組間	8.272	3	2.757	7.922*	4>2
	2	178	3.527	.497						4>3
	3	375	3.582	.634	組內	231.121	664	.348		
	4	90	3.858	.596						
	總和	668	3.614	.599	總和	239.393	667			
學習成效	1	25	3.897	.431	組間	4.186	3	1.395	5.182*	4>3
	2	178	3.700	.445						
	3	375	3.673	.543	組內	178.806	664	.269		
	4	90	3.887	.573						
	總和	668	3.718	.524	總和	182.992	667			

表格說明：

1. 「組別」中的「1」代表「21-30 歲」組、「2」代表「31-40 歲」組、「3」代表「41-50 歲」組、「4」代表「51 歲以上」組

2. $* p < .05$

（一）整體差異性分析討論

　　表 4-11 為不同年齡的受試者在學生學習成效整體及其構面差異之 F
考驗。由表 4-11 可知，不同年齡的受試者在整體學生學習成效的得分平
均情形：「21 以上未滿 30 歲」組（M=3.897）；「31 以上未滿 40 歲」組
（M=3.700）；「41 以上未滿 50 歲」組（M=3.673）；「51 歲以上」組
（M=3.887）。然其結果達顯著差異，亦即在整體學生學習成效的得分表
現上，教師知覺學生學習成效因教師年齡的不同而有所差異。

　　不同年齡的國民中學教師在知覺學生學習成效上達顯著差異的結果，
本研究結果與杜歧旺（2015）研究結果略有差異。

（二）構面差異性分析討論

　　不同年齡的國民中學教師，其在「學生學習興趣」與「學生學習態
度」二個子構面的得分表現上，均未達顯著差異，亦即教師年齡的不同，
並不會對教師在其知覺學生學習興趣與學習態度的得分表現上有所差異；
然卻在學習績效構面上，「50 歲以上」組（M=3.858）、「20 以上未滿 30
歲」組（M=3.832） 的得分表現卻顯著高於「40 以上未滿 50 歲」組
（M=3.582）、「30 以上未滿 40 歲」組（M=3.527），並達顯著水準。

（三）小結

　　綜上所述，不同年齡的國民中學教師，其在「學生學習成效」整體
構面及「作業表現」、「學習績效」等子構面表現上，均呈現達顯著差異
存在。但在「學習興趣」與「學習態度」子構面表現未達顯著差異存在。
可能因素是由於「21 以上未滿 30 歲」組教師剛從學校畢業，對於學生
作業表現要求較高，感受程度較為明顯；「51 歲以上」組教師教學經驗豐

富對於學生學績效較有明顯的差異感受，其真正原因尚待後續研究加入探究。

參、不同學歷教師在校長正向領導、教師教學效能與學生學習成效之差異分析

本研究針對不同學歷的國民中學教師分別進行校長正向領導、教師教學效能與學生學習成效之差異比較，將回收有效有效問卷資料進行單因子變異數分析、雪費法事後比較，結果如下述：

一、不同學歷教師在校長正向領導的差異分析討論

不同學歷教師在校長正向領導之差異分析結果如表 4-11。

表 4-11　不同學歷教師在校長正向領導之差異分析

構面	組別	個數	平均數	標準差	變異來源	平方和	自由度	平均平方和	F
正向氣氛	1	109	3.802	.716	組間	.913	2	.457	.734
	2	99	3.863	.823					
	3	460	3.902	.797	組內	413.410	665	.622	
	總和	668	3.880	.788	總和	414.323	667		
正向關係	1	109	3.661	.772	組間	1.534	2	.767	1.146
	2	99	3.821	.840					
	3	460	3.774	.824	組內	445.233	665	.670	
	總和	668	3.763	.818	總和	446.767	667		

（續下頁）

構面	組別	個數	平均數	標準差	變異來源	平方和	自由度	平均平方和	F
正向溝通	1	109	3.686	.769	組間	1.129	2	.564	.906
	2	99	3.816	.802					
	3	460	3.790	.791	組內	414.212	665	.623	
	總和	668	3.777	.789	總和	415.341	667		
正向意義	1	109	3.837	.672	組間	.877	2	.439	.755
	2	99	3.967	.752					
	3	460	3.899	.784	組內	386.290	665	.581	
	總和	668	3.899	.762	總和	387.167	667		
正向領導	1	109	3.750	.688	組間	.933	2	.466	.848
	2	99	3.866	.774					
	3	460	3.845	.747	組內	365.678	665	.550	
	總和	668	3.833	.741	總和	366.610	667		

表格說明：

1. 「組別」中的「1」代表「師範或教育大學」組、「2」代表「一般大學」組、「3」代表「碩士以上」組

（一）整體差異性分析討論

　　表 4-11 為不同學歷的受試者在校長正向領導整體及其構面差異之 F 考驗。由表 4-11 可知，不同學歷的受試者在校長正向領導整體的得分平均情形：「師範或教育大學」組（M=3.75）；「一般大學」組（M=3.866）；「碩士以上」組（M=3.854）。其結果未達顯著差異，亦即整體教師在校長正向領導的得分表現上，不因教師學歷不同而有所差異。

　　不同學歷的國民中學教師在「校長正向領導」感受上無顯著差異的結果，不同學歷教師在校長正向領導上無顯著差異情形，與李菁菁（2014）、杜歧旺（2015）、黎素君（2017）等人的研究結果相似，但與姚麗英（2018）的研究結果，博士＞師範院校不同。

　　推究其原因可能與教師均接受過教育行政、學校行政等專業課程，參與相關的研習，且教育單位重視教師專業成長，鼓勵教師進修以精進教學能力，所以不論任何學歷的教師，知覺校長正向領導作為並無明顯差異。

（二）構面差異性分析討論

　　不同學歷的受試國民中學教師，其在校長正向領導的「塑造正向氣氛」、「建立正向關係」、「進行正向溝通」與「賦予正向意義」等四個子構面中，均未達顯著，差異。

　　在不同學歷教師在校長正向領導的塑造正向氣氛、建立正向關係、進行正向溝通與賦予正向意義等構面上，亦未達顯著差異水準，與李菁菁（2014）、杜歧旺（2015）、黎素君（2017）等人的研究結果相近，但與姚麗英（2018）的研究結果，博士＞師範院校不同。

（三）小結

　　綜上所述，不同學歷的國民中學教師，其在校長正向領導整體及各個子構面的知覺上，均未呈現顯著差異水準，在統計上不會造成顯著差異，無論教師的最高學歷如何，均能知覺校長正向領導相關作為，也給予校長正向領導現況中上程度的肯定。

二、不同學歷教師在教師教學效能的差異分析討論

不同學歷教師在教師教學效能之差異分析結果如表 4-12。

表 4-12　不同學歷教師在教師教學效能之差異分析

構面	組別	個數	平均數	標準差	變異來源	平方和	自由度	平均平方和	F	Scheffé 事後比較
自我效能	1	109	4.193	.503	組間	.976	2	.488	1.835	
	2	99	4.321	.433						
	3	460	4.283	.534	組內	176.766	665	.266		
	總和	668	4.274	.516	總和	177.742	667			
教材教法	1	109	3.932	.565	組間	.817	2	.408	1.548	
	2	99	4.051	.439						
	3	460	4.013	.516	組內	175.442	665	.264		
	總和	668	4.006	.514	總和	176.258	667			
學習氣氛	1	109	4.140	.499	組間	.264	2	.132	.602	
	2	99	4.192	.476						
	3	460	4.194	.459	組內	145.653	665			
	總和	668	4.185	.468	總和	145.917	667			
評量回饋	1	109	3.924	.606	組間	2.273	2	1.136	3.246*	2>1
	2	99	4.131	.439						
	3	460	4.038	.616	組內	232.780	665	.350		
	總和	668	4.033	.594	總和	235.053	667			

（續下頁）

構面	組別	個數	平均數	標準差	變異來源	平方和	自由度	平均平方和	F	Scheffé事後比較
教學效能	1	109	4.048	.454	組間	.852	2	.426	2.329	
	2	99	4.169	.365						
	3	460	4.131	.434	組內	121.594	665	.183		
	總和	668	4.123	.428	總和	122.446	667			

表格說明：

1. 「組別」中的「1」代表「師範或教育大學」組、「2」代表「一般大學」組、「3」代表「碩士以上」組

2. * p＜.05

（一）整體差異性分析討論

　　表 4-12 為不同學歷的受試者教師教學效能整體及其構面差異之 F 考驗。由表 4-13 可知，不同學歷的教師在整體教師教學效能的得分平均情形：「師範或教育大學」組（M=4.048）；「一般大學」組（M=4.169）；「碩士以上」組（M=4.131）。其結果達顯著差異，亦即在整體教師教學效能的得分表現上，因教師學歷不同而有所差異。

　　不同學歷的國民中學教師在整體「教師教學效能」感受以及「教學評量回饋」子構面上達顯著差異的結果，與鍾昀珊及戰寶華（2015）、姚麗英（2018）研究結果相似，而與與張素花（2012）略有不同。

（二）構面差異性分析討論

　　不同學歷的受試國民中學教師，其在教師教學效能的「教師自我效能」、「教師教材教法」與「營造學習氣氛」等三個子構面中，均未達顯著差異。然而在「教學評量回饋」構面中，「一般大學」組（M=4.131）

與「碩士以上」組顯著高於「師範或教育大學」組,即教師學歷的不同,
對其在於教學評量回饋構面的得分表現上,達顯著差異。

（三）小結

綜上所述,不同學歷的國民中學教師,其在教師教學效能整體及「教
學評量回饋」子構面上達顯著差異;而在「教師自我效能」、「教師教材
教法」與「營造學習氣氛」等子構面表現上,未達顯著差異標準,但整
體構面都達到中上程度,代表無論任何學歷的教師受過相當程度的專業
訓練與進修,對於教師自我效能、教師教材教法與營造學習氣氛均能達
到不錯的表現與感受程度,而在教學評量回饋構面上,「碩士以上」組得
分表現略高於「師範或教育大學」組,探究其可能因素在於不同學歷的
國民中學教師在其專業進修領域方面,對於教學評量回饋有更多的想法
與成長。

一、不同學歷教師在學生學習成效的差異分析討論

不同學歷教師在學生學習成效之差異分析結果如表 4-13。

表 4-13　不同學歷教師在學生學習成效之差異分析

構面	組別	個數	平均數	標準差	變異來源	平方和	自由度	平均平方和	F	Scheffé 事後比較
學習興趣	1	109	3.538	.728	組間	3.482	2	1.741	3.761*	
	2	99	3.795	.658						2>1
	3	460	3.683	.673	組內	307.798	665	.463		
	總和	668	3.676	.683	總和	311.279	667			

（續下頁）

構面	組別	個數	平均數	標準差	變異來源	平方和	自由度	平均平方和	F	Scheffé 事後比較
學習態度	1	109	3.838	.586	組間	3.498	2	1.749	5.784*	2>1
	2	99	4.067	.613						3>1
	3	460	4.020	.526	組內	201.054	665	.302		
	總和	668	3.998	.554	總和	204.551	667			
作業表現	1	109	3.508	.709	組間	3.282	2	1.641	3.812*	
	2	99	3.747	.593						2>1
	3	460	3.667	.656	組內	286.264	665	.430		
	總和	668	3.653	.659	總和	289.545	667			
學習績效	1	109	3.450	.632	組間	4.059	2	2.029	5.734*	2>1
	2	99	3.713	.589						3>1
	3	460	3.631	.587	組內	235.335	665	.354		
	總和	668	3.614	.599	總和	239.393	667			
學習成效	1	109	3.564	.564	組間	3.596	2	1.798	6.665*	2>1
	2	99	3.814	.522						3>1
	3	460	3.733	.508	組內	179.396	665	.270		
	總和	668	3.718	.524	總和	182.992	667			

表格說明:

1. 「組別」中的「1」代表「師範或教育大學」組、「2」代表「一般大學」組、「3」代表「碩士以上」組

2. * $p < .05$

（一）整體差異性分析討論

表 4-14 為不同學歷的受試者在學生學習成效整體及其構面差異之 F 考驗。由表 4-14 可知，不同學歷的受試者在整體學生學習成效的得分平均情形：「師範或教育大學」組（M=3.564）；「一般大學」組（M=3.814）；「碩士以上」組（M=3.733）。而其結果達顯著差異，亦即在整體學生學習成效的得分表現上，受試教師因學歷的不同而有所差異。

不同學歷的國民中學教師在知覺學生學習成效上達顯著差異的結果，因無相關文獻可資對照，推究可能因素為不同學歷的國民中學教師，在其專業程度認定上的不同，而對於學生學習成效整體以及各個子構面的感受程度上有所差異。

（二）構面差異性分析討論

不同學歷的國民中學教師，其在「學習興趣」、「學習態度」、「作業表現」與「學習績效」等四構面的得分表現上，均達顯著差異，「一般大學」組高於「碩士以上」組，而「碩士以上」組又高於「師範或教育大學」組，亦即教師學歷的不同，對其在教學效能各構面的得分表現上，呈現顯著差異。

推論其原因可能是由於無論任何學歷的教師均非常重視在職進修，學校亦經常辦理各項研習，其專業能力、教學技能等均可藉由研習、同儕互動討論而有所提升，增進學生學習的成效，故不同學歷教師在整體學生學習成效上就會產生不同程度的知覺落差。

（三）小結

綜上所述，不同學歷的國民中學教師，其在教學效能整體及學習興趣、學習態度、作業表現與學習績效等四構面表現上，均呈現顯著差異。

在整體教學效能構面與學習興趣、作業表現與學習績效等子構面，平均分數都達中上程度；在學習態度構面與平均分數都達中上至高程度，顯示不同學歷國民中學教師對於學生學習成效有不同的感受與想法，推論原因可能是教師透過專業進修，對於學生的表現與學習成效產生轉變。

肆、不同教學年資教師在校長正向領導、教師教學效能與學生學習成效之差異分析

本研究針對不同教學年資的國民中學教師分別進行校長正向領導、教師教學效能與學生學習成效之差異比較，將回收有效有效問卷資料進行單因子變異數分析、雪費法事後比較，結果如下：

一、不同教學年資教師在校長正向領導的差異分析討論

不同教學年資在校長正向領導之差異分析結果如表 4-14。

表 4-14　不同教學年資教師在校長正向領導之差異分析

構面	組別	個數	平均數	標準差	變異來源	平方和	自由度	平均平方和	F	Scheffé 事後比較
正向氣氛	1	99	3.867	.687	組間	7.916	3	2.639	4.311*	
	2	182	3.781	.834						4>2
	3	192	3.813	.896	組內	406.407	664	.612		4>3
	4	195	4.044	.646						
	總和	668	3.880	.788	總和	414.323	667			
正向	1	99	3.730	.752	組間	14.018	3	4.673	7.170*	4>2
	2	182	3.620	.848						4>3

（續下頁）

構面	組別	個數	平均數	標準差	變異來源	平方和	自由度	平均平方和	F	Scheffé事後比較
關係	3	192	3.694	.890	組內	432.749	664	.652		
	4	195	3.981	.703						
	總和	668	3.763	.818	總和	446.767	667			
正向溝通	1	99	3.874	.648	組間	11.125	3	3.708	6.092*	
	2	182	3.617	.837						4>2
	3	192	3.717	.831	組內	404.216	664	.609		
	4	195	3.935	.733						
	總和	668	3.777	.789	總和	415.341	667			
正向意義	1	99	3.927	.653	組間	5.373	3	1.791	3.115*	
	2	182	3.782	.821						4>2
	3	192	3.878	.779	組內	381.794	664	.575		
	4	195	4.017	.725						
	總和	668	3.899	.762	總和	387.167	667			
正向領導	1	99	3.850	.633	組間	8.864	3	2.955	5.484*	
	2	182	3.705	.788						4>2
	3	192	3.778	.809	組內	357.747	664	.539		4>3
	4	195	3.997	.647						
	總和	668	3.833	.741	總和	366.610	667			

表格說明：

1. 「組別」中的「1」代表「10 年以下」組、「2」代表「10-15 年」組、「3」代表「16-20 年」組、「4」代表「21 年以上」組

2. * $p < .05$

（一）整體差異性分析討論

表 4-14 為不同教學年資的受試者在校長正向領導整體及其構面差異之 F 考驗。由表 4-14 可知，不同教學年資的受試者在校長正向領導整體的得分平均情形：「20 年以上」組（M=3.997）；「未滿 10 年」組（M=3.850）；「15 年以上未滿 20 年」組（M=3.778）；「10 年以上未滿 15 年」組（M=3.705）。其結果均達顯著差異，亦即在整體教師知覺校長正向領導的得分上，隨著教師教學年資不同而有所差異。

不同教學年資的國民中學教師在知覺校長正向領導感受上的結果達顯著差異，本研究結果與李菁菁（2014）、黎素君（2017）等人的研究結果相似，但與杜歧旺（2015）研究發現略有差異。

（二）構面差異性分析討論

不同教學年資的受試國民中學教師，其在校長正向領導的「塑造正向氣氛」、「建立正向關係」、「進行正向溝通」與「賦予正向意義」四個子構面中，均達顯著差異。其中得分情形為「20 年以上」組高於「未滿 10 年」組高於「15 年以上未滿 20 年」組高於「10 年以上未滿 15 年」組，亦即教師教學年資的不同，對其在校長正向領導各構面的得分表現上，呈現不同程度之顯著差異。此研究結果與與李菁菁（2014）、黎素君（2017）、姚麗英（2018）等人的研究結果相近。從資料分析顯示，不同教學年資的國民中學教師，其在校長正向領導各構面知覺均為中上程度，達顯著差異。

（三）小結

綜上所述，不同教學年資的國民中學教師，其在校長正向領導整體及所有構面的知覺上，均達顯著差異水準，「20 年以上」組高於「未滿 10

年」組高於「15 年以上未滿 20 年」組高於「10 年以上未滿 15 年」組，亦即資深教師知覺校長正向領導得分高於新進教師，而教學年資在 10-15 年教師得分較低，可能因素為不同教學年資之教師在心態準備上有所差異，資深教師屆臨退休，對於校長正向領導有更豁達的看法，而新進教師剛進入學校服務，對教育充滿熱忱，對於校長領導行為有所期待，因此得分僅次於資深教師，而教學年資在「15 年以上未滿 20 年」組、「10 年以上未滿 15 年」組相對得分較低，可能在教學的經歷當中達一定之年資，亦經歷不少教學與行政上的波折，加上與同事間的互動關係，而對校長正向領導有不同的看法。

二、不同教學年資教師在教師教學效能的差異分析討論

不同教學年資在教師教學效能之差異分析結果如表 4-15。

表 4-15　不同教學年資教師在教師教學效能之差異分析

構面	組別	個數	平均數	標準差	變異來源	平方和	自由度	平均平方和	F
自我效能	1	99	4.351	.475	組間	1.101	3	.367	1.379
	2	182	4.232	.536					
	3	192	4.251	.491	組內	176.641	664	.266	
	4	195	4.296	.539					
	總和	668	4.274	.516	總和	177.742	667		
教材教法	1	99	4.121	.572	組間	1.737	3	.579	2.203
	2	182	3.959	.518					
	3	192	4.000	.464	組內	174.521	664	.263	
	4	195	3.996	.522					
	總和	668	4.006	.514	總和	176.258	667		

（續下頁）

構面	組別	個數	平均數	標準差	變異來源	平方和	自由度	平均平方和	F
學習氣氛	1	99	4.184	.471	組間	.641	3	.214	.976
	2	182	4.137	.495					
	3	192	4.198	.432	組內	145.277	664	.219	
	4	195	4.217	.474					
	總和	668	4.185	.468	總和	145.917	667		
評量回饋	1	99	4.104	.583	組間	1.306	3	.435	1.236
	2	182	4.020	.652					
	3	192	3.977	.532	組內	233.747	664	.352	
	4	195	4.063	.599					
	總和	668	4.033	.594	總和	235.053	667		
教學效能	1	99	4.191	.453	組間	.838	3	.279	1.525
	2	182	4.083	.446					
	3	192	4.108	.376	組內	121.608	664	.183	
	4	195	4.139	.446					
	總和	668	4.123	.428	總和	122.446	667		

表格說明：

＊「組別」中的「1」代表「10 年以下」組、「2」代表「10-15 年」組、「3」代表「16-20 年」組、「4」代表「21 年以上」組.

（一）整體差異性分析討論

　　表 4-15 為不同教學年資的受試者在教師教學效能整體及其構面差異之 F 考驗。由表 4-15 可知，不同教學年資的教師在整體教師教學效能的得分平均情形:「未滿 10 年」組（M=4.191）;「20 年以上」組（M=4.139）;

281

「15 年以上未滿 20 年」組（M=4.108）；「10 年以上未滿 15 年」組
（M=4.083）。然其結果未達顯著差異，亦即在整體教師教學效能的得分
表現上，不因教師教學年資不同而有所差異，與鍾昀珊與戰寶華（2015）、
姚麗英（2018）研究相似，但與張素花（2012）研究結果不同。

　　不同教學年資的國民中學教師在「教師教學效能」感受上無顯著差
異的結果，即不同教學年資教師在教師教學效能上無顯著差異情形。教
師的養成與近幾年來教師專業進修，讓教師在教師教學效能及各個子構
面上均能達到高程度，不因教學年資的不同而影響教師教學校能。

（二）構面差異性分析討論

　　不同教學年資的受試國民中學教師，其在教師教學效能的「教師自
我效能」、「教師教材教法」、「營造學習氣氛」與「教學評量回饋」四個
子構面中，均未達顯著差異。即教師教學年資的不同，對其在教師教學
效能各構面的得分表現上，未達有顯著差異，與鍾昀珊與戰寶華（2015）、
姚麗英（2018）研究相似。

（三）小結

　　綜上所述，不同教學年資的國民中學教師，其在教師教學校能整體
及教師自我效能、教師教材教法、營造學習氣氛與教學評量回饋等構面
表現上，均呈現無顯著差異存在，探究其可能原因為，現在的環境下，
國中教師研習與進修管道多元且均須達到一定研習時數，無論何種教學
年資教師皆經歷完整之師資培育課程，促使不同教學年資教師皆抱持教
育熱誠與奉獻精神，且樂於參與互動與協助事務，對於提升教師教學效
能亦能積極互動觀摩、共同討論問題。此外，由於近年教育部積極推展

教師專業學社群,且學校為積極爭取教育部相關經費,多能提升教師教學效能以促進專業發展,逐漸消弭差異情形。

三、不同教學年資教師在學生學習成效的差異分析討論

不同教學年資在學生學習成效之差異分析結果如表 4-16。

表 4-16　不同教學年資教師在學生學習成效之差異分析

構面	組別	個數	平均數	標準差	變異來源	平方和	自由度	平均平方和	F	Scheffé 事後比較
學習興趣	1	99	3.886	.634	組間	5.581	3	1.860	4.041*	
	2	182	3.669	.672						1>3
	3	192	3.601	.641	組內	305.698	664	.460		1>4
	4	195	3.650	.740						
	總和	668	3.676	.683	總和	311.279	667			
學習態度	1	99	3.983	.568	組間	.410	3	.137	.444	
	2	182	3.993	.594						
	3	192	3.972	.509	組內	204.142	664	.307		
	4	195	4.034	.553						
	總和	668	3.998	.554	總和	204.551	667			
作業表現	1	99	3.795	.654	組間	3.024	3	1.008	2.336	
	2	182	3.679	.612						
	3	192	3.601	.566	組內	286.522	664	.432		
	4	195	3.609	.772						
	總和	668	3.653	.659	總和	289.545	667			

（續下頁）

構面	組別	個數	平均數	標準差	變異來源	平方和	自由度	平均平方和	F	Scheffé 事後比較
學習績效	1	99	3.671	.559	組間	2.583	3	.861	2.414	
	2	182	3.608	.572						
	3	192	3.526	.576	組內	236.810	664	.357		
	4	195	3.677	.656						
	總和	668	3.614	.599	總和	239.393	667			
學習成效	1	99	3.810	.508	組間	1.681	3	.560	2.052	
	2	182	3.719	.489						
	3	192	3.654	.478	組內	181.311	664	.273		
	4	195	3.733	.597						
	總和	668	3.718	.524	總和	182.992	667			

表格說明：

1.「組別」中的「1」代表「10 年以下」組、「2」代表「11-15 年」組、「3」代表「16-20 年」組、「4」代表「21 年以上」組

2. * p＜.05

（一）整體差異性分析討論

表 4-16 為不同教學年資的受試者在知覺學生學習成效整體及其構面差異之 F 考驗。由表 4-16 可知，不同教學年資的受試者在整體學生學習成效的得分平均情形：「未滿 10 年」組（M=3.810）；「20 年以上」組（M=3.733）；「10 年以上未滿 15 年」組（M=3.719）；「15 年以上未滿 20 年」組（M=3.654）。其結果達顯著差異，亦即在整體學生學習成效的得分表現上，因教師教學年資的不同而有所差異。

（二）構面差異性分析討論

不同教學年資的國民中學教師，其在「學習態度」、「作業表現」、「學習績效」等三構面的得分表現上，均未達顯著差異，但在「學習興趣」構面上，「未滿 10 年」組（M=3.886）高於「10 年以上未滿 15 年」組（M=3.669）高於；「20 年以上」組（M=3.650）高於「15 年以上未滿 20 年」組（M=3.601），亦即教師教學年資的不同，對其在知覺「學生學習興趣」子構面的得分表現上，呈現顯著差異。

教師在知覺整體學生學習成效以及「學生學習興趣」子構面的得分表現上，呈現顯著差異。而在「學習態度」、「作業表現」、「學習績效」等子構面的得分表現上，未達顯著差異水準，教學年資較淺之教師知覺學生學習興趣相較資深教學年資教師感受程度來的高。

推論其原因可能是由於年資較淺的教師可能剛踏入教學職場，對於教學活動有較高的教學熱忱，且年資較淺之教師家庭負擔相對較輕，投入較多的心力與學生互動；再加上年資較淺之教師對於當前 3C 電子產品的接受度與使用率較高，教能採用多媒體及創新教材教法，引起學生學習動機，或許也是提高學生學習興趣之一。

（三）小結

綜上所述，不同教學年資的國民中學教師，其知覺整體學生學習成效與「學生學習興趣」子構面的得分表現上，呈現顯著差異。但均達中上程度以上，探究其可能因素為本研究為教師知覺學生學習成效表現，研究對象並非由學生主觀知覺本身學習成效或是由客觀條件來判斷學生學習成效，研究過程當中，受試教師是否受到霍桑效應而影響研究結果，有待更深入的研究來做商榷，且於學生學習興趣構面上，呈現顯著差異，資淺教師相較於資深教師知覺學生學習成效較高，可能與師生互動的關

係有相當程度的影響，整體而言，不同教學年資教師在整體教學效能上有顯著差異存在。

伍、不同職務教師在校長正向領導、教師教學效能與學生學習成效之差異分析

本研究針對不同職務的國民中學教師分別進行校長正向領導、教師教學效能與學生學習成效之差異比較，將回收有效有效問卷資料進行單因子變異數分析、雪費法事後比較，結果如下：

一、不同職務教師在校長正向領導的差異分析討論

不同職務在校長正向領導之差異分析結果如表 4-17。

表 4-17　不同擔任職務教師在校長正向領導之差異分析

構面	組別	個數	平均數	標準差	變異來源	平方和	自由度	平均平方和	F	Scheffé 事後比較
正	1	171	3.840	.776	組間	5.534	2	2.767	4.501*	
向	2	291	3.808	.797						3>2
氣	3	206	4.015	.773	組內	408.789	665	.615		
氛	總和	668	3.880	.788	總和	414.323	667			
正	1	171	3.640	.789	組間	11.006	2	5.503	8.398*	3>1
向	2	291	3.701	.830						3>2
關	3	206	3.951	.797	組內	435.761	665	.655		
係	總和	668	3.763	.818	總和	446.767	667			

（續下頁）

構面	組別	個數	平均數	標準差	變異來源	平方和	自由度	平均平方和	F	Scheffé 事後比較
正	1	171	3.661	.801	組間	9.730	2	4.865	7.976*	
向	2	291	3.719	.784						3>1
溝	3	206	3.954	.758	組內	405.611	665	.610		3>2
通	總和	668	3.777	.789	總和	415.341	667			
正	1	171	3.820	.721	組間	6.992	2	3.496	6.115*	
向	2	291	3.838	.783						3>1
意	3	206	4.052	.745	組內	380.175	665	.572		3>2
義	總和	668	3.899	.762	總和	387.167	667			
正	1	171	3.746	.722	組間	7.850	2	3.925	7.276*	
向	2	291	3.769	.747						3>1
領	3	206	3.994	.726	組內	358.760	665	.539		3>2
導	總和	668	3.833	.741	總和	366.610	667			

表格說明：

1. 「組別」中的「1」代表「科任教師」組、「2」代表「級任導師」組、「3」代表「教師兼行政」組

2. * $p < .05$

（一）整體差異性分析討論

　　表 4-17 為不同職務的受試教師在知覺校長正向領導整體及其構面差異之 F 考驗。由表 4-17 可知，不同職務的受試者在知覺校長正向領導整體的得分平均情形：「教師兼行政」組（M=3.994）；「級任導師」組（M=3.769）；「科任教師」組（M=3.746）。其結果均達顯著差異，亦即在

整體教師知覺校長正向領導的得分表現上，受到教師職務不同而有所差異。

不同職務的國民中學教師在校長正向領導感受上的結果達顯著差異，本研究結果與李菁菁（2014）、黎素君（2017）、姚麗英（2018）的研究結果相似。

推究其原因是擔任不同職務的教師與校長相處的時間與立場不同，所面對的問題及處理的面向亦不相同，部分職務為承上啟下，必需直接面對校長與教師溝通協調，部分職務則是透過輾轉方式單方面接收到片段消息；而有些訊息透過二手甚至三手以上傳播，難免增添個人主觀意識於轉達過程之中，因此，不同職位教師知覺校長正向領導而有所差異。

（二）構面差異性分析討論

不同職務的受試國民中學教師，其在校長正向領導的「塑造正向氣氛」、「建立正向關係」、「進行正向溝通」與「賦予正向意義」四個子構面中，均達顯著差異，研究顯示教師兼行政於校長正向領導總體平均高於級任導師，而級任導師又高於科任教師，即教師職務的不同，對其在校長正向領導整體構面的得分表現上，有顯著差異，本研究結果與李菁菁（2014）、黎素君（2017）、姚麗英（2018）相近。

（三）小結

綜上所述，不同職務的國民中學教師，在校長正向領導整體構面及塑造正向氣氛、建立正向關係、進行正向溝通與賦予正向意義構面的知覺上，均達顯著差異水準，探究其原因能為學校職務在學校組織並非完全屬於科層體制；在學校組織結構中，亦具有「鬆散聯結」（loosely coupling）的特性，尤其在教學活動上的差異特別明顯，孫志麟（2005）

研究結果指出：學校組織會影響教師自我效能的發展。其中，學校組織愈傾向科層化，恐將不利於教師自我效能的形成；反之，學校組織愈重視專業化，則有助於教師自我效能的提升，在實務工作上，不同職務經常是教師相關權益衝突的爭議點，因此，不同職務在知覺校長正向領導著實有相當程度的影響。

二、不同職務教師在教師教學效能的差異分析討論

不同職務在教師教學效能之差異分析結果如表 4-18。

表 4-18　不同擔任職務教師在教師教學效能之差異分析

構面	組別	個數	平均數	標準差	變異來源	平方和	自由度	平均平方和	F	Scheffé 事後比較
自我效能	1	171	4.238	.497	組間	3.457	2	1.729	6.596*	3>1
	2	291	4.219	.515						3>2
	3	206	4.381	.520	組內	174.284	665	.262		
	總和	668	4.274	.516	總和	177.742	667			
教材教法	1	171	4.020	.518	組間	.984	2	.492	1.866	
	2	291	3.964	.491						
	3	206	4.052	.540	組內	175.275	665	.264		
	總和	668	4.006	.514	總和	176.258	667			
學習氣氛	1	171	4.094	.446	組間	2.617	2	1.308	6.072*	3>1
	2	291	4.185	.469						
	3	206	4.261	.473	組內	143.300	665	.215		
	總和	668	4.185	.468	總和	145.917	667			

（續下頁）

構面	組別	個數	平均數	標準差	變異來源	平方和	自由度	平均平方和	F	Scheffé 事後比較
評	1	171	4.029	.522	組間	3.304	2	1.652	4.741*	
量	2	291	3.966	.634						3>2
回	3	206	4.131	.579	組內	231.749	665	.348		
饋	總和	668	4.033	.594	總和	235.053	667			
教	1	171	4.095	.404	組間	1.863	2	.932	5.137*	
學	2	291	4.083	.428						3>2
效	3	206	4.202	.440	組內	120.582	665	.181		
能	總和	668	4.123	.428	總和	122.446	667			

表格說明：

1. 「組別」中的「1」代表「科任教師」組、「2」代表「級任導師」組、「3」代表「教師兼行政」組

2. * p＜.05

（一）整體差異性分析討論

　　表 4-18 為不同職務的受試者在教師教學效能整體及其構面差異之 F 考驗。由表 4-18 可知，不同職務的教師在整體教師教學效能的得分平均情形：「教師兼行政」組（M=4.202）；「科任教師」組（M=4.095）；「級任導師」組（M=4.083）。其結果達顯著差異，亦即在整體教師教學效能的得分表現上，受到教師職務不同而有所差異。

　　不同職務的國民中學教師在「教師教學效能」感受上達顯著差異的結果，與張素花（2012）、蔡金田（2014）的研究結果相似。

（二）構面差異性分析討論

不同職務的受試國民中學教師，其在教師教學效能的「教師教材教法」構面中，未達顯著差異。但是在「教師自我效能」構面中，「教師兼行政」組高於「科任教師」高於「級任導師」；「營造學習氣氛」構面中，「教師兼行政」組高於「級任導師」高於「科任教師」；而在「教學評量回饋」構面中，「教師兼行政」組高於「科任教師」高於「級任導師」。

不同職務教師在教師教學效能的教師教材教法構面上，亦未達顯著差異水準；亦即國民中學教師均受過專業師資養成教育，也必須參與專業增能研習，在教師教材教法無顯著差異，但在教師自我效能、營造學習氣氛及教學評量回饋構面上，受到不同職務主、客觀因素影響而所差異。

（三）小結

綜上所述，不同職務的國民中學教師，其在教師教學效能整體及教師自我效能、營造學習氣氛及教學評量回饋等構面表現上，均達顯著差異存在，整體構面也都達到中上至高程度，代表不同職位教師，因為工作屬性及面對教學工作的本質的不同而所差異，如：教師兼行政教師面對教育行政業務、導師面對學生生活常規與生活輔導、科任教師面對任教班級教學成效等。

三、不同職務教師在學生學習成效的差異分析討論

不同職務在學生學習成效之差異分析結果如表 4-19。

表 4-19　不同擔任職務教師在學生學習成效之差異分析

構面	組別	個數	平均數	標準差	變異來源	平方和	自由度	平均平方和	F	Scheffé 事後比較
學	1	171	3.739	.662	組間	4.914	2	2.457	5.333*	3>2
習	2	291	3.578	.693						
興	3	206	3.761	.672	組內	306.365	665	.461		
趣	總和	668	3.676	.683	總和	311.279	667			
學	1	171	4.012	.563	組間	2.401	2	1.201	3.949*	3>2
習	2	291	3.935	.578						
態	3	206	4.074	.500	組內	202.150	665	.304		
度	總和	668	3.998	.554	總和	204.551	667			
作	1	171	3.622	.617	組間	2.407	2	1.204	2.787	
業	2	291	3.608	.666						
表	3	206	3.743	.676	組內	287.138	665	.432		
現	總和	668	3.653	.659	總和	289.545	667			
學	1	171	3.572	.562	組間	3.988	2	1.994	5.633*	3>2
習	2	291	3.557	.598						
績	3	206	3.729	.616	組內	235.405	665	.354		
效	總和	668	3.614	.599	總和	239.393	667			

（續下頁）

構面	組別	個數	平均數	標準差	變異來源	平方和	自由度	平均平方和	F	Scheffé事後比較
學	1	171	3.713	.488	組間	3.069	2	1.534	5.671*	3>2
習	2	291	3.653	.530						
成	3	206	3.813	.532	組內	179.924	665	.271		
效	總和	668	3.718	.524	總和	182.992	667			

表格說明:

1.「組別」中的「1」代表「科任教師」組、「2」代表「級任導師」組、「3」代表「教師兼行政」組

2.* p＜.05

（一）整體差異性分析討論

　　表 4-19 為不同職務的教師在學生學習成效整體及其構面差異之 F 考驗。由表 4-19 可知,不同職務的教師在整體學生學習成效的得分平均情形:「教師兼行政」組（M=3.813）;「科任教師」組（M=3.713）;「級任導師」組（M=3.653）。然其結果達顯著差異,亦即在整體學習成效的得分表現上,隨著教師職務的不同而有所差異。

　　不同職務的國民中學教師在知覺「學生學習成效」上達顯著差異的結果,與蔡金田（2014）的研究結果相似。

（二）構面差異性分析討論

　　不同職務的國民中學教師,其在「作業表現」構面的得分表現上,未達顯著差異,但在「學習興趣」、「學習態度」、「學習績效」等三個子構面上均達顯著差異。在學習興趣方面,教師兼行政大於科任教師大於級任導師;在學習態度方面,教師兼行政大於科任教師大於級任導師;

293

在學習態度方面，教師兼行政大於科任教師大於級任導師，在實務工作上，教師因職位的不同，其基本授課鐘點亦不相同，其所任教的班級數與投入的教學資源比值不同，可能是造成學生學習成效差異的原因之一。

（三）小結

綜上所述，不同職務的國民中學教師，其在「作業表現」構面的得分表現上，未達顯著差異，但在「學習興趣」、「學習態度」、「學習績效」等三個子構面上均達顯著差異，平均分數都達中上程度，顯示國民中學教師因擔任職務的不同，而在知覺學生學習成效上有所不同。

推論其原因可能是由於學生作業表現構面上較為客觀不因教師職務的不同而有所差異，而學生學習興趣、學習態度、學習績效較易受到教師主觀因素影響，導師因經常處理學生生活常規、心理輔導；科任教師任教班級數較多；而兼任行政教師任課班級數較少，受到教育相關政策宣導較多，對於學生的要求與課堂互動不同，對於學生的學習興趣、態度、績效在感受上自然有所差異。

陸、不同學校位置教師在校長正向領導、教師教學效能與學生學習成效之差異分析

本研究針對不同學校位置的國民中學教師分別進行校長正向領導、教師教學效能與學生學習成效之差異比較，將回收有效有效問卷資料進行單因子變異數分析、雪費法事後比較，結果如下：

一、不同學校位置教師在校長正向領導的差異分析討論

不同學校位置在校長正向領導之差異分析結果如表 4-20。

表 4-20　不同學校位置教師在校長正向領導之差異分析

構面	組別	個數	平均數	標準差	變異來源	平方和	自由度	平均平方和	F
正向氣氛	1	236	3.929	.803	組間	2.757	2	1.379	2.228
	2	361	3.882	.766					
	3	71	3.704	.837	組內	411.566	665	.619	
	總和	668	3.880	.788	總和	414.323	667		
正向關係	1	236	3.832	.832	組間	3.409	2	1.705	2.557
	2	361	3.753	.794					
	3	71	3.585	.877	組內	443.358	665	.667	
	總和	668	3.763	.818	總和	446.767	667		
正向溝通	1	236	3.798	.837	組間	2.418	2	1.209	1.947
	2	361	3.797	.722					
	3	71	3.602	.928	組內	412.923	665	.621	
	總和	668	3.777	.789	總和	415.341	667		
正向意義	1	236	3.971	.769	組間	2.858	2	1.429	2.473
	2	361	3.881	.744					
	3	71	3.754	.811	組內	384.309	665	.578	
	總和	668	3.899	.762	總和	387.167	667		

（續下頁）

構面	組別	個數	平均數	標準差	變異來源	平方和	自由度	平均平方和	F
正向領導	1	236	3.885	.754	組間	2.678	2	1.339	2.447
	2	361	3.831	.712					
	3	71	3.664	.828	組內	363.932	665	.547	
	總和	668	3.833	.741	總和	366.610	667		

表格說明：

＊「組別」中的「1」代表「都市區」組、「2」代表「一般鄉鎮」組、「3」代表「偏遠」組

（一）整體差異性分析討論

　　表 4-20 為不同任職學校位置的教師知覺校長正向領導及其構面差異之 F 考驗。由表 4-20 可知，不同任職學校位置的受試者在校長正向領導整體的得分平均情形：「都市區」組（M=3.885）；「偏遠」組（M=3.664）；「一般鄉鎮」組（M=3.831）。其結果未達顯著差異，亦即在整體教師知覺校長正向領導的得分表現上，不會因教師任職學校位置不同而有所差異。

　　不同任職學校位置的國民中學教師在「校長正向領導」感受上的結果無顯著差異，本研究結果與仲秀蓮（2011）的研究結果相似，但與杜歧旺（2015）、黎素君（2017）、姚麗英（2018）等人研究發現達顯著差異不同。

（二）構面差異性分析討論

　　不同任職學校位置的受試國民中學教師，其在校長正向領導的「塑造正向氣氛」、「建立正向關係」、「進行正向溝通」與「賦予正向意義」等四個子構面中，均未達顯著差異，個子構面得分均達中上程度；本研究結果與仲秀蓮（2011）相近，但與姚麗英（2018）的研究恰好相反。綜合上述研究顯示教師任職學校位置的不同，對其在校長正向領導構面的得分表現上，並無顯著差異。

（三）小結

　　綜上所述，不同任職學校位置的國民中學教師，其在校長正向領導整體及各構面知覺均為中上程度，不同任職學校位置教師在校長正向領導整體構面的表現上不因教師任職學校不同而有所差異，可能原因在於校長正向領導在不同學校位置均有不錯的表現，但亦與不同受試教師與不同研究主題而有所差異。

二、不同學校位置教師在教師教學效能的差異分析討論

　　不同學校位置在教師教學效能之差異分析結果如表 4-21。

表 4-21　不同學校位置教師在教師教學效能之差異分析

構面	組別	個數	平均數	標準差	變異來源	平方和	自由度	平均平方和	F
自我效能	1	236	4.305	.524	組間	.696	2	.348	1.307
	2	361	4.244	.513					
	3	71	4.320	.502	組內	177.046	665	.266	
	總和	668	4.274	.516	總和	177.742	667		

（續下頁）

構面	組別	個數	平均數	標準差	變異來源	平方和	自由度	平均平方和	F
教材教法	1	236	4.048	.525	組間	1.343	2	.671	2.552
	2	361	4.000	.486					
	3	71	3.893	.597	組內	174.916	665	.263	
	總和	668	4.006	.514	總和	176.258	667		
學習氣氛	1	236	4.197	.502	組間	.066	2	.033	.150
	2	361	4.176	.443					
	3	71	4.190	.479	組內	145.851	665	.219	
	總和	668	4.185	.468	總和	145.917	667		
評量回饋	1	236	4.049	.659	組間	.102	2	.051	.144
	2	361	4.025	.541					
	3	71	4.019	.630	組內	234.952	665	.353	
	總和	668	4.033	.594	總和	235.053	667		
教學效能	1	236	4.150	.451	組間	.279	2	.140	.760
	2	361	4.110	.403					
	3	71	4.098	.477	組內	122.166	665	.184	
	總和	668	4.123	.428	總和	122.446	667		

表格說明：

＊「組別」中的「1」代表「都市區」組、「2」代表「一般鄉鎮」組、「3」代表「偏遠」組

（一）整體差異性分析討論

表 4-21 為不同學校位置的教師在教師教學效能整體及其構面差異之 F 考驗。由表 4-21 可知，不同學校位置的教師在整體教師教學效能的得分平均情形：「都市區」組（M=4.15）；「一般鄉鎮」組（M=4.110）；「偏遠」組（M=4.098）。其結果未達顯著差異，教師任職學校位置不同在整體教師教學效能的得分表現上，並無顯著差異。

（二）構面差異性分析討論

不同學校位置的受試國民中學教師，其在教師教學效能的「自我效能」與「教材教法」、「學習氣氛」與「評量回饋」四個子構面，均未達顯著差異。即教師任職學校位置的不同，對其在整體教師教學效能得分表現上，並無顯著差異。

（三）小結

綜上所述，不同學校位置的國民中學教師，在教師教學效能整體及各構面表現上，均未達顯著差異，探究其可能原因在於教師培育及養成過程當中，均受過相當的專業學科教育並且在教師任教過程當中，仍需經常參與教師專業精進研習，因此，教師教學效能不會因為學校位置的不同而有所差異。

三、不同學校位置教師在學生學習成效的差異分析討論

不同學校位置在學生學習成效之差異分析結果如表 4-22。

表 4-22　不同學校位置教師在學生學習成效之差異分析

構面	組別	個數	平均數	標準差	變異來源	平方和	自由度	平均平方和	F	Scheffé事後比較
學習興趣	1	236	3.715	.696	組間	.632	2	.316	.677	
	2	361	3.660	.678						
	3	71	3.624	.671	組內	310.647	665	.467		
	總和	668	3.676	.683	總和	311.279	667			
學習態度	1	236	4.037	.562	組間	.564	2	.282	.919	
	2	361	3.975	.568						
	3	71	3.981	.443	組內	203.988	665	.307		
	總和	668	3.998	.554	總和	204.551	667			
作業表現	1	236	3.736	.655	組間	2.533	2	1.266	2.934	
	2	361	3.612	.656						
	3	71	3.587	.670	組內	287.013	665	.432		
	總和	668	3.653	.659	總和	289.545	667			
學習績效	1	236	3.688	.622	組間	2.275	2	1.138	3.190*	
	2	361	3.562	.588						1>2
	3	71	3.628	.555	組內	237.118	665	.357		
	總和	668	3.614	.599	總和	239.393	667			
學習成效	1	236	3.779	.538	組間	1.368	2	.684	2.505	
	2	361	3.682	.519						
	3	71	3.694	.486	組內	181.624	665	.273		
	總和	668	3.718	.524	總和	182.992	667			

表格說明：
1. 「組別」中的「1」代表「都市區」組、「2」代表「一般鄉鎮」組、「3」代表「偏遠」組。
2. * $p < .05$

（一）整體差異性分析討論

表 4-22 為不同學校位置的教師在學生學習成效整體及其構面差異之 F 考驗。由表 4-22 可知，不同學校位置的教師在整體學生學習成效的得分平均情形：「都市區」組（M=3.779）;「偏遠」組（M=3.694）;「一般鄉鎮」組（M=3.682）。其結果達顯著差異，且得分情形均達中上以上程度，亦即在整體教學效能的得分表現上，國民中學教師知覺學生學習成效因所在學校位置的不同而有所差異。

（二）構面差異性分析討論

不同學校位置的國民中學教師，其在「學習興趣」、「學習態度」與「作業表現」三個子構面的得分表現上，未達顯著差異，但在「學習績效」構面的得分表現上，達顯著差異；結果顯示都市區學校的國民中學教師在「學習績效」感受上顯著優於一般鄉鎮學校教師，與蔡金田（2014）研究結果相似。

受試教師在知覺「學生學習績效」感受上都市區學校的國民中學教師顯著優於偏遠地區學校教師，推論其原因是都市區學校的國民中學教學資源較為豐富、家長社經背景也優於鄉鎮及偏遠地區，家長對於學生的期待及學習績效的要求相較於鄉鎮及偏遠地區也會產生明顯差異。

（三）小結

綜上所述，不同學校位置的國民中學教師，其在學習興趣、學習態度與作業表現等子構面表現上，呈現無顯著差異存在，平均分數均達中上程度，顯示國民中學不論任何學校位置教師，知覺學生學習興趣、學習態度及作業表現均無太顯著的落差；但本研究在學生學習績效的表現上則是都市區學校的學生學習成效顯著優於偏遠地區學習成效，推論原

因是都市區學校的國民中學教學資源較為豐富，大專院校、博物館、圖書館、劇院等多元學習場域多數集中在市區，學校發展多元課程及為方便；再加上都會區家長社經背景普遍優於鄉鎮及偏遠地區，家長對於學生的期待及學習績效的要求相較於鄉鎮及偏遠地區也會產生明顯差異。

柒、不同學校規模教師在校長正向領導、教師教學效能與學生學習成效之差異分析

本研究針對不同學校規模的國民中學教師分別進行校長正向領導、教師教學效能與學生學習成效之差異比較，將回收有效有效問卷資料進行單因子變異數分析、雪費法事後比較，結果如下述：

一、不同學校規模教師在校長正向領導的差異分析討論

不同學校規模在校長正向領導之差異分析結果如表 4-23。

表 4-23　不同學校規模教師在校長正向領導之差異分析

構面	組別	個數	平均數	標準差	變異來源	平方和	自由度	平均平方和	F	Scheffé 事後比較
正向氣氛	1	92	3.785	.851	組間	2.555	3	.852	1.374	
	2	160	3.975	.766						
	3	194	3.886	.784	組內	411.768	664	.620		
	4	222	3.845	.779						
	總和	668	3.880	.788	總和	414.323	667			

（續下頁）

構面	組別	個數	平均數	標準差	變異來源	平方和	自由度	平均平方和	F	Scheffé 事後比較
正向關係	1	92	3.682	.939	組間	3.988	3	1.329	1.993	
	2	160	3.897	.804						
	3	194	3.719	.798	組內	442.779	664	.667		
	4	222	3.738	.787						
	總和	668	3.763	.818	總和	446.767	667			
正向溝通	1	92	3.731	.887	組間	6.403	3	2.134	3.465*	
	2	160	3.945	.749						2>4
	3	194	3.755	.750	組內	408.938	664	.616		
	4	222	3.693	.795						
	總和	668	3.777	.789	總和	415.341	667			
正向意義	1	92	3.826	.829	組間	3.332	3	1.111	1.921	
	2	160	3.989	.737						
	3	194	3.943	.700	組內	383.835	664	.578		
	4	222	3.827	.797						
	總和	668	3.899	.762	總和	387.167	667			
正向領導	1	92	3.758	.837	組間	3.461	3	1.154	2.109	
	2	160	3.953	.725						
	3	194	3.829	.714	組內	363.150	664	.547		
	4	222	3.780	.729						
	總和	668	3.833	.741	總和	366.610	667			

表格說明：
1. 「組別」中的「1」代表「12 班以下」組、「2」代表「13-24 班」組、「3」代表「25-48 班」組、「4」代表「49 班以上」組。
2. * p＜.05

（一）整體差異性分析討論

　　表 4-23 為不同學校規模的受試教師在知覺校長正向領導整體及其構面差異之 F 考驗。由表 4-23 可知，不同學校規模的受試者在教師知覺校長正向領導整體的得分平均情形：「12 班以下」組（M=3.758）；「13-24班」組（M=3.953）；「25-48 班」組（M=3.829）；「49 班以上」組（M=3.780）。其結果達顯著差異，亦即在整體教師知覺校長正向領導的得分表現上，因學校規模不同而有所差異。

　　不同學校規模的國民中學教師在「校長正向領導」整體感受上的結果達顯著差異，本研究結果與杜岐旺（2015）、黎素君（2017）、姚麗英（2018）的研究結果相似，但與仲秀蓮（2011）的研究發現有顯著差異不同，其可能原因在於不同的研究方向與研究對象，而呈現的研究結果也有所差異。

（二）構面差異性分析討論

　　不同學校規模的受試國民中學教師，其在整體校長正向領導構面以及「進行正向溝通」子構面上達顯著差異，但在校長正向領導的「營造向氣氛」、「建立正向關係」與「賦予正向意義」三個子構面中，均未達顯著差異；在「進行正向溝通」子構面上，「13-24 班」組（M=3.945）；「25-48 班」組（M=3.755）顯著高於「12 班以下」組（M=3.693）與「49班以上」組（M=3.693）。

　　從資料分析顯示，不同學校規模的國民中學教師，其在校長正向領導之「進行正向溝通」子構面上達顯著差異，中大型規模的學校（13-24班與 25-48 班）其政向溝通得分高於小型學校（12 班以下）與大型學校（49 班以上）。

（三）小結

綜上所述，不同學校規模的國民中學教師，其在整體校長正向領導構面以及「進行正向溝通」子構面上達顯著差異，但在於塑造正向氣氛、建立正向關係與賦予正向意義等子構面的知覺上，均未呈現顯著差異水準，代表學校規模對於「進行正向溝通」子構面上，達顯著差異。推論其原因是學校教職員數在一定的規模之內，教師教能感受到校長進行正向溝通的作為；反之，太大型或太小型規模學校，其感受程度相對較低。

二、不同學校規模教師在教師教學效能的差異分析討論

不同學校規模在教師教學效能之差異分析結果如表 4-24。

表 4-24　不同學校規模教師在教師教學效能之差異分析

構面	組別	個數	平均數	標準差	變異來源	平方和	自由度	平均平方和	F
自我效能	1	92	4.361	.513	組間	1.626	3	.542	2.043
	2	160	4.320	.488					
	3	194	4.240	.498	組內	176.116	664	.265	
	4	222	4.234	.548					
	總和	668	4.274	.516	總和	177.742	667		
教材教法	1	92	4.009	.623	組間	.422	3	.141	.531
	2	160	4.049	.466					
	3	194	3.990	.474	組內	175.837	664	.265	
	4	222	3.987	.533					
	總和	668	4.006	.514	總和	176.258	667		

（續下頁）

構面	組別	個數	平均數	標準差	變異來源	平方和	自由度	平均平方和	F
學習氣氛	1	92	4.182	.493	組間	.083	3	.028	.126
	2	160	4.203	.457					
	3	194	4.173	.477	組內	145.834	664	.220	
	4	222	4.184	.459					
	總和	668	4.185	.468	總和	145.917	667		
評量回饋	1	92	4.051	.607	組間	1.857	3	.619	1.763
	2	160	4.092	.517					
	3	194	4.058	.588	組內	233.196	664	.351	
	4	222	3.961	.640					
	總和	668	4.033	.594	總和	235.053	667		
教學效能	1	92	4.148	.494	組間	.544	3	.181	.987
	2	160	4.163	.413					
	3	194	4.111	.410	組內	121.902	664	.184	
	4	222	4.093	.426					
	總和	668	4.123	.428	總和	122.446	667		

表格說明：

＊「組別」中的「1」代表「12 班以下」組、「2」代表「13-24 班」組、「3」代表「25-48 班」組、「4」代表「49 班以上」組

（一）整體差異性分析討論

　　表 4-24 為不同學校規模的受試者在教師教學效能整體及其構面差異之 F 考驗。由表 4-24 可知，不同學校規模的教師在整體教師教學效能的得分平均情形：「13-24 班」組（M=4.163）；「12 班以下」組（M=4.148）；

「25-48班」組（M=4.111）；「49班以上」組（M=4.093），各組得分情形均達高程度，然其結果未達顯著差異，亦即在整體教師教學效能的得分表現上，不因學校規模不同而有所差異，與張素花（2012）研究結果相似，但與蔡金田（2014）研究結果不同。

（二）構面差異性分析討論

不同學校規模的受試國民中學教師，其在教師教學效能的「自我效能」、「教材教法」、「學習氣氛」與「評量回饋」四構面中，均未達顯著差異。即學校規模的不同，對其在教師教學效能各構面的得分表現上，不會有顯著差異，與張素花（2012）研究結果相似。

（三）小結

綜上所述，不同學校規模的國民中學教師，其在教師教學效能整體及自我效能」、教材教法、學習氣氛與評量回饋等構面表現上，均呈現無顯著差異存在。探究其可能原因在於國民中學教師在職前訓練、在教學生涯過程中，教師專業教學知能是相當重要的一個環節；在教師甄選擔任正式教師時也都是必經口試及試教的關卡，加上近年來教育當局推動教師專業成長增能，教師精進計畫，共同備課、公開觀課、議課等教育革新，教室不再是封閉的場域，教師教學效能也不受學校規模的影響，而需不斷提升教學效能，因此，不同學校規模教師在教師教學效能上，就逐漸不易有顯著差異存在。

三、不同學校規模教師在學生學習成效的差異分析討論

不同學校規模在學生學習成效之差異分析結果如表4-25。

表 4-25 不同學校規模教師在學生學習成效之差異分析

構面	組別	個數	平均數	標準差	變異來源	平方和	自由度	平均平方和	F
學習興趣	1	92	3.623	.764	組間	.367	3	.122	.261
	2	160	3.669	.685					
	3	194	3.682	.655	組內	310.912	664	.468	
	4	222	3.697	.674					
	總和	668	3.676	.683	總和	311.279	667		
學習態度	1	92	4.065	.560	組間	1.121	3	.374	1.220
	2	160	3.960	.567					
	3	194	3.960	.571	組內	203.430	664	.306	
	4	222	4.029	.525					
	總和	668	3.998	.554	總和	204.551	667		
作業表現	1	92	3.649	.747	組間	.224	3	.075	.171
	2	160	3.627	.623					
	3	194	3.651	.613	組內	289.321	664	.436	
	4	222	3.676	.687					
	總和	668	3.653	.659	總和	289.545	667		
學習績效	1	92	3.685	.645	組間	.714	3	.238	.662
	2	160	3.576	.574					
	3	194	3.621	.586	組內	238.679	664	.359	
	4	222	3.605	.610					
	總和	668	3.614	.599	總和	239.393	667		

（續下頁）

構面	組別	個數	平均數	標準差	變異來源	平方和	自由度	平均平方和	F
學習成效	1	92	3.745	.584	組間	.241	3	.080	.292
	2	160	3.689	.516					
	3	194	3.713	.503	組內	182.751	664	.275	
	4	222	3.731	.524					
	總和	668	3.718	.524	總和	182.992	667		

表格說明：

＊「組別」中的「1」代表「12 班以下」組、「2」代表「13-24 班」組、「3」代表「25-48 班」組、「4」代表「49 班以上」組

（一）整體差異性分析討論

　　表 4-25 為不同學校規模的受試者在學生學習成效整體及其構面差異之 F 考驗。由表 4-25 可知，不同學校規模的受試者在整體學生學習成效的得分平均情形：「12 班以下」組（M=3.745）；「13-24 班」組（M=3.689）；「25-48 班」組（M=3.713）；「49 班以上」組（M=3.731）。然其結果未達顯著差異，亦即在整體學生學習成效的得分表現上，不因學校規模的不同而有所差異。

　　不同學校規模的國民中學教師在「學生學習成效」知覺上無顯著差異的結果，與與蔡金田（2014）的研究結果不同，可能原因為研究面向與研究對象不同而有所差異。

（二）構面差異性分析討論

　　不同學校規模的國民中學教師，其在學生學習成效整體以及「學習興趣」、「學習態度」、「作業表現」與「學習績效」四構面的得分表現上，

均未達顯著差異，亦即學校規模大小的不同，對其在教學效能各構面的得分表現上，不會有顯著差異。

（三）小結

綜上所述，不同學校規模的國民中學教師，其在學生學習成效整體及學習興趣、學習態度、作業表現與學習績效等四構面表現上，均呈現無顯著差異存在。在學習興趣、作業表現與學習績效構面，平均分數都達中上程度；而在學習態度構面，平均分數都達中上至高程度，教師知覺學生學習成效感受上不因學校規模的不同而有所差異。

捌、不同學校區域教師在校長正向領導、教師教學效能與學生學習成效之差異分析

本研究針對不同學校區域的國民中學教師分別進行校長正向領導、教師教學效能與學生學習成效之差異比較，將回收有效有效問卷資料進行單因子變異數分析、雪費法事後比較，結果如下述：

一、不同學校區域教師在校長正向領導的差異分析討論

不同學校區域在校長正向領導之差異分析結果如表 4-26。

表 4-26　不同學校區域教師在校長正向領導之差異分析

構面	組別	個數	平均數	標準差	變異來源	平方和	自由度	平均平方和	F	Scheffé 事後比較
正向氣氛	1	179	3.993	.729	組間	5.765	3	1.922	3.123*	
	2	214	3.864	.804						1>3
	3	167	3.744	.818	組內	408.559	664	.615		
	4	108	3.933	.779						
	總和	668	3.880	.788	總和	414.323	667			
正向關係	1	179	3.869	.759	組間	3.790	3	1.263	1.893	
	2	214	3.731	.821						
	3	167	3.669	.846	組內	442.977	664	.667		
	4	108	3.794	.852						
	總和	668	3.763	.818	總和	446.767	667			
正向溝通	1	179	3.835	.761	組間	1.551	3	.517	.830	
	2	214	3.762	.800						
	3	167	3.710	.819	組內	413.789	664	.623		
	4	108	3.813	.767						
	總和	668	3.777	.789	總和	415.341	667			
正向意義	1	179	4.049	.691	組間	9.383	3	3.128	5.497*	
	2	214	3.873	.745						1>3
	3	167	3.731	.852	組內	377.784	664	.569		
	4	108	3.965	.711						
	總和	668	3.899	.762	總和	387.167	667			

（續下頁）

構面	組別	個數	平均數	標準差	變異來源	平方和	自由度	平均平方和	F	Scheffé事後比較
正向領導	1	179	3.940	.690	組間	4.710	3	1.570	2.880*	
	2	214	3.811	.743						
	3	167	3.715	.784	組內	361.901	664	.545		1>3
	4	108	3.880	.732						
	總和	668	3.833	.741	總和	366.610	667			

表格說明：

1.「組別」中的「1」代表「北部」組、「2」代表「中部」組、「3」代表「南部」組、「4」代表「東部」組

2. * p＜.05

（一）整體差異性分析討論

　　表 4-26 為不同學校區域任職的教師在校長正向領導整體及其構面差異之 F 考驗。由表 4-26 可知，不同學校區域任職的受試者在校長正向領導整體的得分平均情形：「北部」組（M=3.940）;「中部」組（M=3.811）；「東部」組（M=3.880）;「南部」組（M=3.715）。其結果達顯著差異，亦即在整體校長正向領導的得分表現上，隨著教師任職學校區域不同而有所差異。

　　不同學校區域任職的國民中學教師在「校長正向領導」感受上的結果達顯著差異，本研究結果與黎素君（2017）的研究結果相似，但與姚麗英（2018）研究發現有顯著差異不同。

（二）構面差異性分析討論

不同任職學校區域的受試國民中學教師，其在校長正向領導的「建立正向關係」與「進行正向溝通」二個子構面中，均未達顯著差異，但是在於「塑造正向氣氛」與「賦予正向意義」二子個構面上，「北部」組顯著大於其他學校區域。

（三）小結

綜上所述，不同任職學校區域的國民中學教師，其在校長正向領導整體及各構面知覺均為中上至高程度，在校長正向領導的「建立正向關係」與「進行正向溝通」二個子構面中，均未達顯著差異，但是在於校長正向領導整體及「塑造正向氣氛」與「賦予正向意義」二個子構面上，「北部」組顯著大於其他學校區域，代表北部教師對於知覺校長塑造正向氣氛與賦予正向意義給予較高肯定，其可能原因在於北部地區在普遍觀念來說生活水平相對較高、資訊相對發達，學生、家長及教師對於教育品質的要求也相對提升。

二、不同學校區域教師在教師教學效能的差異分析討論

不同學校區域在教師教學效能之差異分析結果如表 4-27。

表 4-27　不同學校區域教師在教師教學效能之差異分析

構面	組別	個數	平均數	標準差	變異來源	平方和	自由度	平均平方和	F	Scheffé 事後比較
自我效能	1	179	4.358	.487	組間	4.758	3	1.586	6.088*	
	2	214	4.276	.486						1>3
	3	167	4.139	.558	組內	172.984	664	.261		4>3
	4	108	4.340	.519						
	總和	668	4.274	.516	總和	177.742	667			
教材教法	1	179	4.101	.527	組間	5.666	3	1.889	7.351*	
	2	214	4.012	.532						1>3
	3	167	3.857	.488	組內	170.593	664	.257		2>3
	4	108	4.065	.446						4>3
	總和	668	4.006	.514	總和	176.258	667			
學習氣氛	1	179	4.210	.457	組間	1.170	3	.390	1.789	
	2	214	4.200	.483						
	3	167	4.114	.454	組內	144.747	664	.218		
	4	108	4.225	.470						
	總和	668	4.185	.468	總和	145.917	667			
評量回饋	1	179	4.136	.542	組間	5.014	3	1.671	4.824*	
	2	214	3.966	.681						1>2
	3	167	3.948	.533	組內	230.039	664	.346		1>3
	4	108	4.127	.544						
	總和	668	4.033	.594	總和	235.053	667			

（續下頁）

構面	組別	個數	平均數	標準差	變異來源	平方和	自由度	平均平方和	F	Scheffé事後比較
教學效能	1	179	4.199	.424	組間	3.623	3	1.208	6.749*	
	2	214	4.116	.445						1>3
	3	167	4.009	.414	組內	118.822	664	.179		4>3
	4	108	4.185	.390						
	總和	668	4.123	.428	總和	122.446	667			

表格說明：

1.「組別」中的「1」代表「北部」組、「2」代表「中部」組、「3」代表「南部」組、「4」代表「東部」組

2. * $p < .05$

（一）整體差異性分析討論

表 4-27 為不同學校區域的教師在教師教學效能整體及其構面差異之 F 考驗。由表 4-27 可知，不同學校區域的教師在整體教師教學效能的得分平均情形：「北部」組（M=4.199）；「東部」組（M=4.185）；「中部」組（M=4.116）；「南部」組（M=4.009）。其結果達顯著差異，教師任職學校區域不同在整體教師教學效能以及「教師自我效能」、「教師教材教法」與「教學評量回饋」子構面的得分表現上，達顯著差異，與張素花（2012）、姚麗英（2018）研究結果相似。

（二）構面差異性分析討論

不同學校區域的國民中學教師，除了在教師教學效能的「營造學習氣氛」子構面未達顯著差異以外，其教師教學效能整體構面以及「教師自我效能」、「教師教材教法」與「教學評量回饋」結果均達顯著差異，其中在「教師自我效能」子構面當中「北部」組>「南部」組、「東部」

組>「南部」組；在「教師教材教法」子構面當中「北部」組>「南部」組、「中部」組>「南部」組、「東部」組>「南部」組；在「教學評量回饋」子構面當中：「北部」組>「中部」組、「北部」組>「南部」組；而在整體教師教學效能構面當中：「北部」組>「南部」組、「東部」組>「南部」組。其研究結果與張素花（2012）、姚麗英（2018）研究結果相似。

（三）小結

綜上所述，不同學校區域的國民中學教師，在教師教學效能整體構面及自我效能、教材教法、與評量回饋等四個子構面，均達顯著差異，而北部地區平均大於其他地區，顯示北部地區在教師教學效能整體構面及自我效能、教材教法、與評量回饋高於其他區域，探究其可能原因在於北部地區國民中學教師在教學環境的激勵，以及北部家長普遍知識程度社經背景教高的條件下，給予教師的監督及壓力也相對提升；再者，北部地區不論是在大專院校，公共設施等教學資源、資訊傳播以及文化衝擊均較其他地區豐富，因此在研究結果呈現上，北部地區教師知覺教師教學效能高於其他區域。

三、不同學校區域教師在學生學習成效的差異分析討論

不同學校區域在學生學習成效之差異分析結果如表 4-28。

表 4-28　不同學校區域教師在學生學習成效之差異分析

構面	組別	個數	平均數	標準差	變異來源	平方和	自由度	平均平方和	F
學習興趣	1	179	3.749	.687	組間	3.233	3	1.078	2.323
	2	214	3.645	.704					
	3	167	3.585	.658	組內	308.046	664	.464	
	4	108	3.756	.658					
	總和	668	3.676	.683	總和	311.279	667		
學習態度	1	179	3.993	.596	組間	1.622	3	.541	1.769
	2	214	4.026	.519					
	3	167	3.922	.570	組內	202.930	664	.306	
	4	108	4.065	.515					
	總和	668	3.998	.554	總和	204.551	667		
作業表現	1	179	3.739	.658	組間	3.622	3	1.207	2.804
	2	214	3.632	.689					
	3	167	3.549	.621	組內	285.924	664	.431	
	4	108	3.713	.639					
	總和	668	3.653	.659	總和	289.545	667		
學習績效	1	179	3.659	.635	組間	2.266	3	.755	2.115
	2	214	3.593	.637					
	3	167	3.537	.512	組內	237.128	664	.357	
	4	108	3.700	.574					
	總和	668	3.614	.599	總和	239.393	667		

（續下頁）

構面	組別	個數	平均數	標準差	變異來源	平方和	自由度	平均平方和	F
學習成效	1	179	3.767	.548	組間	2.301	3	.767	2.819
	2	214	3.705	.552					
	3	167	3.632	.470	組內	180.691	664	.272	
	4	108	3.793	.490					
	總和	668	3.718	.524	總和	182.992	667		

表格說明：

＊「組別」中的「1」代表「北部」組、「2」代表「中部」組、「3」代表「南部」組、「4」代表「東部」組

（一）整體差異性分析討論

表 4-28 為不同學校區域的受試者在學生學習成效整體及其構面差異之 F 考驗。由表 4-28 可知，不同學校區域的受試者在整體學生學習成效的得分平均情形：「東部」組（M=3.793）；「北部」組（M=3.767）；「中部」組（M=3.705）；「南部」組（M=3.632）。然其結果未達顯著差異，亦即在整體教學效能的得分表現上，不因教師所在學校區域的不同而有所差異。

（二）構面差異性分析討論

不同學校區域的國民中學教師，其在知覺學生學習成效整體及「學習興趣」、「學習態度」、「作業表現」與「學習績效」四構面的得分表現上，得分均達中上程度以上，但未達顯著差異。

（三）小結

綜上所述，不同學校區域的國民中學教師，不同學校區域的國民中學教師，其在知覺學生學習成效整體及「學習興趣」、「學習態度」、「作業表現」與「學習績效」四構面的得分表現上，平均分數都達中上程度，但未達顯著差異，顯示國民中學不論任何學校區域教師，知覺學生學習成效都尚佳。

第三節　校長正向領導、教師教學效能與學生學習成效之相關分析

本節旨在探討國民中學教師校長正向領導、教師教學效能與學生學習成效之相關情形。國民中學教師校長正向領導包括塑造正向氣氛、建立正向關係、進行正向溝通、賦予正向意義等四個構面；教師教學校能包括教師自我效能、教師教材教法、營造學習氣氛與教學評量回饋等四個子構面；學生學習成效包括學習興趣、學習態度、作業表現與學習績效等四個子構面。相關係數小於.4 為低度相關，介於.4 -.8 為中度相關，大於.8 為高度相關（吳明隆與涂金堂，2016）。本部份之統計方法為 Pearson 積差相關。以下分別探討這些構面間的相關情形。

壹、校長正向領導與教師教學效能的相關分析與討論

一、校長正向領導與教師教學效能的相關分析

為進一步釐清校長正向領導整體及各構面，對教師教學效能整體及各構面的彼此相關程度，茲整理校長正向領導與教師教學效能之相關分析如表 4-29。

表 4-29　校長正向領導與教師教學效能之相關分析摘要表

構面	教師自我效能	教師教材教法	營造學習氣氛	教學評量回饋	教師教學效能
塑造正向氣氛	.338**	.294**	.314**	.265**	.367**
建立正向關係	.368**	.330**	.351**	.297**	.407**
進行正向溝通	.355**	.315**	.349**	.287**	.395**
賦予正向意義	.413**	.306**	.347**	.297**	.411**
校長正向領導	.390**	.330**	.361**	.304**	.419**

** $p < .01$

　　由表 4-29 顯示，塑造正向氣氛與教師教學效能總分相關為.367，達顯著水準；其與各子構面相關係數由高而低依序為教師自我效能.338、營造學習氣氛.314、教師教材教法.294、教學評量回饋.265，均達顯著水準，且皆為低度至中度相關。亦即國民中學校長正向領導的子構面塑造正向氣氛會低度至中度正向影響其在教師教學效能整體及其子構面（教師自我效能、教師教材教法、營造學習氣氛、教學評量回饋）的表現。也就是塑造正向氣氛對教師教學效能整體及教師自我效能與營造學習氣氛有低度至中度正向影響；塑造正向氣氛對教師教材教法與教學評量回饋有正向影響，但影響程度較輕微。

　　建立正向關係與教師教學效能總分相關為.407，達顯著水準，屬於中度正相關;其與各子構面相關係數由高而低依序為教師自我效能.368、營造學習氣氛.351、教師教材教法.330、教學評量回饋.297，均達顯著水準，且除教學評量回饋為低度正相關外，其餘均為中度正相關。亦即，建立正向關係對教師教學效能整體及教師自我效能、營造學習氣氛與教

師教材教法有中度正向影響;建立正向關係對教學評量回饋有正向影響,但影響程度較輕微。

進行正向溝通與教師教學效能總分相關為.395,達顯著水準;其與各子構面相關係數由高而低依序為教師自我效能.355、營造學習氣氛.349、教師教材教法.315、教學評量回饋.287,均達顯著水準,且皆為中度正相關。亦即,進行正向溝通對教師教學效能整體及教師自我效能、營造學習氣氛與教師教材教法有中度正向影響;進行正向溝通對教學評量回饋有正向影響,但影響程度較輕微。

賦予正向意義與教師教學效能總分相關為.411,達顯著水準;其與各子構面相關係數由高而低依序為教師自我效能.413、營造學習氣氛.347、教師教材教法.306、教學評量回饋.297,均達顯著水準,除教學評量回饋低度正相關以外,其餘且皆為中度正相關。亦即,賦予正向意義對教師教學效能整體及教師自我效能、營造學習氣氛與教師教材教法有中度正向影響。

校長正向領導與教師教學效能總分相關為.419,達顯著水準;其與教師教學效能各子構面相關係數由高而低依序為教師自我效能.390、營造學習氣氛.361、教師教材教法.330、教學評量回饋.304,均達顯著水準,且皆為中度正相關。可見,校長正向領導整體相對而言,對教師教學效能整體及各子構面均有正向影響。

二、校長正向領導與教師教學效能的相關分析討論

首先,根據本研究結果分析,發現整體校長正向領導與教師教學效能間呈現顯著的中度正相關（r=.419,p<.001）,即整體校長正向領導得分愈高的國民中學教師,其在整體教師教學效能也會愈高。

再探討校長正向領導與教師教學效能各子構面相關係數，均達顯著
水準，且均為低度至中度正相關；而在校長正向領導各子構面與教師教
學效能整體及子構面的關係係數，亦均達顯著正相關，其中子構面間以
「賦予正向意義」與「教師自我效能」的相關係數最高（.413）；而校長
正向領導子構面「賦予正向意義」與教師教學效能整體的相關係數最高
（.411）。

分析討論上述之研究結果，可以得知整體校長正向領導及各構面得
分程度愈高之國民中學教師，其整體教師自我效能及各構面效能亦愈高。
推究其原因，可能與校長正向領導會影響教師自我效能，只是影響程度
低度至中度程度，至於有關校長正向領導與教師自我效能之相關實證研
究尚未有研究涉及，更顯得本研究主題的重要性。

貳、校長正向領導與學生學習成效的相關分析與討論

一、校長正向領導與學生學習成效的相關分析

為進一步釐清校長正向領導整體及各構面，對學生學習成效整體及
各構面的彼此相關程度，茲整理校長正向領導與學生學習成效之相關分
析如表 4-30。

表 4-30 校長正向領導與學生學習成效之相關分析摘要表

構面	學習興趣	學習態度	作業表現	學習績效	學生學習成效
塑造正向氣氛	.182**	.164**	.222**	.258**	.253**
建立正向關係	.264**	.210**	.290**	.328**	.334**
進行正向溝通	.237**	.235**	.244**	.309**	.312**
賦予正向意義	.240**	.225**	.302**	.302**	.323**
校長正向領導	.243**	.219**	.279**	.317**	.322**

** $p < .01$

由表 4-30 顯示，塑造正向氣氛與學生學習成效總分相關為.253，達顯著水準；其與各子構面相關係數由高而低依序為學習績效.258、作業表現.222、學習興趣.182、學習態度.164，均達顯著水準，且皆為低度正相關。亦即國民中學校長正向領導的子構面塑造正向氣氛會低度正向影響其在學生學習成效整體及其子構面（學習興趣、學習態度、作業表現、學習績效）的表現。也就是塑造正向氣氛對學生學習成效整體及作業表現、學習績效有低度正向影響；塑造正向氣氛對學習興趣、學習態度有正向影響，但影響程度較輕微。

建立正向關係與學生學習成效總分相關為.334，達顯著水準，屬於中度正相關；其與各子構面相關係數由高而低依序為學習績效.328、作業表現.290、學習興趣.264、學習態度.210，均達顯著水準，且除學習績效為中度正相關外，其餘作業表現、學習興趣、學習態度均為低度正相關。亦即，建立正向關係對學生學習成效整體及與學習績效有中度正向影響；建立正向關係對作業表現、學習興趣與學習態度有正向影響，但影響程度較輕微。

進行正向溝通與學生學習成效總分相關為.312，達顯著水準；其與各子構面相關係數由高而低依序為學習績效.309、作業表現.244、學習興趣.237 與學習態度.235，均達顯著水準，且皆為低度到中度正相關。亦即，進行正向溝通對學生學習成效整體及與學習績效有中度正向影響；進行正向溝通對於學習興趣、學習態度與作業表現有正向影響，但影響程度較輕微。

賦予正向意義與學生學習成效總分相關為.323，達顯著水準；其與各子構面相關係數由高而低依序為作業表現.302、學習績效.302、學習興趣.240 與學習態度.225，均達顯著水準，且皆為低度到中度正相關。亦即，賦予正向意義對學生學習成效整體及與作業表現、學習績效有中度正向影響；賦予正向意義對於學習興趣、學習態度有正向影響，但影響程度較輕微。

校長正向領導與學生學習成效總分相關為.322，達顯著水準；其與學生學習成效各子構面相關係數由高而低依序為學習績效.317、作業表現.279、學習興趣.243 與學習態度.219，均達顯著水準，且皆為低度到中度正相關。可見，校長正向領導整體相對而言，對學生學習成效整體及各子構面均有正向影響。

二、校長正向領導與學生學習成效的相關分析討論

首先，根據本研究結果分析，發現整體校長正向領導與學生學習成效間呈現顯著的中度正相關（r=.322，p<.001），即整體校長正向領導得分愈高的國民中學教師，其在整體學生學習成效也會愈高。

再探討校長正向領導與學生學習成效各子構面相關係數，均達顯著水準，且均為低度到中度正相關；而在校長正向領導各子構面與學生學習成效整體及子構面的關係係數，亦均達顯著正相關，其中子構面間以

「建立正向關係」與「學習績效」的相關係數最高（.328）；而校長正向
領導子構面「建立正向關係」與學生學習成效整體的相關係數最高（.334）。

　　分析討論上述之研究結果，可以得知整體校長正向領導及各構面得
分程度愈高之國民中學教師，其整體學生學習成效及各構面效能亦愈高。
推究其原因，可能校長正向領導越高的國民中學，越能塑造校園正向氛
圍，建立親、師、生正向關係，透過正向關係，賦予教育正向意義，提
升教師教學效能，進而促進學生學習成效。

參、教師教學效能與學生學習成效的相關分析與討論

一、教師教學效能與學生學習成效的相關分析

　　為進一步釐清教師教學效能整體及各構面，對學生學習成效整體及
各構面的彼此相關程度，茲將教師教學效能與學生學習成效之相關分析
整理如表 4-31。

表 4-31　教師教學效能與學生學習成效之相關分析摘要表

構面	學習興趣	學習態度	作業表現	學習績效	學生學習成效
教師自我效能	.403**	.376**	.440**	.446**	.499**
教師教材教法	.386**	.278**	.439**	.455**	.475**
營造學習氣氛	.429**	.396**	.452**	.467**	.522**
教學評量回饋	.452**	.286**	.442**	.471**	.503**
教師教學效能	.501**	.400**	.536**	.555**	.601**

** $p < .01$

　　由表 4-31 顯示，教師自我效能與學生學習成效總分相關為.499，達顯著水準；其與教學效能各子構面相關係數由高而低依序為學習績效.446、作業表現.440、學習興趣.403 與學習態度.376，均達顯著水準，且皆為中度正相關。亦即國民中學教師教師自我效能的子構面教師自我效能會中度正向影響其在學生學習成效整體及其子構面（學習興趣、學習態度、作業表現，學習績效）的表現。也就是教師自我效能對學生學習成效整體及學習興趣、學習態度、作業表現與學習績效有中度正向影響。

　　教師教材教法與學生學習成效總分相關為.475，達顯著水準，屬於中度正相關；其與學生學習成效各子構面相關係數由高而低依序為學習績效.455、作業表現.439、學習興趣.386 與學習態度.278，均達顯著水準，且均為低度到中度正相關。亦即，教師教材教法對學生學習成效整體及與學習興趣、學習態度、作業表現與學習績效各子構面有低度至中度正向影響。

　　營造學習氣氛與學生學習成效總分相關為.522，達顯著水準；其與學生學習成效各子構面相關係數由高而低依序為學習績效.467、作業表現.452、學習興趣.429 與學習態度.396，均達顯著水準，且皆為中度正相關。亦即，營造學習氣氛對學生學習成效整體及與學習興趣、學習態度、作業表現與學習績效有中度正向影響。

　　教學評量回饋與學生學習成效總分相關為.503，達顯著水準；其與學生學習成效各子構面相關係數由高而低依序為學習績效.471、學習興趣.452 與作業表現.442，均達顯著水準，且皆為中度正相關；而學習態度.286，達顯著水準，為低度正相關。亦即，教學評量回饋對學生學習成效整體及與學習興趣、學習態度、作業表現與學習績效有低度至中度正向影響。

教師教學效能與學生學習成效總分相關為.601，達顯著水準，且達中度相關；其與各子構面相關係數由高而低依序為學習績效.555、作業表現.536、學習興趣 501 與學習態度.400，均達顯著水準，且皆為中度正相關。可見，教師教學效能整體相對而言，對學生學習成效整體及各子構面均有正向影響。

二、教師教學效能與學生學習成效的相關分析討論

首先，根據本研究結果分析，發現整體教師教學效能與學生學習成效間呈現顯著的中度正相關（r=.601，p<.001），即整體教師教學效能得分愈高的國民中學教師，其在整體學生學習成效也會愈高。

再探討教師教學效能與學生學習成效各子構面相關係數，均達顯著水準，且均為中度正相關；而在教師教學效能各子構面與學生學習成效整體及子構面的關係係數，亦均達顯著正相關，其中子構面間以「教學評量回饋」與「學習績效」的相關係數最高（.471）；而教師教學效能子構面「營造學習氣氛」與學生學習成效整體的相關係數最高（.522）。

分析討論上述之研究結果，可以得知整體教師教學效能及各構面得分程度愈高之國民中學教師，其整體學生學習成效及各構面效能亦愈高。推究其原因，可能跨教師教學效能越高的國民中學教師，教師自我效能也相對較高面對不同班級的學生，越能選擇合適的教材教法，並能夠營造課堂學習氣氛，即時且合宜的教室互動與評量回饋、運用更寬廣的教育背景脈絡與策略融入課程與教學，給予學生更多元與豐富學習，故能有助於提升學生學習成效。

第四節　校長正向領導、教師教學效能與學生學習成

效之結構方程模式影響效果分析

　　本節旨在以 AMOS 結構方程模式進行模式的配適度及因果關係檢測，驗證國民中學教師「校長正向領導」、「教師教學效能」與「學生學習成效」間的模式關係。

壹、整體模型結構與假設

　　本研究旨在探討校長正向領導、教師教學效能與學生學習成效之關係，在實務教學經驗上校長正向領導會影響到教師教學效能，也會影響到學生學習成效，校長正向領導會透過教師教學效能影響學生學習成效，因而建立本研究校長正向領導、教師教學效能與學生學習成效概念性結構模型假設，如表 4-32。

表 4-32　校長正向領導、教師教學效能與學生學習成效概念性結構模型假設

假 設	內　　容
H1	校長正向領導對知覺學生學習成效有正向影響
H2	校長正向領導知覺教師教學效能有正向影響
H3	教師教學效能對知覺學生學習成效有正向影響

　　在經過一階及二階驗證性因素分析後，校長正向領導、教師教學效能與學生學習成效構面都具有良好的信度、收斂效度與區別效度，接下

328

來進行結構模型分析，以驗證概念性架構的配適度與假設，並分析各構面的直接效果與間接效果。由於各構面的信度、收斂效度及區別效度均已達可接受水準以上，故可以單一指標取代多重衡量指標，亦即以各子構面的題項得分之平均值，作為各子構面的得分，再由各子構面作為主構面的多重衡量指標，如校長正向領導為潛在變數時，其觀察變數包含塑造正向氣氛平均分數、建立正向關係平均分數、進行正向溝通平均分數與賦予正向意義平均分數等四個子構面，而以教師教學效能為潛在變項時，其觀察變項為教師自我效能平均分數、教師教材教法平均分數、營造學習氣氛平均分數與教學評量回饋平均分數等四個子構面，而學生學習成效潛在變項則由學習興趣、學習態度、作業表現與學習績效等四個子構面，以測量校長正向領導、教師教學效能與學生學習成效三者之間關係；校長正向領導、教師教學效能與學生學習成效整體結構模型如圖 4-1。

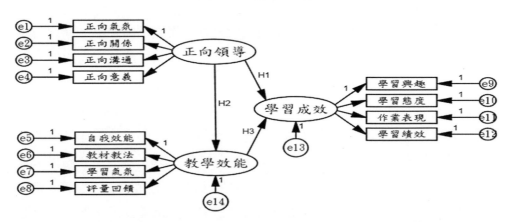

圖 4-1　校長正向領導、教師教學效能與學生學習成效整體結構模型

其中在校長正向領導觀察指標中，正向氣氛代表塑造正向氣氛各題平均分數、正向關係代表建立正向關係各題之平均分數、正向溝通代表進行正向溝通各題平均分數、正向意義代表賦予正向意義各題平均分數；教師教學效能觀察指標中，自我效能代表教師自我效能各題平均分數、教材教法代表教師教材教法各題之平均分數、學習氣氛代表營造學習氣氛各題平均分數、評量回饋代表教師評量回饋各題平均分數；而學生學習成效觀察指標中，學習興趣代表學生學習興趣各題平均分數、學習態度代表學生學習態度各題平均分數、作業表現代表學生作業表現各題平均分數、學習績效代表學生學習績效各題平均分數。

貳、整體模型參數估計檢驗

整體模型參數估計乃在檢驗校長正向領導、教師教學效能與學生學習成效三個構面（觀察變項）與各潛在變項之間的關係，茲分述說明如下：

一、校長正向領導構面

校長正向領導構面包含：塑造正向氣氛、建立正向關係、進行正向溝通與賦予正向意義等四個子構面，塑造正向氣氛、建立正向關係、進行正向溝通與賦予正向意義之因素負荷估計值分別為.92、.96、.92 與.87，t 值也都大於 1.96 達到顯著水準，其 R^2 值分別為 .84、.92、.84 與.76，R^2 值大於 .5 表示具高解釋力。此外，由各構面之因素負荷加以比較得知，校長正向領導的認知中，以建立正向關係（.96）為最重要因素，其次為塑造正向氣氛（.92）、建立正向溝通（.92）而賦予正向意義（.87）相對比較低，因此校長正向領導之重要因素排序為建立正向關係、塑造

正向氣氛、建立正向溝通並列以及賦予正向意義,因此,影響校長正向領導最重要的因素為建立正向關係。

二、教師教學效能

　　教師教學效能構面包含:教師自我效能、教師教材教法、營造學習氣氛與教學評量回饋等四個子構面,教師自我效能、教師教材教法、營造學習氣氛與教學評量回饋之因素負荷估計值分別為.69、.77、.79 與 .80,t 值也都大於 1.96 達到顯著水準,其 R^2 值分別為.47、.59、.62 與.64,R^2 值除教師自我效能(.47)以外均大於 .5 表示具高解釋力,而教師自我效能之 R^2 值為.47 大於.4 表示解釋力較中等。此外,由各構面之因素負荷加以比較得知,教師教學校能的認知中,以教學評量回饋.80 為最重要因素,其次為營造學習氣氛.79、教師教材教法 .77,而教師自我效能.69 相對較低,因此教師教學校能構面之重要因素排序為教學評量回饋、營造學習氣氛、教師教材教法以及教師自我效能,因此,影響教師教學效能最重要的因素為教學評量回饋。

三、學生學習成效構面

　　學生學習成效構面包含:學習興趣、學習態度、作業表現與學習績效等四個子構面,其中學習態度之因素負荷估計值分別為 .60,其 R^2 值為 .36,小於 .4 表示解釋力較低。學習績效、作業表現與學習興趣之因素負荷估計值分別為 .90、.84 與 .74,t 值也都大於 1.96 達到顯著水準,其 R^2 值分別為 .80、.71 與.55,R^2 值大於 .5 表示具高解釋力。此外,由各構面之因素負荷加以比較得知,學生學習成效的認知中,以學生學習績效.90 為最重要因素,其次為學生作業表現.84、學生學習興趣.74,學生學習態度 .60 相對比較低,因此學生學習成效之重要因素排序為學生

學習績效、學生作業表現、學生學習興趣與學生學習態度,影響學生學習成效最重要的因素為學習績效,因此要提升學生學習成效,必須以提升學生的學習績效為最主要的關鍵因素。

參、研究假設檢定

經由實證分析與檢定結果,整體模型配適度均符合標準,如表 4-33 所示:

表 4-33　整體模型配適度指標檢核表

配適指標	標準值	檢定結果	模型配適判斷
χ^2/df	1~5 之間	3.716	是
GFI	大於 0.9	.956	是
AGFI	大於 0.9	.933	是
RMSEA	小於 0.08	.064	是
CFI	大於 0.9	.976	是

本研究所建構之整體結構模式標準化估計圖如 4-2 所示,圖中實線代表檢定後之顯著路徑,數值為路徑係數,因此本研究之三條路徑校長正向領導→學生學習成效（t=1.487）、校長正向領導→教師教學效能（t=10.315）、教師教學效能→學生學習成效（t=12.083）等,除了校長正向領導→學生學習成效（t=1.487） 路徑（t＜1.96）不顯著外,其他二條

路　徑　均　為　顯　著　（　t　＞　1.96　）　。

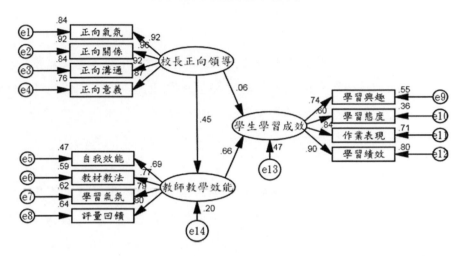

chi-square=189.505 df=51
chi-square/df=3.716
GFI=.956 AGFI=.933
CFI=.976 RMSEA=.064

圖 4-2　整體結構模型路徑分析

本研究依據圖 4-2 整體結構模型路徑分析結果，進行研究假設之檢定，詳如表 4-34 所示。

表 4-34　路徑關係檢定表

假設	路徑	假設關係	路徑值	假設成立與否
H1	校長正向領導→學生學	正向	.058*	成立
H2	校長正向領導→教師教	正向	.452*	成立
H3	教師教學效能→學生學	正向	.661*	成立

* p<.05

依據表 4-34 所獲得之結論如下：

（一）假設一：校長正向領導對學生學習成效有顯著正向影響

校長正向領導對學生學習成效之路徑係數值為 .058，t 值為 2.48 絕對值大於 1.96，顯示該路徑係數估計值為顯著，故本研究之假設一成立，表示若校長正向領導並會影響學生的學生學習成效。

（二）假設二：校長正向領導對教師教學效能有顯著正向影響

校長正向領導對教師教學效能之路徑係數值為 .452，t 值為 10.315 絕對值大於 1.96，顯示該路徑係數估計值為顯著，故本研究之假設二成立，表示若校長積極運用正向領導，則教師的教學效能越高。

（三）假設三：教師教學效能對學生學習成效有顯著正向影響

教師教學效能對學生學習成效之路徑係數值為 .661，t 值為 12.083 絕對值大於 1.96，顯示該路徑係數估計值為顯著，故本研究之假設三成立，表示若教師教學效能越高，則學生學習成效越高。

肆、影響效果分析

各潛在變數之影響效果，詳如表 4-35 所示，校長正向領導透過教師教學效能對學生學習成效直接影響效果為.058，有顯著正向影響。而「校長正向領導對教師教學效能」的直接效果為.452；「校長正向領導對學生學習成效」的直接效果為 0.58，間接效果為.452×.661＝.299，整體效果為.299+.058=.357；「教師教學效能對學生學習成效」的直接效果為.661，顯示「校長正向領導對學生學習成效」有直接及間接的影響效果，亦即校長正向領導對學生學習成效產生影響力，其整體影響力達.357；其中

校長正向領導對教師教學效能有正向直接的影響效果，其效果值為 .452；整體效果達.452。

　　由以上的效果分析中發現，對於學生的學習成效而言，影響最大的因素是教師教學效能，其次是校長正向領導。

表 4-35　潛在變數之影響效果表

潛在自變數	潛在依變數	直接效果	間接效果	整體效果
校長正向領導	教師教學效能	.452	----	.452
	學生學習成效	.058	.452×.661 ＝.299	.357
教師教學效能	學生學習成效	.661	----	.661

伍、綜合討論

　　本節旨在以 AMOS 結構方程模式進行模式的因果關係及配適度檢測，驗證國民中學教師知覺校長正向領導、教師教學效能與學生學習成效之間的模式關係，經檢驗結果教師知覺校長正向領導、教師教學效能與學生學習成效建構的整體模式適配度良好。校長正向領導、教師教學效能之間的交互作用對學生學習成效具有顯著因果關係，本模型證明影響教師學生學習成效的重要因素為教師教學效能，而且校長正向領導影響教師教學效能。

　　綜合上述研究結果顯示：當國民中學校長展現正向領導時，就會促進教師教學效能進而影響學生學習成效；且教師教學效能對學生學習成效有直接的高影響力，國民中學教師教學效能對學生學習成效的直接效果比校長正向領導對學生學習成效的直接效果大；校長正向領導對於教師教學效能亦有直接影響效果。所以，國民中學校長展現良好的正向領導作為，就能提升教師教學效能，同時增進學生學習成效。

　　而從本研究結果證實，校長正向領導和教師教學效能兩者具相關和影響力，而教師教學效能和學生學習成效兩者更具相關和影響力，也就是說國民中學教師知覺校長正向領導對於教師教學效能會產生影響力；而教師教學效能對於學生學習成效亦會產生影響力，三者之間具有遞移效應。因此，本研究國民中學校長正向領導、教師教學效能與學生學習成效的關係是有直接和間接效果的，也具有良好的適配度。

　　此研究發現與蔡金田（2014）之研究結果「教師對於校長效能、教師效能與學生學習成就之認知有顯著相關存在」、「校長效能、教師效能對學生學習成就具有影響力」相同；李菁菁（2014）之研究結果「高中校長正向領導除了能直接影響學校效能外，亦可經由教師職場希望感的途徑間接地影響學校效能。」相似；杜岐旺（2015）之研究結果「國民小學校長領導行為影響學生學習成效模式各變項間具預測功能，其中以教師班級經營最具預測力」相似。也與姚麗英（2018）之研究發現「高中校長正向領導與教師創新教學間具有顯著正相關、且有正向預測力。」之研究結果相同。

第三部分　發展趨勢

第五章　結論與建議

　　本研究係以國民中學教師為研究對象，旨在探討校長正向領導、教師教學效能與學生學習成效之關係，依據所蒐集的文獻，加以探討與分析，以了解國民中學校長正向領導、教師教學效能與學生學習成效相關的內涵，以之作為本研究基礎，進而提出校長正向領導、教師教學效能與學生學習成效的研究架構。在進行問卷的編製、修正、預測、項目分析、信度、效度考驗後，形成本研究正式的研究工具，最後進行實證性的研究。經由結構方程模式驗證性因素分析篩選因素負荷值高的題目作為模型建構和路徑分析之依據，以了解國民中學校長正向領導、教師教學效能與學生學習成效之關係影響。

　　本章共分為兩節，第一節結論，將問卷調查統計分析結果總結論述；第二節建議，依實證結果所獲得之結論提出建議。

第一節　結論

　　依據國民中學校長正向領導、教師教學效能與學生學習成效實證調查之結果，本研究計歸納出以下結論：

壹、國民中學校長正向領導、教師教學效能與學生學習成效

現況分析結論

本研究於正式問卷回收後，經由結構方程模式一階及二階驗證性因素分析，刪除因素負荷值較低之題項，然後再進行差異分析與徑路分析結果，所獲得的結論分述如下：

一、校長正向領導屬於中上程度，其中以賦予正向意義感受程度最高。

二、教師教學效能屬於高程度，其中以教師自我效能感受程度最高。

三、學生學習成效在中上至高程度，其中以學生學習態度感受程度最高。

貳、不同背景變項之國民中學校長正向領導、教師教學效能

與學生學習成效分析結論

一、不同性別、不同年齡、不同教學年資、不同職務、不同學校規模以及不同學校區域之國民中學教師在整體校長正向領導上達顯著差異。

二、不同學歷與不同學校位置之國民中學教師在整體校長正向領導上沒有顯著差異。

三、不同年齡、不同學歷、不同職務以及不同學校區域之國民中學教師在整體教師教學效能上達顯著差異。

四、不同性別、不同教學年資、不同學校位置以及不同學校規模之國民中學教師在整體教師教學效能上沒有顯著差異。

五、不同年齡、不同學歷、不同教學年資、不同職務以及不同學校位置之國民中學教師在整體學生學習成效上達顯著差異。

六、不同性別、不同學校規模以及不同學校區域之國民中學教師在整體學生學習成效上沒有顯著差異。

參、國民中學校長正向領導、教師教學效能與學生學習成效

相關分析結論

一、國民中學校長正向領導與教師教學效能有顯著正相關,即校長正向領導會中度正向影響教師教學效能,強化校長正向領導有利於提升教師教學效能。

國民中學校長正向領導與教師教學效能之相關中,以塑造正向氣氛和教學評量回饋的相關較低,以賦予正向意義和教師自我效能相關較高。

二、國民中學校長正向領導與學生學習成效間有顯著正相關,即校長正向領導會低度正向影響學生學習成效,強化校長正向領導有利於提升學生學習成效。

國民中學校長正向領導與學生學習成效之相關中,以塑造正向氣氛和學習態度的相關較低,以建立正向關係與學習績效相關較高。

三、教師教學效能與學生學習成效間有顯著正相關,即跨教師教學效能高度正向影響學生學習成效,強化教師教學效能有利於提升學生學習成效。

教師教學效能與學生學習成效之相關中,以教學評量回饋和學習態度的相關較低,以教學評量回饋與學習績效相關較高。

肆、國民中學校長正向領導、教師教學效能與學生學習成效

之影響效果分析結論

一、校長正向領導對教師教學效能有顯著正向影響效果,校長正向
領導越高,則教師教學效能越高。

二、教師教學效能對學生學習成效有顯著正向影響效果,教師教學
效能越高,則教師所感受的學生學習成效越高。

三、校長正向領導對學生學習成效有顯著正向影響效果。

第二節　建議

本節根據文獻分析、研究結果與討論後所得之結果,提出下列幾項
建議,以作為教育行政機關、各級學校單位及未來相關研究之參酌,同
時給予教育相關單位與國民中學校長、教師,在對於未來探討「校長正
向領導」、「教師教學效能」與「學生學習成效」的相關議題上,能有更
多省思空間或衍生出其它值得探究的相關議題。茲分別敘述如下:

壹、對於國民中學校長之建議

一、校長成立專業成長社群,提升校長正向領導素養

經由本研究實證分析與檢定結果,校長正向領導整體模型配適度包
含塑造正向氣氛、建立正向關係、進行正向溝通與賦予正向意義等面向
均符合標準,其中教師感受較為深刻的是「賦予正向意義」、「塑造正向
氣氛」;究其原因,教育之所以不同於其他行業,乃是因為教育是一種志
業,而非只是一種職業;投身教育工作的教師,對於教育大多充滿教學
熱忱與教育責任,對於教育有一份使命感,況且教師自主意識相對強烈,

因此國民中學校長若要整合教師資源，正向領導學校教師共同實踐學校願景，在對於學校教師溝通論述及重大決策時，必須賦予政策正向意義，方能帶領教師一起為學校發展效力；故此，校長應不斷充實專業知能、進行專業進修，並與區域學校校長、資深校長以及服務學校退休校長等，成立校長專業社群，了解校園組織氣氛、深入學校文化風氣，因勢利導，塑造校長正向領導氛圍，透過正向溝通建立正向關係，並賦予校長教育理念正向意義與價值。

二、校長應不斷進行正向領導自我省思，與學校利害關係人建立正向關係

依據研究結果發現「校長要求學校同仁工作績效時，會兼顧同仁個體特殊性及心理感受。」、「校長能以同理心去體會教師的需求與感受。」、「校長能提供教師教學工作與情緒上的支持。」的得分較低，都是屬於建立正向關係的構面、而「校長承接上級業務是為了替學校爭取更多的資源。」的得分亦相對較低，屬於賦予正向意義的構面，由此發現，教師感受校長給予教師的工作責任大於校長對於教師的體貼與關懷，校長應以正向溝通多加關懷體貼教師的需求與個殊性，並以同理心去體會教師的需求與感受。在承接教育上級業務活動時，能考量教師當前業務工作量及顧及教師家庭生活，並慎選教育上級交辦業務的性質與內容，是否對於教育本質具有意義性；對於學校發展具有價值性。

三、積極探究正向領導策略的運用，排除溝通障礙

根據研究結果發現，在整體校長正向領導構面上，男性教師在整體校長正向領導的得分表現顯著高於女性教師，女性教師的情緒心理感受相較男性教師來的敏銳，校長在正向領導的作為當中應多加顧及女性教

師的心理感受；而不同年齡與教學年資的教師在整體校長正向領導的感受上，隨著教師年齡與教學年資不同而有所差異，校長應考量並兼顧不同年齡層與教學年資教師的感受與需求，塑造校園正向氛圍並建立正向夥伴關係。

　　不同職務的教師在知覺整體校長正向領導的感受上，受到教師職務不同而有所差異，在學校組織當中，部分職務為承上啟下，必需直接面對校長與教師溝通協調，部分職務則是透過輾轉方式單方面接收到片面消息；而有些訊息透過二手甚至三手以上傳播，難免增添中介人員個人主觀意識於轉達過程之中，因此，校長在學校教師兼職行政人員的決策過程當中，務必要慎選教師兼行政組長、教師兼行政主任的品格操守與行事風格，並落實平時校內巡堂與校外巡查，以了解教學實務與學生學習之實際情形，並透過巡堂的過程當中，與教師及學生進行正向溝通及建立正向關係；再者，校長與學校行政單位可以透過網路社群軟體，增加 LINE 等群組，隨時發布校務相關訊息，建立直接溝通管道，方能增進學校效能。

四、透過校長正向領導進行專業分享，以提升教師教學效能

　　由本研究發現，國民中學校長正向領導在「塑造正向氣氛與教師教材教法、教師教學評量回饋影響」；「進行正向溝通與教師教學評量」影響程度相較較低，所以仍有進步的空間；校長應透過專業素養，引進外部資源，在校園軟、硬體方面塑造提升教師教材教法的正向氣氛，例如：聘請校內外專家學者輔助並與教師公同開發適合學生學習的教材教案，對於主動並有意願投入教材教法精進研習工作法的學校同仁，給予減授課鐘點、記功嘉獎或公開表揚等適當的獎勵方式，並透過校長公開課展現校長教學領導的專業面向。

　　再者，在當今考試引導教學的國中教育氛圍之下，校長應於各種場合，運用正向溝通、賦予教學評量正向意義，改變教師教學評量的觀念與方式，並提供教師多元的教學環境與教學設備，鼓勵教師進行多元評量，讓不同的學生在不同的學習表現上都能被看見亮點，進而提升學生學習興趣、展現學習績效。

貳、對於國民中學教師之建議

一、善用教師正向互動，建立知識分享平台

　　依據本研究發現，在教師教學效能各層面以教師自我效能感受程度最高，而教學評量回饋與教師教材教法相對較低。而當中「我會事先安排個人或學習小組的任務，以掌握教學流程及學習進度。」、「我會準備替代方案讓不同學生在學習任務、學習活動、學習成果有選擇的機會。」感受較低，屬於教師教材教法構面；「我會請學生對於我的教學給與回饋並調整改進。」，屬於教學評量回饋構面。由此發現，雖然教師教材教法與教學評量回饋在師資培育過程當中，是相當重要的一環，但是在教學現場的感受上，卻相對較低。因此，教師可以自主組織教師專業成長社群，並建立全國教師專業成長互動平台，讓不同位置、區域學校教師，形塑一個優質知識分享的團隊模式，分享彼此教學經驗與教學教材，透過分享與交流彼此相互成長，分享城鄉教育資源。

　　再者，教師傳統教學方式尚未習慣學生給予教學回饋，教師可研議建立與學生互動回饋之教學方式，經常檢視教師教學效能與學生學習成效，據以提升教師教學效能。

二、適時激勵教師士氣,正視校長正向領導

根據本研究結果顯示在不同年齡與教學年資的教師在整體教師教學效能的感受上,教師因年齡不同而有所差異,可能是教學上出現瓶頸或是教學疲乏有關。故各學校應適時激勵教師士氣,尤其是針對校內在教學上出現瓶頸或是教學疲乏的教師,隨時給予關心與協助,並成立學校教師專業成長社群,年齡與教學年資較輕的教師可以分享數位學習教材教法,年齡與教學年資較長的教師,可以分享班級經營及教學經驗等;學校校長亦應運用正向領導知能,在建立共同意義的目標下,展現正向的執行力與影響力,以營造正向氛圍與付出愛心關懷,進而提升組織成效與教師教學效能。

三、實施校際策略聯盟,進行多元成就評量

由研究結果發現,教師教材教法對於學生學習態度與學生學習興趣影響較低;而教學評量回饋與營造學習氣氛對於學生學習績效影響程度最高。故教師應採校際策略聯盟,進行學校教育經驗分享,教師應至不同學校進行標竿學習交流,精進教師教材教法,提高學生學習興趣與態度;再者,教師應營造課室學習氛圍並考量學生學習個殊性,研議教學評量回饋發展多元評量方案,適才適性讓每位學生找到自己的舞台。

參、對於教育行政機關之建議

一、辦理校長正向領導增能研習,提升校長正向領導素養,促進教師教學效能

根據研究結果得知,國民中學校長正向領導對於教師教學效能有正向且顯著的影響,在四個研究構面之中,塑造正向氣氛、建立正向關係、進行正向溝通、賦予正向意義對教師教學效能整體及與教師自我效能、

教師教材教法、營造學習氣氛、教學評量回饋均有正向影響。由此可見，國民中學校長是否具備正向領導相關素養，對於教師教學效能的表現優劣，具有舉足輕重的影響。因此，建議教育行政機關應重視國民中學校長正向領導培訓課程的規劃，配合 108 新課綱自發、互動、共好的精神，辦理校長自發性專業正向領導社群的實務研習，以及安排與正向領導卓越學校的分享與互動，共同讓國民中學學校互相進行深度正向匯談與專業對話，持續精進校長正向領導的專業成長，使校長及學校行政人員擁有正向領導的相關知能，，並實際將運用於學校經營當中，以促進教師教學有優異效能的展現，進而學生學習有傑出的表現。

二、辦理教師專業成長社群，強化教師教學效能

根據研究結果得知，「校長正向領導」與「教師教學效能」；「教師教學效能」與「學生學習成效」之間，皆達到顯著且中度以上的正相關，這表示「校長正向領導」會實際影響「教師教學效能」，而「教師教學效能」也會實際影響「學生學習成效。

基於此，教育行政機關除了應重視國民中學教師教師專業成長培訓課程的妥善規劃之外，關於國民中學教師教學效能型塑與先備知識的建立，亦應提供友善資源，規劃提升教師教學效能之相關研習、諮詢、座談、分享、工作坊及觀摩見學等，同時提供教師回流教育與獎勵制度，例如：比照大專教師鼓勵教學績優之高級中等以下教師，教學表現傑出並符合一定年資，得以在國內或出國進修，適時增廣教師專業成長及國際觀，以提升教師教學效能。

三、候用校長甄選規劃校長正向領導評鑑機制、教育行政業務與資源妥適分配

　　根據研究結果得知，校長正向領導對教師教學效能有實質的影響；教師教學效能亦對學生學習成效影響甚鉅，然而，在我國候用校長的甄選過程之中，雖然各縣市甄選方式不盡相同，但不外乎資格審查、筆試以及口試，但正向領導的素養及人格特質，在候用校長的甄選過程中很難被安排，大多是候用校長進入學校領導實務現場後才逐漸觸及。因此，建議教育行政機關可規劃正向領導人格特質的甄選機制於候用校長甄選或是安排在候用校長儲備訓練之中，讓候用校長在進入實際學校領導現場前，就熟悉校長正向領導的相關素養及知識，以提升學校教師教學效能，增進學生學習成效，精進學校辦學效能。

　　再者，隨著教育改革日新月異，教育政策日新月異，教育行政機關為提升績效考核，經常以關鍵績效指標（Key Performance Indicators，簡稱 KPI）作為評鑑標準，導致學校行政壓力遽增，校園組織氣氛不佳，亦是干擾校長進行正向領導之重要因素之一；加上臺灣地區老舊校舍為數不少，教育經費及資源有限，校長為向上級單位爭取經費與資源，疲於奔命；不僅造成教育行政當局將勞務及資源過度集中於部分學校，進而產生學校行政離職潮、校園組織氣氛不佳；也造成教育資源分配不均等現象。因此，建議教育行政機關若能統籌分配教育行政業務，依業務量及業務規模依學校規模、專長適所，平均分配於不同規模的學校辦理，避免過度集中，將有助於各個學校校長正向領導的實行與推動，減輕教師教學以外的行政工作，提升教師教學校能，促進學生學習成效，定能提升我國未來競爭力。

肆、對於未來研究之建議

一、研究對象方面

　　本研究只針對公立國民中學教師對於校長正向領導、教師教學效能與學生學習成效進行探討，對於其它階段及類型的公私立教育組織如幼稚園、國小、高中職、大專校院等的教師並未納為研究對象，使得本研究在進行推論時有所限制，所以未來的研究可將研究對象之範圍擴大，也可考慮不同族群學生較多的學校，更深入瞭解各類學校在校長正向領導、教師教學效能與學生學習成效的情形，以比較與各類教師看法間的異同；或者，亦可分別以校長、教師、學生為研究對象，比較不同研究對象間對於研究議題看法的異同，以建立更完整的實證資料，使研究推論更具有參考價值。

二、研究方法方面

　　本研究採用調查研究法，以網路問卷作為分析的依據，雖然較能廣泛搜集各校資料，但就方法論取向上仍有所不足。實際上，國民中學校長正向領導、教師教學效能與學生學習成效之現況或關係，仍需經由長期觀察才能深入瞭解。

　　另外，除了上述原因之外，本研究所採用分層隨機抽樣的問卷調查之研究方式，在填答時恐也會因填答者的自我防衛機制而發生沒有據實以告的情形，進而無法掌握填答者的心理知覺與實際感受，造成調查問卷不能真實反映學校場域的實況，影響了調查問卷的品質，故建議未來研究者可採深度訪談、個案研究及焦點訪談等方法針對教師進行資料蒐集，以進一步探討校長正向領導、教師教學效能與學生學習成效彼此間的關係，使資料的蒐集更加完備，研究結果具有更高的價值。

三、研究主題方面

目前大多數的研究僅針對校長正向領導或教學效能進行探討，對於校長領導與學生學習成效的研究議題甚少論及。根據本研究的實證調查發現，教師在學生學習成效的三個子構面學生學習興趣、學生作業表現與學生學習績效的得分均相對低於校長正向領導與教師教學效能之子構面，顯示出教師在知覺學生學習成效這幾個構面上的表現較為不足，環顧相關研究或研討會主題，教師知覺學生學習成效構面亦甚少被探討。因此，未來不論對國民中學教師的相關研究或辦理學術研討會，可擴及教師教學過程當中察覺學生學習狀況不足之處或被忽略的議題，如此不僅能提高研究的學術價值，對教師知覺學生學習情形及提升學生學習成效的提升亦有極大的助益。

四、研究構面方面

本研究共有三個研究變項，每個研究構面之各子構面均是參考相關文獻而斟酌採用，所得結果可能會因後續研究者採用不同的子構面，而有不同的研究結果，建議後續研究者可以採用不同子構面來進行探討；此外，研究構面的多寡也間接影響問卷題項的數量，更會影響到受試者填答意願，故建議未來的研究者在後續研究時，可詳加考慮變項、構面與題項數量，以獲得更具代表性的資料，使研究結果更具價值。

五、研究設計方面

本研究結果顯示出校長正向領導對教師教學效能以及教師教學效能對學生學習成效提升的重要性，但是校長正向領導、教師教學效能與學生學習成效的發展是屬於連續不斷的歷程，如果僅以橫斷式的研究大概只反映出實證調查時的現況，因此，未來在研究設計上若能針對同一群

樣本進行縱貫性的研究，那麼對於釐清校長正向領導、教師教學效能與學生學習成效狀況的演變將有莫大助益。

六、研究驗證方面

應持續檢驗國民中學校長正向領導、教師教學效能與學生學習成效之結構模式並加入以學生為研究對象之學習成效表現。雖然研究結果顯示當國民中學校長進行不同向度的正向領導時，就會展現不同的教師教學效能，而教師教學校能直接影響學生學習成效；國民中學校長正向領導對學生學習成效無直接及間接影響效果；其結構模式仍有待後續相關研究進行檢驗，是以，建議未來研究可採此議題作為研究內容，持續建構三者間更多實證檢驗並加入以學生為研究對象之學習成效表現作為研究驗證，進而獲致更為周詳的研究成果。

參考文獻

一、中文部分

王克先（1987）。**學習心理學**。臺北：桂冠。

王家通（1995）。**教育導論**。高雄：麗文。

王淑怡（2002）。**國民小學教師教學效能指標之建構**（未出版碩士論文）。臺北市立教育大學，臺北市。

王敬堯（2009）。**影響高職生學習成就之重要因素**（未出版碩士論文）。中華大學，新竹縣。

王如哲（2010）。解析學生學習成效。**財團法人高等教育評鑑中心基金會評鑑雙月刊，27**，10-15。

王保進（2010）。校務評鑑對學生學習成效機制自我評鑑之作業方向。**評鑑雙月刊，27**，7-10。

王秀鶯（2014）。**概念構圖融入專題式學習對不同學習風格學生學習成效之影響**（未出版博士論文），國立臺南大學，臺南市。

王玉玲（2015）。**全民國防教育之學習動機、教學品質、學習環境與學習滿意對學習成效影響之研究-以臺南市市某高中學生為例**（未出版碩士論文）。南臺科技大學，臺南市。

仲秀蓮（2011）。**臺灣地區國民小學校長正向領導、學校文化對學校創新經營效能影響之研究**（未出版博士論文）。國立臺北教育大學，臺北

市。

任俊與葉浩生（2006）。當代積極心理學運動存在的幾個問題。**心理科學進展月刊，14**（5），787-794。

朱彩馨（2001）。**以科技中介架構探討線上學習成效之詮釋研究**（未出版碩士論文），中山大學，高雄市。

池俊吉（2012）。美國高等教育認可組織之認可制度：發展與挑戰。**評鑑雙月刊，35**，36-42。

何淑禎（2018）。**學習共同體與講述教學對國小高年級學童社會學習領域學習成效之比較研究**（未出版博士論文），嘉義大學，嘉義縣。

邵瑞珍、皮連生（1995）。**教育心理學**。臺北：五南圖書。

吳清山（1989）。**學校行政**。臺北：心理。

吳清山（1991）。**學校行政**。臺北：心理。

吳新華（1996）。**兒童適應問題**。臺北：五南圖書。

吳清山（1998）。**學校效能研究**。臺北：五南圖書。

吳明清（2000）。談組織效能之提昇與校長角色。**教師天地，46**，48-51。

吳倏銘（2013）。**國民中學校長正向領導、學校組織氣氛與教師教學效能關係之研究**（未出版碩士論文）。國立新竹教育大學，新竹市。

吳明隆與涂金堂（2016）。**SPSS 與統計應用分析**，臺北：五南圖書。

吳清山與林天祐（2005）。**教育小辭書**。臺北：五南圖書。

吳清山（2013）。正向領導。**教育研究月刊，230**，136–137。

吳清山（2014）。**學校行政**（七版）。臺北：心理。

呂浚瑀（2011）。**國民小學校長正向領導、團隊情感氛圍與組織創新能力關係之研究**（未出版碩士論文）。國立新竹教育大學，新竹市。

呂秀卿（2016）。以正向領導建構補救教學支持系統之研究。**學校行政，103**，14-33。

李茂興譯（1989）。**管理概論：理論與實務**。臺北：曉園。

李隆畎（2002）。**綜合高中教師效能指標建構之研究**（未出版碩士論文）。國立台北科技大學，臺北市。

李敦仁與余民寧（2005）。「社經地位、手足數目、家庭資源與學習成效結構關係模式之驗證：以 TEPS 資料庫資料為例」。**臺灣教育社會學研究，5**（2），1-48。

李勁霆（2012）。**國民小學校長正向領導、教師賦權增能與教師心理契約關係之研究**（未出版碩士論文）。國立新竹教育大學，新竹市。

李勇緻（2012）。**新北市國小校長正向領導與學校效能之研究**（未出版碩士論文）。國立臺教育大學，臺北市。

李建德（2012）。**臺北市國小行政人員自我管理與正向領導之研究**（未出版碩士論文）。國立臺北教育大學，臺北市。

李菁菁（2014）。**高級中學校長正向領導、教師職場希望感與學校效能之相關研究**（未出版博士論文）。國立臺南大學，臺南市。

杜岐旺（2015）。**國民小學校長領導行為影響學生 學習成效模式之研究**（未出版博士論文），國立臺中教育大學，臺中市。

李俊毅（2017）。**公立高中職校長正向領導、教師學術樂觀與教師專業發展相關之研究**（未出版博士論文）。國立政治大學，臺北市。

周曉虹譯（1995）。A. Bandura（著）。**社會學習理論**。臺北：桂冠。

林海清（1996）。高中教師激勵模式與教學效能之研究。**國立政治大學教育與心理研究，19**，59-92。

林進材（2001）。教學效能的研究取向、典範及趨勢之探析。**初等教育學報，14**，105-135。

林惠煌（2003）。**臺北縣國民小學校長教學領導與教師教學效能關係之研究**（未出版碩士論文）。國立臺北師範學院，臺北市。

林勇輝（2004）。**臺北縣國民小學教師專業承諾和教師效能關係之研究**（未出版碩士論文）。臺北市立師範學院，臺北市。

林盈伶（2006）。**「人格特質、學習型態對學習成效的影響」**（未出版碩士論文）。朝陽科技大學，臺中市。

林志成與林仁煥（2008）。增能創價、策略聯盟與特色學校經營。**學校行政雙月刊，58**，1-20。

林詩雁（2008）。**國民小學實踐創新經營之研究~以花蓮縣兩所國小為例**（未出版碩士論文）。國立花蓮教育大學，花蓮縣。

林新發（2009）。正向氛圍促進學校邁向卓越。**國民教育月刊，49**（2），1-6。

林新發（2010）。校長正向領導的策略和技巧。**國民教育，50**（6），1-7。

林新發（2010a）。正向領導的意涵與實施策略。**國民教育，50**（3），1-5。

林新發（2010b）。校長正向領導的策略與技巧。**國民教育，50**（6），1-7。

林新發（2011）。再論學校校長正向領導模式之建構。**國民教育，52**（2），1-12。

林新發、王秀玲、仲秀蓮、黃秋鑾、顏如芳、林佳芬與梁玟燁（2010）。**華人地區小學校長正向領導、學習文化對學校創新經營效能影響之研究─以臺北市、上海市和香港地區為例（I）**。行政院國家科學委員會專題研究成果報告（編號：NSC98-2410-H-152-001），未出版。

林思伶（2012）。校長的正向領導模式─愛、服務、歡笑。**師友月刊，538**，14-19。

林凱莉（2013）。**國民小學校長正向領導、教師組織公民行為與學校組織創新關係之研究**（未出版碩士論文）。國立新竹教育大學，新竹市。

林淏臻（2015）。**學習策略教學對國小二年級數學課程學習成效之研究-以「快樂」國小為例**（未出版碩士論文）。國立台南大學，臺南市。

林葆青（2017）。資訊科技融入管理領域教學與翻轉教學對學習成效的影響-以學習滿意度為雙重中介變項（未出版博士論文）。淡江大學，臺北市。

林淑芳（2018）。高級中等學校學生學習成效之校務研究（未出版博士論文）。國立暨南國際大學。南投縣。

邱貴發（1992），從教學實作中學習教學概念：以超媒體為例。視聽教育，33（4），1-11。

邱錦昌（2008）。教育視導與學校效能。高雄：復文書局。

邱麗滿（2008）。高雄縣國小學童學習成就相關因素之調查研究（未出版碩士論文）。國立臺南大學，臺南市。

邱月萍（2011）。國小教師參與專業發展評鑑之專業成長與學生學習成就之相關研究－以台北市文山區為例（未出版碩士論文）。國立臺北教育大學，臺北市。

邱顯坤（2014）。臺北市國民中學校長正向領導與學校效能關係之研究（未出版碩士論文）。國立政治大學，臺北市。

邵瑞珍與皮連生（1995）。教育心理學。臺北：五南圖書。

姚麗英（2018）。高級中學校長正向領導、學校組織學習與教師創新教學關係之研究（未出版碩士論文）。國立政治大學，臺北市。

姜建年（2006）。國民小學資優班教師專業承諾與教學效能之之研究（未出版碩士論文）。國立彰化師範大學，彰化縣。

施俊名（2011）。國小教師內隱知識、教學效能信念與教學表現關聯性之研究：模式建構與驗證（未出版博士論文）。國立高雄師範大學，高雄市。

柯麗卿（2009）。獨立研究指導教師教學效能量表之發展及其相關因素之研究（未出版博士論文）。國立高雄師範大學，高雄市。

柯銘祥（2016）。**高級中等學校校長正向領導、教師關係認同、教師工作投入與教師建言行為之關係研究**（未出版博士論文）。國立彰化師範大學，彰化縣。

洪明洲（1999）。**網路教學課程設計對學習成效的影響研究**。遠距教學系統化教材設計國際研討會論文集。

洪蘭（2006）。**大腦的主張**。臺北：天下雜誌。

洪閔琦（2011）。**家庭背景、學校生活、學習態度對數學成就的影響以TASA2007 國中二年級學生為例**（未出版碩士論文）。國立臺中教育大學，臺中市。

洪怡靜與陳紫玲（2015）。高中職餐旅群教師教學效能與幸福感之研究。**師資培育與教師專業發展期刊，8**（2），99-132。

胡央志（2007）。**高職專業類科教師教學效能模式之研究**（未出版博士論文）。國立彰化師範大學，彰化縣。

胡倩瑜（2014）。**專科學校學生學習成效品質保證機制建置與實施成效之研究**（未出版博士論文）。臺北市立大學，臺北市。

孫志麟（1992）。**國民小學教師自我效能及其相關因素之研究**（未出版碩士論文）。國立政治大學，臺北市。

孫志麟（1995）。國民小學教師自我效能之研究。**教育與心理研究，18**，165-192。

孫志麟（2005）。跨越科層：學校組織對教師自我效能的影響。**國立臺北師範學院學報，18**（1），29-62。

秦夢群（2010）。**教育領導理論與應用**。臺北：五南圖書。

秦夢群與吳勁甫（2011）。國中校長教學領導、學校知識管理與教師教學效能之多層次分析。**教育與心理研究，34**（2），1-31。

秦夢群（2013）。**教育領導理論與應用**（二版）。臺北：五南圖書。

高曉婷（2004）。**我國國民小學教師自我評鑑效能感之研究**（未出版碩士論文）。中原大學，桃園市。

高又淑（2010）。教師於營造學校合作文化中的領導角色。**教育科學期刊，9**（1），143-161。

常雅珍（2005）。**國小情意教育課程：正向心理學取向**。臺北：心理。

張春興與林清山（1989）。**現代心理學**。臺北：東華。

張春興（1991）。**現代心理學**。臺北：東華。

張春興（1996）。**現代心理學**。臺北：東華。

張春興（1998）。**現代心理學**，臺北：東華。

張潤書（1998）。**行政學**。臺北：三民。

張和然與江俊龍（2011）。學校組織文化及教師工作價值觀對教學效能影響之研究。**學校行政，73**，83-102。

張文權、陳慧華與范熾文（2016）。當代績效責任領導：概念、理論及對校長領導之啟示。**學校行政，101**，34-54。

張明文、張忠興、游玉英、高曼婷與戴建耘（2016）。高職電機電子群教師教學信念、教師專業發展與教學效能關係之研究。**技術及職業教育學報，6**（3），45-65。

張錦昌（2003）。**舞蹈教師教學效能指標之研究**（未出版碩士論文）。國立臺灣體育學院，臺北市。

張德銳（2004）。認知教練在初任校長導入輔導之應用。**臺灣教育評論月刊，3**（4），47-51。

張賢坤（2004）。**桃園縣國民小學校長轉型領導與教師教學效能關係之研究**（未出版碩士論文）。國立臺北師範學院，臺北市。

張春興（2008）。**教育心理學：三化取向的理論與實踐**。臺北：東華。

張雅妮（2008）。**臺北縣市校長知識領導與教師教學效能之研究**（未出版碩士論文）。臺北市立教育大學，臺北市。

張意宗（2010）。**2006 年 TASA 數學科成就測驗國小六年級原住民與非原住民學生之試題差別功能（DIF）分析研究**（未出版碩士論文）。國立臺中教育大學，臺中市。

張鈿富、鄧進權與林孟潔（2010）。臺灣高中教育資源管理均等性之評估。**教育科學研究**，**55**（3），151-176。

張繼寧（2011）。教師效能對學生學業成就的影響有多大？**台灣師資培育電子報**，**16**，1-5。

張郁青（2012）。**探討影響全民國防教育學習成效之因素–以國立苗栗高級農工職業學校為例**（未出版碩士論文）。育達商業科技大學，臺北。

張素花（2012）。**國民小學校長分佈式領導、教師情緒勞務對教師教學效能影響之研究**（未出版博士論文）。國立臺北教育大學，臺北市。

張德銳與張素偵（2012）。臺北市中小學校長轉型領導、教師領導與教學效能之研究。**市北教育學刊**，**41**，59-97。

張媛甯與岳美秀（2012）。臺南市公立幼兒園教師覺知專業成長與教學效能之研究。**學校行政**，**82**，70-89。

張春興（2013）。**教育心理學：三化取向的理論與實踐**。臺北：東華。

教育部（2018）。**教育統計**。擷取自
https://www.set.edu.tw/Stastic_WEB/sta2/default.asp。

梁玟燁（2004）。**臺北縣市國民中學教師專業權能教學承諾與教學效能關係之研究**（未出版碩士論文）。國立臺北師範學院，臺北市。

梁鳳珠（2011）。**臺南市國民小學教師教學信念與教學效能之研究**（未出版碩士論文）。國立臺南大學，臺南市。

許文薇（2012）。**國民小學校長正向領導、肯定式探詢策略與教師希望感關係之研究**（未出版碩士論文）。國立新竹教育大學，新竹縣。

許文薇（2014）。國民小學校長正向領導、肯定式探詢與教師希望感關係之研究。**教育研究學報，48**（1），67-86。

許怡婷（2006）。**資優班教師教學效能與工作士氣關係之研究**（未出版碩士論文）。國立臺灣師範大學，臺北市。

許瑞芳（2018）。**國民小學教師多元文化素養、跨文化溝通與教學效能關係之研究**（未出版博士論文）。國立暨南國際大學，南投縣。

連偉誼與張雅筑（2017）。教師專業學習社群信念與教學效能之研究。**師資培育與教師專業發展期刊，10**（1），75-103。

郭福豫（2015）。**高職校長課程領導、教師專業學習社群與教師教學效能關係之研究**（未出版博士論文）。國立彰化師範大學，彰化縣。

陳木金（1999）。**班級經營**。臺北：揚智。

陳奎憙（2000）。**教育社會學**（三版）。臺北：三民。

陳美岑（2000）。**高職實用技能班美髮技術科創造思考教學方案之實施成效**（未出版碩士論文）。國立台灣師範大學，臺北市。

陳慕賢（2003）。**國民小學校長課程領導與教師教學效能關係之研究─以臺北縣為例**（未出版碩士論文）。國立政治大學，臺北市。

陳生民（2008）。**領導式管理第 27 講：正向反應**。擷取自 http://www.bmas.org.cn/index.php?Itemid=55&id=44&option=com_content&task=view

陳年興、謝盛文與陳怡如（2006）。**探討新一代混成學習模式之學習成效**。TANET2006 台灣網際網路研討會，花蓮縣。

陳玫良（2009）。**國中自然與生活科技教師課程領導、組織承諾和教學效能關係之研究**（未出版博士論文）。國立臺灣師範大學，臺北市。

陳慕能（2011）。**高職校長課程領導、教師改革支持與教師教學效能之關係**（未出版博士論文）。國立彰化師範大學，彰化縣。

陳麗君（2012）。**桃竹苗四縣市國民小學校長正向領導與教師組織公民行為關係之研究**（未出版碩士論文）。國立新竹教育大學，新竹市。

陳怡伶（2013）。從高 EQ 邁向正向領導。**Cheers 雜誌，154**，10-11。

陳明義（2013）。**國民小學校長正向領導、組織衝突與教師組織承諾關係之研究**。（未出版碩士論文），國立新竹教育大學，新竹市。

陳偉國（2013）。**國民小學校長正向領導、學校文化與教師學術樂觀關係之研究**（未出版碩士論文）。國立新竹教育大學，新竹市。

陳秀梅（2018）。**影響學生學習成效之因素與探討-以專業課程英語授課為例**（未出版博士論文）。淡江大學，臺北市。

陳慧芬（2015）。**電子教科書融入國小數學領域學習成效與學習保留之研究**（未出版碩士論文），高苑科技大學，高雄縣。

曾信榮（2010）。高職（中）工業類科學校學生知覺教學效能之探討。**學校行政，79**，58-72。

曾婉玲（2015）。**以學生觀點探討影響學思達教學法學習成效及學生參與翻轉教學的意圖**（未出版碩士論文）。中華大學，新竹縣。

曾若玫（2016）。國民小學校長正向領導、教師學術樂觀與學校效能關係之研究（未出版博士論文）。國立臺北教育大學，臺北市。

馮莉雅（2001）。**國中教師教學效能評鑑之研究**（未出版博士論文）。國立高雄師範大學，高雄市。

黃光雄（1991）。「**教育概論**」。臺北：師大書苑。

黃品柔、祁崇溥、趙宸紳與張志銘（2017）。教師教學態度對學生學習動機與學習成效之影響－以獨輪車運動為例。**運動與遊憩研究期刊**，12（2），110-123。

黃健麟（2004）。**國小一般智能優異班教師教學效能之研究**（未出版碩士論文）。國立彰化師範大學，彰化縣。

黃宗顯等人合著（2008）。**學校領導：新理論與實踐**。臺北：五南圖書。

黃曉惠（2010）。**應用台灣教育長期追蹤資料庫（TEPS）探討國中學生學習表現之影響因素**（未出版碩士論文）。國立台北大學，臺北市。

黃婉茹（2010）。**影響中學生在不同學習階段的學習成就因素之探勘**（未出版碩士論文）。世新大學，臺北市。

黃政傑（2011）。教學法與教學效能。載於黃政傑（著）：**課程教學之變革**（155-168）。臺北：師大書苑。

黃麗鴻（2012）。**校長正向領導、學校組織健康、教師心理資本與組織承諾之影響關係：階層線性模式的驗證**（未出版博士論文）。國立嘉義大學，嘉義市。

黃佳慧（2012）。**國民小學校長正向領導、學校組織變革與教師心理資本關係之研究**（未出版碩士論文）。國立新竹教育大學，新竹市。

黃建翔與吳清山（2013）。國民中學教師專業發展、專業承諾與教學效能關係之研究-以 TEPS 資料庫為例。**師資培育與教師專業發展期刊，6**（2），117-140。

黃鈴晏（2013）。從正向心理學看現代女性的幸福力。**諮商與輔導，332**，32-38。

黃偉婷（2016）。**家庭資源、多元入學管道、學習態度對學習成效之影響—以個案大學為例**（未出版碩士論文）。東海大學，臺中市。

黃淑芬（2017）。**南部地區國小校長正向領導與學校效能關係之研究—以教師心理資本、學校翻轉教學為中介變項**（未出版博士論文）。國立高雄師範大學，高雄市。

楊紫璇（2007）。**影響國中生學習成就之因素分析**（未出版碩士論文）。中華大學，新竹市。

楊豪森（2008）。**綜合高中校長課程領導、教師專業承諾與教師教學效能關係之研究**（未出版博士論文）。國立彰化師範大學，彰化縣。

楊瑩（2011）。以學生學習成效為評量重點的歐盟高等教育品質保證政策。**評鑑雙月刊，30**，27-34。

楊素綾（2011）。**技職校院教師教學信念、課程與教學決定和教學效能關係之研究**（未出版博士論文）。國立彰化師範大學，彰化縣。

楊秀停（2014）。**探討科學解釋引導模式對學生學習成效之影響**（未出版博士論文）。國立彰化師範大學，彰化縣。

楊万興（2017）。**國小組長知覺校長正向領導、學校組織健康、人境適配與工作幸福感之關係：階層線性模式的驗證**（未出版博士論文）。國立嘉義大學，嘉義市。

葉佳文（2007）。**臺灣地區公立高中校長教學領導、教師組織承諾與教師教學效能關係之研究**（未出版博士論文）。國立政治大學，臺北市。

葉丙成（2012）。為老師贏回尊嚴。**天下雜誌，540**，145–146。

詹明娟（2007）。**好領導從覺察與正向解讀開始**。取自 http://ioistudygroup.blogspot.com/2009/01/blog-post_6309.html

詹孟傑（2017）。**國民小學校長正向領導、教師希望感與學校效能關係之研究**（未出版博士論文）。國立屏東大學，屏東縣。

蔡麗華（2001）。**臺北縣國民小學教師工作投入與教師效能關係之研究**（未出版碩士論文）。國立臺北師範學院，臺北市。

劉明川（2002）。**台北市國小學生體育課學習滿意度與學習成效之相關研究**（未出版博士論文）。臺北市立師範學院，臺北市。

劉美玲（2017）。**國民小學教師正向領導對學生學習表現影響之研究-以資**

通訊科技運用為中介變項（未出版碩士論文）。國立清華大學，新竹市。

鄭景文（2006）。**國中資優教育教師工作情緒智力與教學效能之相關研究**（未出版碩士論文）。國立臺灣師範大學，臺北市。

蔡政賜（2006）。**國小六年級學生數學成就相關因素之調查研究－以 TASA2005 為例**（未出版碩士論文）。國立臺南大學，臺南市。

蔡美姿（2006）。**澎湖縣國民小學校長教學領導與教師教學效能關係之研究**（未出版碩士論文）。國立臺南大學，臺南市。

蔡宜萱（2012）。**國民中學校長正向領導、教師激勵與服務導向公民行為關係之研究**。（未出版碩士論文）。國立新竹教育大學，新竹市。

蔡毓智（2008）。**台灣地區國中家庭教育資源結構之探究及其與學業表現之關係**（未出版博士論文）。國立政治大學，臺北市。

蔡金田（2014）。國民小學校長效能與教師效能對學生學習成就之影響。**南台人文社會學報，11**，69-107。

蔡琇韶（2016）。**國民小學校長正向領導、教師正向心理資本、教師組織承諾與學校效能關係之研究**（未出版博士論文）。國立高雄師範大學，高雄市。

鄭雅婷（2017）。**幼兒園教師多元文化素養、師生互動、園長領導行為對幼兒園教師教學效能的相關研究**（未出版博士論文）。國立臺南大學，臺南市。

黎士鳴編譯（2008）。John W. Santrock 著。**心理學概要**（Psychology essentials）。臺北：麥格羅希爾。

蕭佳純、董旭英與饒夢霞（2009）。國小學童科學學習動機、父母創意教養與科技創造力關聯之研究。**教育科學研究期刊，57**（4），103-133。

蕭宏宇（2014）。**國民小學校長正向領導、學校公共關係與學校創新經營效能關係之研究**（未出版之博士論文）。國立臺北教育大學，臺北市。

蕭文智（2015）。校長正向領導對學生創新表現影響之研究－以教師組織公民行為為中介變項。**學校行政專論雙月刊，97**，1-21。

賴志峰（2012）。邁向卓越－一位成功校長的領導作為。**教育資料與研究，101**，1-30。

賴志峰與秦夢群（2014）。成功的校長領導層面之建構與檢證：國民中小學層級。**教育研究學報，48**（2），1-26。

賴志峰與廖偉君（2015）。臺中市幼托整合政策實施後公立幼兒園教師工作壓力與教學效能關係之研究。**學校行政雙月刊，99**，202-225。

賴宛靖（2015）。**數位遊戲學習對學生學習成效影響之後設分析**（未出版博士論文）。國立臺灣師範大學，臺北市。

駱奕穎（2011）。**國民小學校長知識領導、教師學習社群與創新教學效能關係之研究**（未出版博士論文）。國立臺北教育大學，臺北市。

戴幼農（1994）。訓練評核的原則與方法。**就業與訓練，12**（4），16-22。

戴國雄（2012）。**國民小學校長心理資本、正向領導行為與學校效能關係之研究**（未出版碩士論文）。國立新竹教育大學，新竹市。

謝孟穎（2003）。家長社經背景與學生學業成就關聯性研究。**教育研究集刊，49**（2），255-287。

謝百亮（2006）。**後現代脈絡下國民中學校長課程領導與教師教學效能關係之研究**（未出版博士論文）。國立政治大學，臺北市。

謝文全（2007）。**教育行政學**。臺北：高點。

謝亞恆（2007）。**影響國中階段學生學業成就成長量的個人、家庭及學校因素之研究**（未出版博士論文）。國立高雄師範大學，高雄市。

謝進昌（2008）。**臺灣學生學習成就評量資料庫之新移民子女分析研究**（未出版碩士論文）。國立政治大學，臺北市。

謝傳崇譯（2009）。**變革時代卓越的校長領導**（Successful principal leadership in times of change :An international perspective）（原編者：C.Day, & K. Leithwood）。臺北：心理。

謝傳崇與呂浚瑀（2011）。**國民小學校長正向領導對學校組織創新能力關係之研究—以團隊情感氛圍為中介變項**。論文發表於國立中山大學與臺灣教育研究學會 合辦「2011 臺灣教育研究學會」國際學術研討會，高雄市。

謝傳崇（2011b）。校長正向領導對教師教學影響之研究。**教育資料與研究雙月刊，101**，59-82。

謝傳崇（2011a）。國民小學校長正向領導與學校效能關係之研究。**臺灣教育發展論壇，3**，49-66。

謝文全（2012）。**教育行政學**（四版）。臺北：高等教育。

謝傳崇（2012）。從正向領導觀點看國際的卓越校長。**師友月刊，538**，25-29。

謝傳崇（2013）。校長正向領導－提昇學校學術樂觀。**中小學管理月刊，4**，19-20。

謝傳崇（2013）。國 民小學校長正向領導對教師學術樂觀影響之研究—以學校創新文化為中介變項。**學校行政雙月刊，91**，33-56。

謝傳崇與許櫪龍（2015）。國民中小學校長領導研究之後設分析－以博士論文為例。**教育研究學報，49**（2），41-64。

鍾昀珊與戰寶華（2015）。屏東縣偏遠地區國小教師專業學習社群、組織承諾與教學效能之研究。**師資培育與教師專業發展期刊，8**（2），69-98。

鍾享龍（2016）。**國民小學校長正向領導、教師正向心理資本、組織學習與學校競爭優勢關係之研究**（未出版博士論文）。國立高雄師範大學，高雄市。

簡玉琴（2002）。**桃園縣國民小教師自我效能與教學效能關係之研究**（未出版碩士論文）。國立臺北師範學院，臺北市。

簡紅珠（2006）。以學習成就為主的教師效 能研究與教師評鑑。**教育資料與研究，73**，75-90。

顏貝珊（2004）。**國小體操專長與非專長教師學科教學知識與學生學習成就之比較研究**（未出版碩士論文）。國立臺灣師範大學，臺北市。

魏麗敏與黃德祥（2001）。國中與高中學生家庭環境、學習投入狀況與自我調節學習及其就之研究。**中華輔導學報，10**，63-118。

羅珮華（2003）。從 TIMSS1999 探討國二學生的學習成就與學習時間及國家經濟能力之關係。**科學教育月刊，256**，3-11。

蘇銘勳（2015）。**國民小學校長正向領導與學校效能相關之研究—以教師組織承諾與學校組織氣氛為中介變項**（未出版博士論文）。國立嘉義大學，嘉義市。

黎素君（2017）。**國民小學校長正向領導、學校組織變革與學校競爭優勢關係之研究**（未出版博士論文）。國立臺北市立大學，臺北市。

二、西文部分

Abdullah, M. C. (2009). Leadership and PsyCap:A study of the relationship between positive leadership behaviors and followers'positive psychological capital. (Doctoral Dissertation, Capella University, 2009). *ProQuest Dissertations and Theses* (UMI NO,3378872).

Abrahamsen, H., Aas, M., & Hellekjaer, G. O. (2015). How do principals make sense of school leadership in Norwegian reorganised leadership teams? *School Leadership & Management, 35*(1), 62-78.

Alavi, M. (1994). Computer-Mediated Collaborative Learning: An Empirical Evaluation. *MIS Quarterly, 18*(2), 159-174.

Andronico, K. B. (2013). Building a positive culture for school improvement: Teachers'perceptions assistant principals'departmental leadership. (Doctoral Dissertation,Fordham University,2013). *ProQuest Dissertations and Theses* (UMI NO,3564138).

Ashton, P. T., & Webb, R. B. (1986). *Making a difference:Teacher's sense of efficacy and student achievement.* N.Y: Longman.

Baldwin, T. T., & Ford, J.K. (1988).Transfer of training:A review and direction for future research. *Personnel Psychology*, 1, 63-1.

Bandura, A. (1977). Self-efficacy: Toward a unifying theory of behavioral change. *Psychological Review, 84*(2), 191.

Barber, A. W. (1972). An opportunity for positive and creative leadership in the business management of higher education. *National Association of College and University Business Officers Professional File, 3*(1), 1-7.

Barnard, C. I. (1968). *The functions of the executive.* Boston, MA: Harvard University Press.

Borich, G. D. (1994). *Observation skills for effective teaching.* N. Y: Macmillan.

Brewer, J., & Dominic, D. (1993). Principal and student outcomes: Evidence from U.S. HIGH SCHOOL. *Economic and Education Review, 12*(4), 281-292.

Camburn, E., Rowan, B., & Taylor, J. E. (2003). Distributed leadership in schools:The case of elementary schools adopting comprehensive school reform models. *Educational Evaluation and Policy Analysis*, 25 (4), 347-373.

Cameron, K. S. (2008). *Positive leadership:Strategies for extraordinary performance.* San Francisco, CA: Berrett-Koehler.

Cameron, K. S. (2012). *Positive Leadership:Strategies for Extraordinary Performance* (2th ed.).

Cameron, K., & Spreitzer, G. (2011). *The Oxford handbook of positive or ganizational scholarship*. New York, NY: Oxford University.

Cartwright, R., Weiner, K., & Streamer-Veneruso, S. (2010). Student Learning Outcomes Assessment Handbook.

Chan, C. A. (2004). Effects of leadership practices on promoting positive school culture and enhanced student performance. (Doctoral Dissertation, the Rossier School of Education, 2004). *ProQuest Dissertations and Theses* (UMI NO,3140447).

Cohn, M. A., & Fredrickson, B. L. (2009). Positive emotions. In S. J. Lopez, & C. R. Snyder (Eds.), *Oxford handbook of positive psychology* (2nd ed., pp. 13-24). New York, NY: Oxford University Press.

Covey, S. R. (2004). *The 8th habit: From effectiveness to greatness.* Salt Lake, Utah: Franklin

Deal, S. R. (2005). *Graduate students" perceptions of teacher effectiveness.* Unpublished doctoral dissertation, St. Mary"s University of San Antonio, Texas.

Devlin, J. W., Roberts, R. J., Fong, J. J., Skrobik, Y., Riker, R. R., Hill, N. S., Robbins, T., Garpestad, E., Crit, C. M. (2010). *Efficacy and Safety of Quetiapine in Critically Ill Patients with Delirium: A Prospective, Multicenter, Randomized, Double-Blind, Placebo-Controlled Pilot Study, 38*(2):419-27.

Erikson, E. H. (1963). *Childhood and society.* New York, NY: Norton.

Fennell, H. A. (1996). Leadership: *Creating a positive environment for change. Education Canada, 36*(1),17-19.

Feuerborn, L. L., Tyre, A. D., & King, J. P. (2015). The staff perceptions of behavior and discipline survey: A tool to help achieve systemic change through schoolwide positive behavior support. *Journal of Positive Behavior Interventions,17*(2), 116.-126.

Fiedler, F. (1964). A contingency model of leadership effectiveness. *Advances in experimental social psychology, 1*, 149-190.

Fisler, J. L., & Firestone, W. A. (2006). Teacher learning in a school-university partnership: Exploring the role of social trust and teaching efficacy beliefs. *Teachers College Record, 108*(6), 1155-1185.

Fred Luthans. (2001). Positive approach to leadership (pal) implications for today's organizations. *Journal of Leadership & Organizational Studies, 8*(2), 3-20.

Gagné, R. M. (1985). The Conditions of Learning and Theory of Instruction (4th ed.). NewYork, NY: Holt, Rinehart, and Winston.

Gagne, R., Briggs, L., & Wager, W. (1992). Principles of Instructional Dsign (4th ed.). Orlando: Harcourt Brace.

Gibson, S., & Dembo, M. H. (1984). Teacher efficacy: A construct validation. *Journal of Educational Psychology, 76*(4), 569-582.

Goddard, R. D., Hoy, W.K., & Hoy, A. W. (2000). Collective teacher efficacy: Its meaning, measure,and impact on student achievement. *American Educational Research Journal, 37*(2), 486.

Gordon, J. (2008). *The case for positive energy.* Retrieved February 8,2008, Web site：http://www.leader-values.com/Content/detail.asp?ContentDetailID=1207

Graham, C., Cagiltay, K., Lim, B. R., Craner, J., & Duffy, T. M. (2001). Seven principles of effective teaching: A practical lens for evaluating online courses. *Technology Source*, Mar-Apr. http://technologysource.org/article/seven_principles_of_effective_teaching/

Harding, J. J. (2007). A study of leadership strategies that promote positive school culture in new high schools. (Doctoral Dissertation,LA VERNE University,2007). *ProQuest Dissertations and Theses* (UMI NO,3290076).

Hopkins, D., Highham, R., & Antaridou, E. (2009). *School leadership in England: Contemporary challenges, innovative responses and future trends*. Nottingham, England: NCSL.

Hopson, L., & Lawson, H. (2011). Social workers' leadership for positive school climates via data-informed planning and decision making. *Children & Schools, 33*(2), 106-118.

Hoy, W. K., & Miskel, C. G. (2005). Educational administration: *Theory, research, and practice* (7th ed.). New York: McGraw-Hill.

Hoy, W. K., & Miskel, C. G. (2005). *Educational administration: Theory, Research and practice (7th edition)*. New York:McGraw-Hill.

Ka, W. Y., & David, W. (2000) Hong Kong student teachers' personal construction of teaching efficacy. *Educational Psychology, 20*(2), 213-235.

Karimvand, P. N. (2011). The nexus between Iranian EFL teachers' self-efficacy, teaching experience and gender. *English Language Teaching, 4*(3), 171-183.

Kelloway, E. K.., Weigand, H., McKee, M. C., & Das, H. (2013). Positive leadership and employee well-being. *Journal of Leadership & Organizational Studies,* 20(1), 107-117.

Kirkpatrick, D. L. (1994). Evaluating Training Programs: *The Four Levels.* San Francisco: Berrett-Koehler.

Kratzke, C., & Bertolo, A. (2013). Enhancing students' cultural competence using cross-cultural experience learning. *Journal of Cultural Diversity, 20*(3), 107-111.

Kyriacou, C. (1989). *Effective teaching in schools.* Oxford, 26.

Ladd, K. (2014). *Positive leadership principles for women.* Eugene, OR: Harvest House.

Ladd, K. (2014). *Positive leadership principles for women.* Eugene, OR: Harvest House.

Leidner & Jarvenpaa. (1995). The use of information technology to enhance management school education: A theoretical view. *MIS Quarterly Journal*, 265-291.

Leithwood, K., Harris, A., & Hopkins, D. (2008). Seven strong claims about successful school leadership. *School Leadership & Management, 28*(1), 27-42.

Lieser, M. A., & Willoughby, B. (2013). Communication, compromise key to cross- cultural relationships. *Teaching Tolerance, 44*, 38-37.

Linn,R.J., & Miller,M.D. (2005). Measurement and Assessment in Teaching. (9th.Ed). Upper Saddle River, NJ: Merrill.

Loo, Robert (1999). Confirmatory Factor Analyses of Kolb's Learning Style Inventory (LSI-1985). *British Journal of Educational Psychology*,69,213-219.

Lyubomirsky, S., King, L., & Diener, E. (2005). The benefits of frequent positive affect: Does happiness lead to success? *Psychological Bulletin, 131*(6), 803-855.

Mason, R. C. (1991). Positive, visionary leadership: An organization's most successful component. *Adult Learning, 3*(3), 7-13.

McBer, H. (2000). *Research into teacher effectiveness: A model of teacher effectiveness* (Research Report #216). London: Department for Education and Employment.

McKenzie, S. G. (2011). *Trust and organizational citizenship: A study of the relationship of the three referents of trust and the organizational citizenship of elementary school teachers.* Retrieved from http://search.proquest.com/docview/868328353?accountid=11510.

Medley, D. (1979). The effectiveness of teachers. In P. Perterson, & H. Walberg (Eds.), *Research on teaching: Concepts, findings, and implication* (pp. 11-27). Berkeley, CA: McCutchan.

Medley, D. M. (1987). Evolution of research on teaching. In M. J. Dunkin (Ed.), *The international encyclopedia of teaching and teacher education* (pp. 105-113). Oxford: Pergamon.

Medley, D. M. (1987). Evolution of research on teaching. In M. J. Dunkin (Ed.), *The international encyclopedia of teaching and teacher education* (pp. 105).

Miller, P. H. (1983). *Theories of developmental Psychology*. San Francisco, CA: Freeman.

Money, S. M. (1992). What is teaching effectiveness? A survey of student and teacher perceptions of teacher effectiveness. Humber Coll. of Applied Arts and Technology, Etobicoke (Ontario). North Campus. Candina Ontario: Geographic srce./country of publication. (ERIC Document Reproduction Service No. ED 351 056)

Morris, J. H., & Sherman, J. D. (1970). "Generalizability of an Organizational commitment model." *Academy of Management Journal, 24*(3), 512-526.

Mortimore, D., & Peter, J. (1993). School effectiveness and management of effective learning and teaching. *School Effectiveness and School Improvement, 4*(4), 290-310.

Motiwalla, L., & Tello, S. (2000). Distance learning on the internet: an exploratory study. *The Internet and Higher Education, 2*(4), 253-264.

Motiwalla, L., & Tello, S. (2000). Distance learning on the internet: an exploratory study. *The Internet and Higher Education, 2*(4), 253-264.

Peter, H. H., & Jeremy A. B. (2009). Positive Institutions, Law, and Policy. *The Oxford Handbook of Positive Psychology* (2 ed.) DOI：10.1093/oxfordhb / 9780195187243.013.0056

Piccoli, G., Ahmad, R., & Ives, B. (2001). Web-based virtual learning environments: a research framework and a preliminary assessment of effectiveness in basic it skills training. *MIS Quarterly, 25*(4), 401-426.

Rockoff, M., & Jonah, C. (2004). The impact of individual teachers: Evidences from panel data. *American Economic Review, 94*(2), 247-252.

Sammons, D., Pam, S., Josh, H., & Mortimor,P. (1995). *Key characteristics of effective schools: A review of school Effectiveness Research.* International School Effectiveness and Improvement Center, Institute of Education, University of London. London: OFSTED.

Schutte, J. G. (1997). Virtual teaching in higher education: The new intellectual superhighway or just another traffic jam. CA: California State Univerity.

Seligman, M. E. P. (1998). *Learned optimism.* New York, NY: Pocket Books.

Seligman, M. E. P., & Csikszentmihalyi, M. (2000). Positive psychology: An introduction. *American Psychologist, 55*, 5-14.

Sergiovanni, T. J. (1995). *The principal leadership: A reflective practice perspective* (3rd ed.). MA: Allyn and Bacon.

Shuell, T. J. (1986). Cognitive conceptions of learning. *Review of Educational Research, 56*, 411-436.

Smith, M. B., Bryan, L. K., & Vodanovich, S. J. (2012). The counter-intuitive effects of flow on positive leadership and employee attitudes: Incorporating positive psychology into the management of organizations. *The Psychologist Manager Journal, 15*(3), 174-198.

Sternberg, R J. (2005). WICS: A model of positive educational leadership comprising wisdom, intelligence, and creativity synthesized. *Educational Psychology Review, 17*(3), 191-262.

Taylor, J., Barbara, M. P., David, P., Kathlrrn, C., & Sharon,W. T. (2000). Effective school and accomplished teachers: Lesson about primary-grade reading instruction in low-income schools. *The Elementary School Journal, 101*(2), 121-165.

The Tertiary Education Quality and Standards Agency. (2014). http://www.teqsa.gov.au/

Tobias. (2009). Arbeitsmarkt Pflege: *Bestimmung der künftigen Altenpflegekräfte unter Berücksichtigung der Berufsverweildauer*, Discussion Papers, Forschungszentrum Generationenverträge der Albert-Ludwigs-Universität Freiburg, No. 40

Tombaugh, J. R. (2005). Positive leadership yields performance and profitability: Effective organizations develop their strengths. *Development and Learning in Organizations, 19*(3), 15-17.

Vaughn, S., Gersten, R., & Chard, D. J. (2000). The underlying message in LD intervention research: Findings from research syntheses. *Exceptional Children, 67*(1), 99-114.

Wexley, K. N., Latham, G. P., Kettering, M., Rivaldo, O. F., Christensen, J., & Fao, R. I. (1991). Developing and training human resources in organizations(No. C10 25). Department of Agriculture, Washington, DC (EUA). Office of International Cooperation and Development. AID, Washington, DC (EUA). Bureau for Science and Technology.

Winchester (2012). Learning outcomes,qualification frameworks and accountability [Asia-Pacific Quality Network 4th online forum:Learning outcomes and accountability – the role of EQA and IQA, the first session]. Retrieved May 10,2012,from (http://www.apqn.org/files/forum/paper_254.docx)

Wongse-ek, W., Wills, G., & Gilbert, L. (2014). Calculating Trustworthiness based on Learning Outcome. In T. Bastiaens (Ed.), *Proceedings of E-Learn: World conference on e-learning in corporate, government, healthcare, and higher education 2014* (pp. 2085-2090). Chesapeake, VA: Association for the Advancement of Computing in Education (AACE).

Woolfolk, A. (2014). *Educational psychology.* Boston, MA: Pearson.

Wray et al., (2000). The teaching practices of effective teachers of literacy. *Educational Review, 52*(1), 75-84

Youssef-Morgan, C. M., & Luthans, F. (2013). Positive leadership: Meaning and application across cultures. *Organizational Dynamics, 42* (3), 198-208.

Youssef-Morgan, C. M., & Luthans, F. (2013). Positive leadership: Meaning and application across cultures. *Organizational Dynamics, 42*(3), 198-208.

Zhao, H. Q., & Coombs, S. (2012). Intercultural teaching and learning strategies for global citizens: A Chinese EFL perspective. *Teaching in Higher Education, 17*(3),245-255.

附錄

附錄一　國民中學校長正向領導、教師教學效能與學

生學習成效調查問卷

（預試問卷）

敬愛的老師您好：

　　感謝您在百忙中撥空填寫這份問卷。本問卷的目的在瞭解國民中學校長正向領導、教師教學效能與學生學習成效的情形，問卷中的題目並無標準答案，請您依照您個人的狀況填答。問卷所得資料僅供學術研究之用，絕對保密，請您放心填答。

　　您的意見非常寶貴，若是沒有您的協助，本研究將難以完成，衷心感謝您。

　　敬祝 教安

國立暨南國際大學教育政策與行政學系（所）

指導教授：蔡金田　　博士

研究生：林宏泰　　敬上

中華民國 108 年 2 月

壹、基本資料　※請您依實際情況，在適當的□打 V

一、性別：□ 男　　　　□ 女

二、年齡：□ 21-30 歲　□ 31-40 歲　□ 41-50 歲　□ 51 歲以上

三、最高學歷：□ 師範或教育大學　□ 一般大學　□ 碩士以上

四、教學年資：□ 10 年以下 □ 10-15 年 □ 16-20 年 □ 21 年以上

五、擔任職務：□ 科任教師 □ 級任導師 □ 教師兼行政

六、學校位置：□ 都會區（含院、省、縣轄市）
　　　　　　　□ 一般鄉鎮 □ 偏遠（含山區）

七、學校規模：□ 12 班以下 □ 13-25 班 □ 25-48 班 □ 49 班以上

八、學校區域：

□北部（臺北市、新北市、基隆市、桃園市、新竹縣、新竹市）

□中部（苗栗縣、台中市、南投縣、彰化縣、雲林縣）

□南部（嘉義縣、嘉義市、台南市、高雄市、屏東縣、澎湖縣）

□東部（宜蘭縣、花蓮縣、台東縣）

貳、填答說明

一、本問卷共分三大部分，茲將各部分的重要名詞釋義如下：

（一）校長正向領導：校長正向地解讀學校成員的行為，致力營造正向的組織文化，透過正向溝通、賦予正向意義以及建構正向的學校氣氛等領導策略，激勵學校教師提升教學效能進而促進學生學習成效。

（二）教師教學效能：教師對自己本身的教學專業能力表現之肯定以及預期自身能影響學生學習信念的程度，並能於實際進行有效的教學活動中，擬定提升教師自我效能、活化教師教材教法、營造班級學習氣氛、進行多元評量與教學回饋，以提升學生學習的成效。

（三）學生學習成效：學習成效是衡量學習者學習成果的指標，學生學習成效乃是指教學結束後，學習者在提升學習興趣、增進學習態度、優化作業表現以及展現學習績效等方面的表現情形。

二、本問卷共 91 個題目，請就您的知覺與感受，在適當的選項□內打 V。

參、問卷內容

一、校長正向領導部分

	非常不同意	不同意	普通	同意	非常同意
（一）塑造正向氣氛 1. 校長能呈現正向能量，成為教師的典範。	☐	☐	☐	☐	☐
2. 校長會體恤教師在教育職場的辛勞。	☐	☐	☐	☐	☐
3. 校長會公開的讚美教師的優異表現。	☐	☐	☐	☐	☐
4. 校長要求學校同仁工作績效時，會兼顧同仁個體特殊性及心理感受。	☐	☐	☐	☐	☐
5. 校長能充分授權學校行政人員及教師推動校務發展及教學活動。	☐	☐	☐	☐	☐
6. 校長不會將個人壓力及情緒遷怒學校同仁。	☐	☐	☐	☐	☐
7. 校長不會干擾教師的教學活動，重視教師教育專業自主權。	☐	☐	☐	☐	☐
（二）建立正向關係 8. 校長能尊重教師，建立正向的夥伴關係。	☐	☐	☐	☐	☐
9. 校長能以同理心去體會教師的需求與感受	☐	☐	☐	☐	☐

10. 校長能鼓勵教師公開向同仁表達情感上的支持	☐	☐	☐	☐	☐
11. 校長能在知道教師有困難時幫助解決，展現關懷之意。	☐	☐	☐	☐	☐
12. 校長能提供教師教學工作與情緒上的支持。	☐	☐	☐	☐	☐
13. 校長會尊重教師的教育專業自主權。	☐	☐	☐	☐	☐
（三）進行正向溝通 14. 校長能隨時與教師們溝通，並接受建議。	☐	☐	☐	☐	☐
15. 校長能以正向的肯定語詞取代負向批評的言語。	☐	☐	☐	☐	☐
16. 校長推動重大校務決策前，會諮詢學校同仁意見及看法。	☐	☐	☐	☐	☐
17. 當學校同仁犯錯時，校長會以正向勸導代替責備。	☐	☐	☐	☐	☐
18. 學校同仁不會畏懼或排斥跟校長當面溝通。	☐	☐	☐	☐	☐
19. 我能輕鬆自在地與校長溝通對談。	☐	☐	☐	☐	☐
20. 學校同仁提出的建議或想法，校長多能正向回覆。	☐	☐	☐	☐	☐
（四）賦予正向意義 21. 校長能積極主動的將個人正向教育理念與同仁分享。	☐	☐	☐	☐	☐

22. 校長能把學校核心願景與教師自我需求目標相互結合。	☐	☐	☐	☐	☐
23. 校長能使教師明瞭學校的目標及應負的責任。	☐	☐	☐	☐	☐
24. 我能夠充分理解並肯定校長所決策的意義。	☐	☐	☐	☐	☐
25. 校長承接上級業務是為了替學校爭取更多的資源。	☐	☐	☐	☐	☐
26. 本校校長倡導各項活動均與提升學生學習成效有關。	☐	☐	☐	☐	☐
27. 校長會以學生學習為優先考量。	☐	☐	☐	☐	☐
28. 校長不會要求教師參加和教學無直接相關的會議與活動。	☐	☐	☐	☐	☐

二、教師教學效能部分

	非常不同意	不同意	普通	同意	非常同意
（一）教師自我效能					
1. 我樂意在工作以外的時間討論教學上的問題。	☐	☐	☐	☐	☐
2. 我能有效率的處理教學及班級經營工作。	☐	☐	☐	☐	☐
3. 我願意付出額外時間去提升學生學習成效。	☐	☐	☐	☐	☐
4. 我願意嘗試創新教學。	☐	☐	☐	☐	☐
5. 我覺得教學是件很有意義的事。	☐	☐	☐	☐	☐
6. 我對教學更加充滿信心。	☐	☐	☐	☐	☐
7. 我願意持續專業進修。	☐	☐	☐	☐	☐
8. 我會維持良好教學態度與信念。	☐	☐	☐	☐	☐
（二）教師教材教法					

9. 我會以問題情境形式,由淺而深探詢學生是否真正瞭解教學內容。	☐	☐	☐	☐	☐
10. 教學前我會依據課程計畫,將相關的教材教具準備齊全。	☐	☐	☐	☐	☐
11. 我會依據教學目標來設計教學活動,以有效掌握目標。	☐	☐	☐	☐	☐
12. 我會事先安排個人或學習小組的任務,以掌握教學流程及學習進度。	☐	☐	☐	☐	☐
13. 我會先做好教學計劃並精熟教學內容後,再進行教學。	☐	☐	☐	☐	☐
14. 我會將學生過去的學習經驗與新的教材內容相結合。	☐	☐	☐	☐	☐
15. 我會準備替代方案讓不同學生在學習任務、學習活動、學習成果有選擇的機會。	☐	☐	☐	☐	☐
16. 我會運用開放性的問題,促使學生進行較深層或逆向的思考。	☐	☐	☐	☐	☐

17. 我會配合教學的需要，以分組活動的方式進行教學。	☐	☐	☐	☐	☐
18. 我會改變教學活動的方式以維持學生的學習注意力。	☐	☐	☐	☐	☐
19. 我會維持流暢且學生可適應的教學步驟。	☐	☐	☐	☐	☐
（三）營造學習氣氛 20. 我會與學生保持良好的溝通及互動關係。	☐	☐	☐	☐	☐
21. 我會有效規劃教室的情境布置，增進學習氣氛。	☐	☐	☐	☐	☐
22. 我會營造教室裡和諧愉快的學習氣氛。	☐	☐	☐	☐	☐
23. 我會避免以諷刺或否定的言辭來批評學生。	☐	☐	☐	☐	☐
24. 我會迅速排除在課堂中所突發的問題。	☐	☐	☐	☐	☐
25. 我會給予學生足夠的時間進行發問和討論。	☐	☐	☐	☐	☐
26. 我會對不同學生的行為表現建立合宜的期望。	☐	☐	☐	☐	☐

27. 我會發掘不同學生的優勢能力及興趣並鼓勵他們進一步學習或研究。	☐	☐	☐	☐	☐
28. 我會對有特殊學習困難的學生，表達善意和幫助。	☐	☐	☐	☐	☐
29. 我會以正向、包容和鼓勵的方式來接受學生的問題與感受。	☐	☐	☐	☐	☐
30. 我能肯定學生所提的問題及意見，並給予適當的回饋。	☐	☐	☐	☐	☐
（四）教學評量回饋					
31. 我會以多元方式進行教學評量。	☐	☐	☐	☐	☐
32. 我會依據評量的結果，調整教學的進度、難易度或方法。	☐	☐	☐	☐	☐
33. 我會與學生共同檢討評量結果，並更正其所犯的錯誤。	☐	☐	☐	☐	☐
34. 我會與學生分享彼此的經驗，促進師生情感交流。	☐	☐	☐	☐	☐

35. 我會請學生對於我的教學給與回饋並調整改進。	☐	☐	☐	☐	☐
36. 我能正面回應學生在課堂上指證我教學上的錯誤。	☐	☐	☐	☐	☐
37. 我會定期省思教學上的問題,提升學生學習成效。	☐	☐	☐	☐	☐

三、學生學習成效部分

	非常不同意	不同意	普通	同意	非常同意
（一）學習興趣					
1. 任課班級學生主動積極、努力學習。	☐	☐	☐	☐	☐
2. 任課班級學生上課踴躍發表意見、時常與同學討論課程內容。	☐	☐	☐	☐	☐
3. 任課班級學生學習動機強烈，期望能有好的表現。	☐	☐	☐	☐	☐
4. 任課班級學生於下課後時常會跟我請教課業上的問題。	☐	☐	☐	☐	☐
5. 任課班級學生樂於參加校內外各項競賽活動（例如：體育、才藝、及科學競賽等）。	☐	☐	☐	☐	☐

6. 任課班級學生喜歡參加學校舉辦的社團活動及各項學習活動。	☐	☐	☐	☐	☐
7. 任課班級學生參與各項學習活動課時能與同學相處融洽。	☐	☐	☐	☐	☐
（二）學習態度					
8. 任課班級學生總是能準時到校。	☐	☐	☐	☐	☐
9. 任課班級學生總是能準時進入教室上課。	☐	☐	☐	☐	☐
10. 任課班級學生能遵守學校規定及秩序。	☐	☐	☐	☐	☐
11. 任課班級學生生活適應情況良好。	☐	☐	☐	☐	☐
12. 任課班級學生與老師及同學相處融洽。	☐	☐	☐	☐	☐
13. 任課班級學生日常生活表現受到其他同仁及家長的肯定。	☐	☐	☐	☐	☐
（三）作業表現 14. 任課班級學生能在指定的時間內完成作業。	☐	☐	☐	☐	☐
15. 任課班級學生閱讀理解能力良好。	☐	☐	☐	☐	☐

16. 任課班級學生能透過口語適當表達自己的想法。	☐	☐	☐	☐	☐
17. 任課班級學生能透過文字描述適當表達自己的想法。	☐	☐	☐	☐	☐
18. 任課班級學生能運用所學知識解決問題。	☐	☐	☐	☐	☐
19. 任課班級學生在學習過程當中表現獨特的想法與創造力。	☐	☐	☐	☐	☐
（四）學習績效 20. 任課班級學生學業成績逐年提升。	☐	☐	☐	☐	☐
21. 任課班級學生日常生活競賽成績表現突出。	☐	☐	☐	☐	☐
22. 任課班級學生參加校內外競賽常能榮獲佳績。	☐	☐	☐	☐	☐
23. 任課班級學生人際關係、情緒管理有顯著提升。	☐	☐	☐	☐	☐
24. 任課班級學生能在多元評量有優秀表現。	☐	☐	☐	☐	☐

25. 任課班級學生品格表現、生活常規有明顯提升。	☐	☐	☐	☐	☐
26. 任課班級學生在體適能,健康習慣有顯著提升。	☐	☐	☐	☐	☐

本問卷到此結束,非常感謝您的填答,謝謝您!

附錄二　國民中學校長正向領導、教師教學效能與學生學習成效調查問卷

（正式問卷）

敬愛的老師您好：

　　感謝您在百忙中撥空填寫這份問卷。本問卷的目的在瞭解國民中學校長正向領導、教師教學效能與學生學習成效的情形，問卷中的題目並無標準答案，請您依照您個人的狀況填答。問卷所得資料僅供學術研究之用，絕對保密，請您放心填答。

　　您的意見非常寶貴，若是沒有您的協助，本研究將難以完成，衷心感謝您。

　　敬祝

　　教安

國立暨南國際大學教育政策與行政學系（所）

指導教授：蔡金田　　博士

研究生：林宏泰　　敬上

中華民國 108 年 3 月

壹、基本資料　※請您依實際情況，在適當的□打 V

一、性別：□男　　　　□女

二、年齡：□　21-30 歲　□31-40 歲　□41-50 歲　□51 歲以上

三、最高學歷：　□師範或教育大學　□一般大學　□碩士以上

四、教學年資：　□ 10 年以下　□ 10-15 年　□ 16-20 年　□ 21 年以上

五、擔任職務：　□ 科任教師　□ 級任導師　□ 教師兼行政

六、學校位置：　□ 都會區(含院、省、縣轄市) □ 一般鄉鎮
　　　　　　　　□ 偏遠（含山區）

七、學校規模：　□ 12 班以下 □ 13-25 班 □ 25-48 班 □ 49 班以上

八、學校區域：

□ 北部（臺北市、新北市、基隆市、桃園市、新竹縣、新竹市）

□ 中部（苗栗縣、台中市、南投縣、彰化縣、雲林縣）

□ 南部（嘉義縣、嘉義市、台南市、高雄市、屏東縣、澎湖縣）

□ 東部（宜蘭縣、花蓮縣、台東縣）

貳、填答說明

一、本問卷共分三大部分，茲將各部分的重要名詞釋義如下:

（一）校長正向領導：校長正向地解讀學校成員的行為，致力營造正向的組織文化，透過正向溝通、賦予正向意義以及建構正向的學校氣氛等領導策略，激勵學校教師提升教學效能進而促進學生學習成效。

（二）教師教學效能：教師對自己本身的教學專業能力表現之肯定以及預期自身能影響學生學習信念的程度，並能於實際進行有效的教學活動中，擬定提升教師自我效能、活化教師教材教法、營造班級學習氣氛、進行多元評量與教學回饋，以提升學生學習的成效。

（三）學生學習成效：學習成效是衡量學習者學習成果的指標，學生學習成效乃是指教學結束後，學習者在提升學習興趣、增進學習態度、優化作業表現以及展現學習績效等方面的表現情形。

二、本問卷共 68 個題目，請就您的知覺與感受，在適當的選項□內打 V。

參、問卷內容

一、校長正向領導部分

	非常不同意	不同意	普通	同意	非常同意
（一）塑造正向氣氛					
1. 校長能呈現正向能量，成為教師的典範。	□	□	□	□	□
2. 校長會體恤教師在教育職場的辛勞。	□	□	□	□	□
3. 校長會公開的讚美教師的優異表現。	□	□	□	□	□
4. 校長要求學校同仁工作績效時，會兼顧同仁個體特殊性及心理感受。	□	□	□	□	□

5. 校長能充分授權學校行政人員及教師推動校務發展及教學活動。	☐	☐	☐	☐	☐
6. 校長不會將個人壓力及情緒遷怒學校同仁。	☐	☐	☐	☐	☐
（二）建立正向關係					
7. 校長能尊重教師，建立正向的夥伴關係。	☐	☐	☐	☐	☐
8. 校長能以同理心去體會教師的需求與感受	☐	☐	☐	☐	☐
9. 校長能鼓勵教師公開向同仁表達情感上的支持	☐	☐	☐	☐	☐
10. 校長能提供教師教學工作與情緒上的支持。	☐	☐	☐	☐	☐
11. 校長會尊重教師的教育專業自主權。	☐	☐	☐	☐	☐
（三）進行正向溝通					
12. 校長能以正向的肯定語詞取代負向批評的言語。	☐	☐	☐	☐	☐
13. 校長推動重大校務決策前，會諮詢學校同仁意見及看法。	☐	☐	☐	☐	☐
14. 當學校同仁犯錯時，校長會以正向勸導代替責備。	☐	☐	☐	☐	☐

15. 學校同仁不會畏懼或排斥跟校長當面溝通。	☐	☐	☐	☐	☐
16. 我能輕鬆自在地與校長溝通對談。	☐	☐	☐	☐	☐
17. 學校同仁提出的建議或想法，校長多能正向回覆。	☐	☐	☐	☐	☐
（四）賦予正向意義 18. 校長能積極主動的將個人正向教育理念與同仁分享。	☐	☐	☐	☐	☐
19. 校長能把學校核心願景與教師自我需求目標相互結合。	☐	☐	☐	☐	☐
20. 校長能使教師明瞭學校的目標及應負的責任。	☐	☐	☐	☐	☐
21. 校長承接上級業務是為了替學校爭取更多的資源。	☐	☐	☐	☐	☐
22. 校長會以學生學習為優先考量。	☐	☐	☐	☐	☐

二、教師教學效能部分

	非常不同意	不同意	普通	同意	非常同意
（二）教師自我效能					
1. 我樂意在工作以外的時間討論教學上的問題。	☐	☐	☐	☐	☐
2. 我願意嘗試創新教學。	☐	☐	☐	☐	☐
3. 我覺得教學是件很有意義的事。	☐	☐	☐	☐	☐
4. 我對教學更加充滿信心。	☐	☐	☐	☐	☐
5. 我願意持續專業進修。	☐	☐	☐	☐	☐
6. 我會維持良好教學態度與信念。	☐	☐	☐	☐	☐
（二）教師教材教法					
7. 教學前我會依據課程計畫，將相關的教材教具準備齊全。	☐	☐	☐	☐	☐

8. 我會依據教學目標來設計教學活動，以有效掌握目標。	☐	☐	☐	☐	☐
9. 我會事先安排個人或學習小組的任務，以掌握教學流程及學習進度。	☐	☐	☐	☐	☐
10. 我會先做好教學計劃並精熟教學內容後，再進行教學。	☐	☐	☐	☐	☐
11. 我會準備替代方案讓不同學生在學習任務、學習活動、學習成果有選擇的機會。	☐	☐	☐	☐	☐
12. 我會維持流暢且學生可適應的教學步驟。	☐	☐	☐	☐	☐
（三）營造學習氣氛					
13. 我會與學生保持良好的溝通及互動關係。	☐	☐	☐	☐	☐
14. 我會營造教室裡和諧愉快的學習氣氛。	☐	☐	☐	☐	☐
15. 我會避免以諷刺或否定的言辭來批評學生。	☐	☐	☐	☐	☐
16. 我會迅速排除在課堂中所突發的問題。	☐	☐	☐	☐	☐
17. 我會給予學生足夠的時間進行發問和討論。	☐	☐	☐	☐	☐

18. 我會對不同學生的行為表現建立合宜的期望。	☐	☐	☐	☐	☐
19. 我會發掘不同學生的優勢能力及興趣並鼓勵他們進一步學習或研究。	☐	☐	☐	☐	☐
（四）教學評量回饋					
20. 我會以多元方式進行教學評量。	☐	☐	☐	☐	☐
21. 我會依據評量的結果，調整教學的進度、難易度或方法。	☐	☐	☐	☐	☐
22. 我會與學生分享彼此的經驗，促進師生情感交流。	☐	☐	☐	☐	☐
23. 我會請學生對於我的教學給與回饋並調整改進。	☐	☐	☐	☐	☐
24. 我能正面回應學生在課堂上指證我教學上的錯誤。	☐	☐	☐	☐	☐

三、學生學習成效部分

	非常不同意	不同意	普通	同意	非常同意
（一）學習興趣					
1. 任課班級學生主動積極、努力學習。	☐	☐	☐	☐	☐
2. 任課班級學生上課踴躍發表意見、時常與同學討論課程內容。	☐	☐	☐	☐	☐
3. 任課班級學生學習動機強烈，期望能有好的表現。	☐	☐	☐	☐	☐
4. 任課班級學生於下課後時常會跟我請教課業上的問題。	☐	☐	☐	☐	☐
5. 任課班級學生樂於參加校內外各項競賽活動（例如：體育、才藝、及科學競賽等）。	☐	☐	☐	☐	☐
6. 任課班級學生喜歡參加學校舉辦的社團活動及各項學習活動。	☐	☐	☐	☐	☐

（二）學習態度					
7. 任課班級學生總是能準時到校。	☐	☐	☐	☐	☐
8. 任課班級學生總是能準時進入教室上課。	☐	☐	☐	☐	☐
9. 任課班級學生能遵守學校規定及秩序。	☐	☐	☐	☐	☐
10. 任課班級學生生活適應情況良好。	☐	☐	☐	☐	☐
11. 任課班級學生與老師及同學相處融洽。	☐	☐	☐	☐	☐
（三）作業表現					
12. 任課班級學生閱讀理解能力良好。	☐	☐	☐	☐	☐
13. 任課班級學生能透過口語適當表達自己的想法。	☐	☐	☐	☐	☐
14. 任課班級學生能運用所學知識解決問題。	☐	☐	☐	☐	☐
15. 任課班級學生在學習過程當中表現獨特的想法與創造力。	☐	☐	☐	☐	☐
（四）學習績效 16. 任課班級學生學業成績逐年提升。	☐	☐	☐	☐	☐
17. 任課班級學生日常生活競賽成績表現突出。	☐	☐	☐	☐	☐

18. 任課班級學生參加校內外競賽常能榮獲佳績。	☐	☐	☐	☐	☐
19. 任課班級學生人際關係、情緒管理有顯著提升。	☐	☐	☐	☐	☐
20. 任課班級學生能在多元評量有優秀表現。	☐	☐	☐	☐	☐
21. 任課班級學生品格表現、生活常規有明顯提升。	☐	☐	☐	☐	☐
22. 任課班級學生在體適能,健康習慣有顯著提升。	☐	☐	☐	☐	☐

本問卷到此結束,非常感謝您的填答,謝謝您!

國家圖書館出版品預行編目(CIP) 資料

學校正向領導教學與學習 / 蔡金田, 林宏泰著.
-- 初版. -- 臺北市：元華文創, 2020.09
面 ； 公分

ISBN 978-957-711-182-1 (平裝)

1.教育行政 2.校長 3.領導理論

526   109010110

學校正向領導教學與學習

蔡金田　林宏泰　著

發 行 人：賴洋助
出 版 者：元華文創股份有限公司
公司地址：新竹縣竹北市台元一街 8 號 5 樓之 7
聯絡地址：100 臺北市中正區重慶南路二段 51 號 5 樓
電　　話：(02) 2351-1607　　傳　　真：(02) 2351-1549
網　　址：www.eculture.com.tw
E-mail：service@eculture.com.tw
出版年月：2020 年 09 月 初版
定　　價：新臺幣 550 元

ISBN：978-957-711-182-1 (平裝)

總經銷：聯合發行股份有限公司
地　　址：231 新北市新店區寶橋路 235 巷 6 弄 6 號 4F
電　　話：(02)2917-8022　　　　傳　　真：(02)2915-6275